Die Karriere sozialer Probleme

Soziologische Einführung

Von

Dr. Michael Schetsche

R. Oldenbourg Verlag München Wien

Die Deutsche Bibliothek - CIP-Einheitsaufnahme

Schetsche, Michael:
Die Karriere sozialer Probleme : soziologische Einführung /
Michael Schetsche. - München ; Wien : Oldenbourg, 1996
ISBN 3-486-23539-7

Gesamtherstellung: Huber KG, Dießen

ISBN 3-486-23539-7

Dem Andenken meines Vaters

Wilhelm-Ernst Schetsche

(1908 - 1976)

gewidmet.

Immer noch bewundere ich seine

hingebungsvolle Liebe zur Musik.

Vorwort

Im Gegensatz zum englischsprachigen Raum gibt es in Deutschland bislang keine Einführung in die soziologische Analyse der Karriere sozialer Probleme. Die in den letzten Jahren vorgelegten - und auch die angekündigten - Bände widmen sich entweder Detailfragen (beliebt z.B. die Rolle sozialer Bewegungen) oder stellen die Entwicklung diverser Einzelprobleme (von A wie Alkoholismus bis Z wie Zwei-Drittel-Gesellschaft) unvermittelt nebeneinander.

Hier Abhilfe zu schaffen, ist mir einerseits leicht gefallen, weil ich einen Großteil der letzten acht Jahre als Wissenschaftler am Bremer "Institut für empirische und angewandte Soziologie" (EMPAS) mit der Analyse sozialer Probleme zugebracht habe. Andererseits bin ich (wie ich jetzt weiß: zu Recht!) gewarnt worden, es sei zeitlich riskant, zwischen Dissertation und Habilitation noch 'etwas Größeres zu produzieren'. Den Ausschlag gaben schließlich meine Studenten und Studentinnen mit ihrem Wunsch nach einer systematischen und praxisorientierten Einführung.

Das Buch richtet sich deshalb besonders an Studierende der Sozialwissenschaften (Soziologie, Politologie, Sozialarbeitswissenschaft usw.). Es soll sie nicht nur in die Theorie sozialer Probleme einführen, sondern ihnen auch das kategoriale Werkzeug für die ersten eigenen empirische Gehversuche liefern. Dafür habe ich ein Modell der Karriere sozialer Probleme entwickelt, das speziell auf die Anforderungen der Forschungspraxis ausgerichtet ist. Dieses Modell dürfte hilfreich auch für WissenschaftlerInnen sein, die bereits in diesem Bereich forschen oder es demnächst tun werden. Ich hoffe, daß meine Überlegungen ihre Arbeit anregen und erleichtern können. Schließlich sollte vieles auch für die Mitglieder der Professionen interessant sein, die in ihrem Alltag regelmäßig mit sozialen Problemen konfrontiert sind - und zwar nicht nur, wenn sie theoretisches Hintergrundwissen suchen oder schlicht einmal wissen wollen, was ein Soziologe zu ihrem Arbeitsfeld zu sagen hat.

Entsprechend der unterschiedlichen Interessen dieser drei Gruppen wird nicht nur der Gebrauchswert des Buches differieren, es werden sich auch jeweils andere Lesarten ergeben. Verwundert (und vielleicht manchmal auch ein wenig empört) könnten die Leser und Leserinnen sein, die täglich mit den Opfern sozialer Problemen zu tun haben: Viel berichtet wird auf den folgenden zweihundert Seiten sehr abstrakt über 'öffentliche Diskurse' und ähnliches, wenig nur über das soziale Elend und die Verzweiflung der betroffenen Menschen. Diese LeserInnen kann ich nur bitten, die aus ihrer Sicht 'andere' Perspektive des Buches (sie wird im ersten Kapitel theoretisch begründet) zunächst einmal zu akzeptieren. Sie wird ihnen langfristig vielleicht sogar in ihrem eigenen Arbeitsfeld helfen: Wer weiß, daß kein sozialer Sachverhalt - sei er für die Betroffenen auch noch so bedrükkend - von 'sich aus' gesellschaftliche Aufmerksamkeit erringt, wird möglicherweise bereit und in der Lage sein, mit diesem Wissen (z.B. um die im fünften Kapitel geschilderten Strategien der Durchsetzung und Absicherung von Problemdeutungen) dem eigenen sozialen Anliegen größere öffentliche Anerkennung zu verschaffen.

Meine Aufgabe war es nur, nach bestem Wissen zu schildern, wie und warum soziale Probleme Karriere machen, nicht aber, moralisch zu beurteilen, ob die Art, wie sie es tun, 'gut' oder 'schlecht' ist - und erst recht nicht zu entscheiden, ob ein sozialer Sachverhalt der Problematisierung wert ist oder nicht. Warum ich diese Selbstbeschränkung für notwendig halte, werde ich im am Ende des Buches erläutern.

Obwohl ich für die Ausführungen allein die Verantwortung trage, kommt ein Buch doch nicht ohne die Hilfe anderer zustande. Mein Dank gilt zunächst den Professoren Rüdiger Lautmann (Bremen) und Helge Peters (Oldenburg), die einzelne Kapitel kritisch gelesen und mit mir diskutiert haben. Lobend erwähnt werden müssen Mühsal wie Kreativität von Bärbel Peters (u.a. bei der Literaturrecherche und -beschaffung) und Claudia Meier (bei der Erstellung der Druckvorlage). Bärbel Peters und Agnes Gawol danke ich für die scheußliche Arbeit des Korrekturlesens. Ganz besonders hervorzuheben ist schließlich die Rolle meiner Lebensgefährtin Renate-Berenike Schmidt, ohne deren fachliche Ratschläge und kontinuierliche Ermutigung ich dieses Buch wohl nicht beendet hätte.

Michael Schetsche

Inhalt

"Follow me", the wise man said

but he walked behind

(Leonoard Cohen: "Teachers")

1 Theoretische Einführung: Vom Sachverhalt zum sozialen Problem

1.1 Die alltägliche und die soziologische Sicht

Dieses Buch handelt von Bestandteilen der sozialen Wirklichkeit, die uns allen auf die eine oder andere Weise vertraut sind. Es ist kein soziologisches Studium nötig, um die Unzulänglichkeiten zu entdecken, mit denen moderne Gesellschaften behaftet sind oder (häufig richtiger) die sie hervorbringen: Arbeitslosigkeit, Drogenmißbrauch, Obdachlosigkeit, sexuelle Gewalt, Umweltzerstörung - die Aufzählung läßt sich leicht fortsetzen. Solche 'sozialen Probleme' treten uns im Alltag in den unterschiedlichsten Situationen entgegen: Von einigen sind wir selbst betroffen, von anderen Menschen, die wir kennen, über einige berichten die Medien, andere lernen wir im Rahmen von Ausbildung und Berufstätigkeit kennen.

Es mag paradox erscheinen, aber gerade diese Alltäglichkeit 'sozialer Probleme' erschwert ihre soziologische Betrachtung. Dies liegt daran, daß sozialwissenschaftliches Wissen in zweifacher Weise mit dem Alltagswissen[1] konkurriert: Erstens bleiben auch SozialforscherInnen immer ein Stück weit in den alltäglichen Sichtweisen verhaftet, zweitens messen 'Laien' deren wissenschaftliche Aussagen an ihren eigenen Erfahrungen und Einsichten. "Decken sich die sozialwissenschaftlichen Aussagen mit ihrem Alltagswissen, so gelten diese Forschungsergebnisse als trivial: man fragt sich, weswegen man 'wissenschaftlich herausfinden muß', was 'ohnehin jedermann weiß'. Unterscheiden sich die sozialwissenschaftlichen Aussagen aber von ihrem Alltagswissen, so erlebt man dies meist keineswegs 'als nicht-triviale Neuentdeckung', sondern als 'falsche Sichtweise' und als 'irreführende Konkurrenz' zu dem, was man in aller Selbstverständlichkeit bereits 'als richtig weiß'." (Patzelt 1986: 22) Daß wissenschaftliches Wissen sich qualitativ von Alltagswissen unterscheidet, es dieses jedoch nicht 'widerlegt', sondern auf eine spezifische Weise relativiert und ergänzt, gehört zu den wichtigsten Einsichten in den ersten Semestern eines jeden sozialwissenschaftlichen Studiums. Es genügt jedoch nicht, um diese Differenz zu wissen, man muß während der professionellen Sozialisation auch lernen, die daraus im Alltag resultierenden Dissonanzen (in uns selbst wie in der Kommunikation mit 'Laien') kognitiv und emotio-

---

1 Hier ist nicht der Ort, um grundlegende Kategorien sozialwissenschaftlicher Erkenntnis und Methodologie zu entwickeln; wer mehr wissen will, sei auf die vorzügliche Darstellung bei Patzelt (1986: 1-32) verwiesen. Vereinfacht könnte man sagen, daß wissenschaftliches Wissen sich primär durch zwei Faktoren auszeichnet: seine Aussagen sind erstens nach den Regeln einer angebbaren Logik richtig und müssen sich zweitens, wenn sie einen Referenten in der ontischen Ordnung besitzen, mit festgelegten empirischen Methoden überprüfen lassen.

nal auszuhalten. Besonders schwer ist dies, wenn - wie im vorliegenden Buch - Alltagswissen selbst zum Gegenstand sozialwissenschaftlicher Forschung und Reflexion wird. Insbesondere Leser und Leserinnen, die mit Methodologie und Erkenntnistheorie (noch) nicht so gut vertraut sind, sollten deshalb immer im Auge behalten, daß es in diesem Buch ausschließlich um die **soziologische** Interpretation und Erklärung[2] der Teile der sozialen Welt geht, die - leider auch im Sprachgebrauch des Alltags - 'soziale Probleme' heißen.

Wie nötig eine wissenschaftliche Ergänzung des Alltagswissens über 'soziale Probleme' ist, fällt spätestens dann auf, wenn wir erleben, wie umstritten viele von ihnen in der Öffentlichkeit sind: Was für den einen 'empörende Ungerechtigkeit', ist für die andere nichts als ein 'künstlich aufgebauschter Skandal'. Wir bemerken schnell, daß die Frage, welche 'Probleme' (typische Beispiele sind hier der Autoverkehr, die Zahl der Asylbewerber und der Haschischkonsum) jeweils zu welcher dieser beiden Gruppe gehören, vom Standpunkt des Beobachters (der Beobachterin) abhängt - z.B. seiner politischen Weltanschauung oder ihren Eigeninteressen. Daneben finden sich allerdings auch "problemlose Probleme" (Beck-Gernsheim 1982), die von (fast) allen sozialen Akteuren prinzipiell anerkannt sind - auch wenn es, wie z.B. bei der Arbeitslosigkeit, ganz unterschiedliche Auffassungen über Ursachen, Betroffene und mögliche Lösungen gibt.

Die wissenssoziologische Perspektive - der im weitesten Sinne auch dieses Buches verpflichtet ist - zieht aus der Variabilität des gesellschaftlichen Anerkennungsgrades von 'Problemen' den Schluß, daß es keine objektiven Kriterien gibt, nach denen 'echte' von 'künstlichen', 'wahre' von 'falschen' Problemen unterschieden werden können. Ein soziales Problem (von nun an immer: im soziologischen Sinne) ist vielmehr alles, **was von kollektiven Akteuren, der Öffentlichkeit oder dem Wohlfahrtsstaat als solches angesehen und bezeichnet wird.** Dabei ist es unerheblich, ob der soziale Sachverhalt, der einer Problemwahrnehmung (wahrscheinlich[3]) zugrunde liegt, nach wissenschaftlichen Kriterien zu recht problematisiert worden ist oder nicht. Einmal von kollektiven Akteuren erfolgreich in die diskursive Zirkulation einer Gesellschaft eingebracht, beeinflussen soziale Probleme die Wahrnehmungen und Handlungen der Individuen, führen zu politischen Auseinandersetzungen und provozieren staatliche Maßnahmen; kurz: sie werden zu eigenständigen Bestandteilen der sozialen Realität. Wie dies ge-

---

2 Die von den Auffassungen anderer Mitglieder der Gesellschaft - einschließlich vieler ExpertInnen für soziale Probleme - zu unterscheiden sind: "Auch Aussagen von Sozialarbeitern, Polizeibeamten oder Strafrichtern über soziale Probleme oder abweichendes Verhalten sind alltagsweltliche Aussagen." (Haferkamp 1987: 126)

3 Ob es einen solchen "'objektiven Kern' eines Sachverhalts" (Albrecht 1990) gibt oder in jedem Fall geben muß, ist theoretisch umstritten - ich werde darauf weiter unten in diesem Kapitel noch zurückkommen.

schieht, wann es gelingt, und warum manchmal auch nicht, untersucht dieses Buch.

1.2 Theorien sozialer Probleme

Nicht nur in der deutschen Soziologie[4] verliefen die theoretischen Diskussionen in den letzten zwei Jahrzehnten im Spannungsfeld zwischen zwei Konzepten, die auf recht unterschiedlich zu erklären versuchen, wie soziale Probleme in die Welt kommen. Im Eröffnungsartikel der Zeitschrift "Soziale Probleme"[5] stellt Günter Albrecht (1990) sie als "objektivistischen" und "rekonstruktionistischen"[6] Ansatz gegenüber. Die Unterschiede - und die Gemeinsamkeiten - dieser Konzepte will ich zunächst an zwei klassischen Texten demonstrieren, die typisch für die beiden Denkrichtungen sind.

Soziale Probleme als Diskrepanz zwischen Wertordnung und Realität

In seinem Beitrag "Social Problems and Sociological Theory" (für den von ihm mit herausgegebenen Band "Contemporary Social Problems") aus dem Jahre 1961 beschreibt der Parsons-Schüler **Robert K. Merton** sechs "Bestandteile", die es bei der Analyse sozialer Probleme zu berücksichtigen gilt:

1. Ihr "zentrales Kriterium" ist eine "signifikante Diskrepanz zwischen sozialen Standards und sozialer Realität". Für **soziale Standards** kann es dabei ganz unterschiedliche Maßstäbe geben, z.B. Strafnormen, die abweichendes Verhalten

4 Auch wenn viele der Theorien und einige der empirischen Ergebnisse, auf die in diesem und den folgenden Kapiteln Bezug genommen wird, aus dem englischsprachigen Raum kommen, beschreibt und analysiert dieses Buch vorrangig doch die Karriere sozialer Probleme in Deutschland nach dem Zweiten Weltkrieg. Einige der Aussagen und Thesen lassen sich weitgehend unverändert auf andere Länder und andere Zeiten übertragen, andere (z.B. zur Rolle der Medien oder zum Wohlfahrtsstaat) gelten in der getroffenen Form nur für diese Zeit und für diese Gesellschaft.

5 Sie wird von Albrecht u.a. im Namen der Sektion "Soziale Probleme und soziale Kontrolle" der Deutschen Gesellschaft für Soziologie herausgegeben, ist also so etwas wie das offizielle Organ der SoziologInnen, die sich in der Bundesrepublik mit sozialen Problemen beschäftigen. In ihr finden sich neben theoretischen Artikeln auch die Ergebnisse zahlreicher empirischer Untersuchungen zu den verschiedensten Problemen.

6 In der Literatur auch 'Definitionsansatz', oder 'Konstituierungsperspektive' genannt; die (besonders was die erkenntnistheoretischen Implikationen anbetrifft) 'radikalere' Version kann auch als 'konstruktivistischer Ansatz' bezeichnet werden.

definieren, oder Grundprinzipien der Verfassung.[7] Die die **Realität** primär abbildenden Statistiken sind nicht nur mit den üblichen "Unzulänglichkeiten" jeder statistischen Erhebung belastet, sondern auch durch gesellschaftliche Vorurteile systematisch verzerrt. Die **Diskrepanzen** schließlich "variieren in Grad und Ausmaß der Bedeutung, die ihnen zugesprochen wird, und haben dementsprechend soziale Probleme verschiedenen Ausmaßes und unterschiedlicher Art zur Folge. Bei der Betrachtung der Aspekte, die die Kluft zwischen sozialen Standards und sozialer Realität aufzeigen, erfassen wir sehr unterschiedliche Arten sozialer Probleme in einer bestimmten Art und Weise." (Merton 1975[8]: 114)

2. Die Abweichung der Realität von den Standards muß "soziale Ursprünge" haben. Was auf den ersten Blick als Tautologie erscheint (im ersten Kriterium sind Probleme bereits als sozial definiert), dient zunächst nur dazu, Lebenslagen, die auf menschliches Handeln im weitesten Sinne zurückgehen, von Naturkatastrophen[9] und anderen Bedingungen zu unterscheiden, die nicht von der Gesellschaft verursacht worden sind. Zu sozialen Problemen können letztere jedoch werden, wenn die Gemeinschaft bei der Beseitigung ihrer Folgen versagt. Dies führt Merton zu der Forderung, "daß, was die vorausgehenden Ereignisse auch sein mögen, diese in die Untersuchung als Teil eines sozialen Problems immer dann eintreten sollen, wenn sie zur Entstehung von relevanten Diskrepanzen ... Anlaß geben" (117).

3. Die Problemdefinierer: "Ein dritter Bestandteil bei der Diagnose sozialer Probleme erfordert die Betrachtung derjenigen Menschen, die darüber urteilen, ob die Diskrepanz existiert und ob sie von erheblicher Bedeutung ist." (118) Nur bei einem Teil der Probleme (Merton nennt hier explizit die Straftatbestände) besteht weitgehender gesellschaftlicher Konsens; in der Mehrheit der Fälle wird ein sozialer Sachverhalt jedoch nur von einem Teil der Bevölkerung als Problem angesehen. Ursache für diese Divergenz ist erstens, daß verschiedene Gruppen die Realität aufgrund ihrer unterschiedlichen Interessen anders wahrnehmen, und zweitens, daß nicht alle sozialen Schichten das gleiche Wertsystem besitzen. Die sich dann ergebende Frage, welche Gruppe verbindlich über das Vorliegen oder Nichtvorliegen eines Problems urteilt, wird mit einem Verweis auf die Machtstruktur der Gesellschaft beantwortet: "Mit der sozialen Definition sozialer Pro-

---

7 Nach Auffassung von Nowak (1988: 14) gelten in der Bundesrepublik für soziale Probleme zwei Maßstäbe: "1. die verfassungsrechtlichen Normen des Grundgesetzes der Bundesrepublik Deutschland als wertorientierte Grundsätze und 2. augenblicklich geltende soziale Normen der gesellschaftlichen Entwicklung im Sinne der Lebensqualität persönlicher und sozialer Wohlfahrt."

8 Zitiert wird durchgängig nach der deutschen Übersetzung im Sammelband von Hondrich.

9 Interessant ist, daß Merton auch "Hungersnöte" zu solchen Naturkatastrophen zählt, von denen heute, 35 Jahre später, überwiegend angenommen wird, daß sie regelmäßig von Menschen gemacht sind.

bleme verhält es sich wie mit anderen Problemen in der Gesellschaft: Die Inhaber strategischer Autoritäts- und Machtpositionen haben bei sozialpolitischen Entscheidungen natürlich einen größeren Einfluß und neben anderen Dingen damit auch einen größeren Einfluß auf die Identifikation dessen, was als signifikante Abweichung von den sozialen Standards zu gelten hat." (119)

4. Unterschieden werden muß zwischen manifesten und latenten Problemen. "Abgesehen von manifesten sozialen Problemen, deren objektive soziale Bedingung von denjenigen als den geltenden Werten widersprechend identifiziert wurden, die in der Gesellschaft soziale Probleme definieren, gibt es latente soziale Probleme und Bedingungen, die ebenfalls den Werten der Gruppe widersprechen, aber nicht als solche erkannt worden sind." Wenn auch aufgrund unterschiedlicher Interessen und Wertsysteme die gesellschaftlichen Problemwahrnehmungen relativ sind, gibt es doch eine Instanz, die zumindest über das Vorliegen der **Diskrepanz** objektiv urteilen kann: die Soziologie. Durch den Vergleich ihrer empirischen Daten mit der gesellschaftlich dominierenden Wertordnung kann sie feststellen, ob ein soziales Problem vorliegt oder nicht. Solange die wissenschaftlich konstatierte Diskrepanz von der Öffentlichkeit nicht anerkannt ist, handelt es sich jedoch nur um ein "latentes Problem". Es durch Aufklärung der Gesellschaft in ein "manifestes Problem" zu überführen, ist eine weitere Aufgabe der Wissenschaft.[10]

5. Soziale Probleme können von der Gesellschaft ganz verschieden wahrgenommen werden. "Wir können es nicht als selbstverständlich voraussetzen, daß die öffentliche Vorstellung von den sozialen Problemen leidlich richtig ist: die Vorstellung ihres Ausmaßes, ihrer Verteilung, ihrer kausalen Verursachung, ihrer Folgen und ihrer Dauer oder ihres Wandels. Diese öffentlichen Vorstellungen sind oft ungeheuer falsch aus Gründen, die wir gerade zu verstehen beginnen." (122) Aufgabe der Soziologie ist es deshalb schließlich auch, zu erforschen, warum viele Annahmen nicht zutreffen - oder warum bestimmte Probleme weder von den Betroffenen noch von der Öffentlichkeit aufgegriffen werden. In Mertons Text finden sich dazu nur sehr allgemeine Hinweise, so z.B. wenn es heißt, die Wahrnehmung sozialer Probleme würde von der "Struktur der sozialen Beziehungen zwischen Menschen beeinflußt". (124) Spezifiziert wird dies lediglich mit dem Hinweis auf die große Diskrepanz zwischen dem Interesse von Bürgern an ihren

---

10 Albrecht (1990: 6 f.) faßt dieses Kriterium so zusammen: "Es gibt die Möglichkeit, an Hand objektiver Kriterien das Vorliegen eines sozialen Problems zu konstatieren, und es ist Aufgabe des Soziologen, jene latenten sozialen Probleme, die objektiv feststellbar sind, aber als solche von der Gesellschaft insgesamt oder auch von den Betroffenen noch nicht erkannt worden sind, herauszuarbeiten und manifest werden zu lassen."

privaten und an öffentlichen Sorgen; letzteres wäre nicht einmal durch eine massive Berichterstattung in den Massenmedien sicher zu erregen.[11]

6. Nötig ist schließlich der Glaube an Abhilfe: "Funktional betrachtet werden unerwünschte Diskrepanzen zwischen sozialen Standards und sozialer Realität nur dann manifeste soziale Probleme genannt, wenn die Menschen glauben, daß sie etwas gegen sie tun können." (125) Daraus folgert Merton, daß soziale Probleme überhaupt nur in Gesellschaften thematisiert werden können, die von ihren Mitgliedern für kontrollierbar und veränderbar gehalten werden. (Demgegenüber nehmen Diskrepanzen in Gesellschaften mit einem fatalistischen Glauben an die Vorbestimmtheit des Schicksal oder die Macht der Götter nicht die Form sozialer Probleme an.) Hinzu kommt, daß abweichendes Verhalten von Individuen eher als Problem wahrgenommen wird als strukturelle Desorganisation; besonders den nichtintentionalen Nebenfolgen des angesteuerten sozialen oder ökonomischen Wandels wird nur selten Aufmerksamkeit geschenkt.

Soziale Probleme als Prozeß kollektiver Definition

Zehn Jahre später (1971) formuliert der US-amerikanische Soziologe **Herbert Blumer** in dem Aufsatz "Social Problems as Collective Behavior" für die Zeitschrift "Social Problems" auf der Grundlage der Theorie des symbolischen Interaktionismus das konstruktionistische Gegenmodell (vgl. Hilgartner/Bosk 1988: 53; Leisering 1993: 488). Er knüpft dabei an Überlegungen der US-amerikanischen Soziologen **Richard C. Fuller** und **Richard R. Myers** an. Bereits Anfang der vierziger Jahre hatten sie die Auffassung vertreten, daß soziale Probleme in hohem Maße von gesellschaftlichen Definitionen abhängig seien: "Jedes soziale Problem hat sowohl einen objektiven als auch einen subjektiven Aspekt. Die objektive Seite besteht aus einer nachweisbaren Bedingung, einer Situation, oder einem Ereignis. Die subjektive Seite ist die Überzeugung oder Definition von bestimmten Personen, daß Bedingung, Situation, oder Ereignis gegen ihre Interessen verstoßen, und die Einstellung, daß etwas dagegen unternommen werden muß. **Die Bedingungen selbst sind nicht wichtig**, bis Menschen sie als ihrer Wohlfahrt abträglich definieren." (Fuller/Myers 1941 a: 25 - Übers. und Hervorh. von M.Sch.) Mit anderen Worten: Die 'objektive' Situation ist die notwendige, aber nicht hinreichende Voraussetzung für die Entstehung[12] eines soziales Problems (Fuller/Myers 1941 b: 320).

---

11 Auffällig ist hier, daß in der Theorie Mertons jeglicher Hinweis auf die Interessenabhängigkeit von Problemwahrnehmungen fehlt, z.B. auf die 'guten Gründe' von Eliten, besonders die Probleme nicht zur Kenntnis zu nehmen, die in der Grundstruktur der Gesellschaft verwurzelt sind.

12 "to constitute" im Original

Blumer erweitert diesen frühen definitionstheoretischen Ansatz und benennt drei Gründe, aus denen ihm die Position Mertons unhaltbar erscheint:

Erstens entdeckt und identifiziert die Soziologie soziale Probleme nicht von sich aus. Statt dessen nehmen Soziologen - heute würden wir hinzufügen: Soziologinnen - Probleme erst wahr, nachdem diese als solche von und in der Gesellschaft (an)erkannt worden sind. Blumer belegt dies historisch an drei Beispielen: Armut, Rassendiskriminierung und Umweltverschmutzung. Seine erste Grundthese lautet deshalb: Die Identifizierung sozialer Probleme durch die Soziologie ist von der öffentlichen Bestimmung der Probleme abgeleitet - und nicht umgekehrt!

Zweitens ist die Annahme unzulässig, daß ein soziales Problem "hauptsächlich als eine identifizierbare objektive Bedingung in der Gesellschaft existiert. Soziologen behandeln ein soziales Problem, als bestünde es aus einer Reihe objektiver Faktoren wie Unfallquote, die Kategorie der Menschen, die an dem Problem beteiligt sind, ihre Anzahl, ihre Typenzugehörigkeit, ihre sozialen Merkmale und die Beziehungen, die zwischen ihnen und bestimmten anderen sozialen Faktoren bestehen. Es wird angenommen, daß die Zurückführung eines sozialen Problems auf solche objektiven Elemente das Problem zentral erfaßt und seine wissenschaftliche Analyse konstituiert. Nach meiner Auffassung ist diese Annahme falsch." (Blumer 1975[13]: 105) Wichtiger als die Analyse solcher objektiven Bedingungen ist deshalb die soziologische Analyse des Prozesses, in dem eine Gesellschaft dazu kommt, Elend wahrzunehmen und als soziales Problem zu definieren. Dies führt zu der zweiten Grundthese: "Die gesellschaftliche Definition und nicht der objektive Charakter einer gegebenen sozialen Bedingung bestimmt, ob diese Bedingung als soziales Problem existiert oder nicht." (ebd.)

Drittens schließlich ist die Vorstellung falsch, daß sich aus der wissenschaftlichen Erkenntnis der objektiven Beschaffenheit eines Problems Mittel für dessen Bekämpfung ergeben. Auch wenn die Gesellschaft den soziologischen Analysen große Aufmerksamkeit schenkte, würde dies noch nicht zu einer Bekämpfung der identifizierten Notlagen führen. Dies liegt daran, daß ein von der Gesellschaft definiertes soziales Problem immer im Zentrum divergierender und konfligierender Interessen steht. Bereits die Zuschreibung des Problemgehaltes ist von der Stellung und den Interessen der jeweiligen gesellschaftlichen Gruppen abhängig, um so mehr gilt dies für die Vorschläge zur Bekämpfung des Problems. Die dritte Grundthese lautet deshalb: Soziale Probleme sind Gegenstand politischer Aushandlungsprozesse.

Diese Kritik führt Blumer zu seinem **Leitsatz**, "daß soziale Probleme auf einem Prozeß kollektiver Definition beruhen und dessen Produkte sind. Der Prozeß der

---

13 Zitiert wird nach der deutschen Übersetzung im Sammelband von Hondrich.

kollektiven Definition ist verantwortlich für das Auftauchen sozialer Probleme, dafür, wie sie wahrgenommen, untersucht und betrachtet werden, für die Art des offiziellen Plans zu ihrer Sanierung, der ausgearbeitet wird, und für die Transformation des sanierenden Plans in seine praktische Anwendung. Kurz, der Prozeß der kollektiven Definition bestimmt die Geschichte und das Schicksal der sozialen Probleme von dem ersten Augenblick ihrer Entstehung an." (106) Ein Problem ist also nur das, was von der Gesellschaft (was primär heißt: der Öffentlichkeit) als solches behandelt wird. Analysiert werden kann es demzufolge nur in Form des Prozesses, der es konstituiert: "Es ist dies ein Prozeß, der bestimmt, ob soziale Probleme als existierend anerkannt werden, ob sie der öffentlichen Beachtung wert sind, wie sie betrachtet werden sollen, was mit ihnen geschehen soll und wie sie in den Versuchen, sie zu kontrollieren, wiederhergestellt werden sollen. Soziale Probleme haben ihre Existenz, ihre 'Lebensgeschichte' und ihr Schicksal in diesem Prozeß." (112)

Weiter als Blumer, der noch 'objektive Sachverhalte' als Grundlage der Formulierung sozialer Probleme annimmt[14], geht der **konstruktivistische** Ansatz: In ihrem Aufsatz aus dem Jahre 1973 stellen die beiden US-amerikanischen Soziologen **John I. Kitsuse** und **Malcolm Spector** die These auf, daß soziale Probleme von kollektiven Akteuren völlig unabhängig von der Existenz sozialer Sachverhalte konstituiert werden können und in aller Regel auch werden. "Unsere Auffassung ist, daß man die Existenz der objektiven Bedingung weder voraussetzen noch untersuchen sollte; tatsächlich würde man damit nur die Aufmerksamkeit von der Erforschung des Definitionsprozesses ablenken. Die Definition kann von empirisch belegten Behauptungen über Ausmaß, Intensität, Verteilung und Auswirkung der zugeschriebenen gesellschaftlichen Bedingungen begleitet sein; sie kann es aber auch nicht und theoretisch muß sie es nicht." (Kitsuse/Spector 1973: 414 - Übers. von M.Sch.) Infolgedessen kann in der empirischen Analyse auf die Suche nach 'irgendwelchen' zugrunde liegenden objektiven Verhältnissen verzichtet werden. Gegenstand der soziologischen Forschung sollte nur der Prozeß sein, in dem kollektive Akteure - aufgrund bestimmbarer Eigeninteressen - soziale Probleme 'konstruieren'.[15]

---

14 "Meine Diskussion beabsichtigt keineswegs, den Wert konventioneller Annäherungen der Soziologie an soziale Probleme zu verneinen. Die Erkenntnis der **objektiven Beschaffenheit** sozialer Probleme (...) sollte als Korrektiv gesucht werden für die Ignoranz oder falsche Information über diese objektive Beschaffenheit." (Blumer 1975: 112 - Hervorh. von M.Sch.)

15 Den theoretischen Stellenwert der Position von Kitsuse/Spector diskutieren Schneider 1985 und Rafter 1992.

1.3 Das objektivistisch-konstruktivistische Kontinuum

Vergleicht man zunächst die beiden ersten Konzepte, zeigt sich, daß die zentrale Differenz zwischen ihnen in der Bedeutung dessen liegt, was Merton 'latentes Problem' nennt. Bei ihm nimmt die Soziologie in der Gesellschaft eine besondere Rolle ein; sie ist die Instanz, die nach objektiven Kriterien über das Vorliegen eines Problems zu entscheiden vermag. Die Zuweisung dieser Kompetenz macht zwei Vorannahmen nötig: Erstens gibt es in der Gesellschaft allgemein (oder doch zumindest weitgehend) anerkannte Werte, die der Soziologie als moralischer Referent dienen; zweitens kann die soziale Realität wissenschaftlich neutral erfaßt und unzweideutig unter diese Werte subsumiert werden. Im Vergleich dazu ist Blumer sehr viel pessimistischer, was die Erkenntnisfähigkeit der Soziologie angeht. Dabei ist sein Einwand jedoch weniger ein erkenntnistheoretischer als ein historisch-empirischer: Er behauptet nicht, daß die Soziologie prinzipiell (also aufgrund einer Art Unschärferelation der sozialen Welt) unfähig sei, die von Merton angesprochenen latenten Diskrepanzen zu identifizieren, sondern nur, daß sie es in Wirklichkeit nicht tut. Neben diesen empirischen Beobachtungen resultiert Blumers Feststellung auch daraus, daß die Soziologie von ihm nicht - wie von Merton - als kognitive Gegeninstanz zur Gesellschaft, sondern als ihr Bestandteil verstanden wird. Und zwar als einer, der denselben ideologischen Beeinflussungen ausgesetzt ist, wie andere soziale Subsysteme auch.

Trotz dieses fundamentalen theoretischen Unterschiedes sind die Konsequenzen, die sich aus den beiden Konzepten für die empirische Analyse sozialer Probleme ergeben, sehr ähnlich - wenn man den Punkt der Latenz einmal ausklammert. Merton beschreibt den Prozeß, der ein latentes in ein manifestes Problem **transformiert**, ähnlich wie Blumer den, der ein Problem **konstituiert**: Nach der Thematisierung durch einen primären Akteur erfolgt im massenmedialen Diskurs die gesellschaftliche Anerkennung, Experten und Betroffene adressieren die zuständigen gesellschaftlichen und staatlichen Instanzen, diese entwickeln Lösungsvorschläge und versuchen sie durchzusetzen. Dabei gehen beide Ansätze davon aus, daß der Thematisierung eine kollektive Notlage zugrundeliegt, die **unabhängig vom Problematisierungsprozeß** ist. Gerade diese Annahme ist es, die von Vertretern des konstruktivistischen Ansatzes kritisiert wird (typisch: Schneider 1985: 210-211).

Wenn man die theoretische Differenz in das Bild eines objektivistisch-konstruktivistischen Kontinuums umsetzt, stellen die Konzepte von Merton und Kitsuse/Spector jeweils die Endpunkte einer Strecke dar, während Blumers Ansatz eher in der Nähe der Mitte zu finden wäre. Charakteristisch für solche 'Mittelpositionen' ist die Annahme, daß die Existenz einer objektiven - materiellen oder immateriellen - Notlage die notwendige, nicht aber die hinreichende Bedingung für die Entstehung eines sozialen Problems ist (wie wir sahen, hatten dies schon Fuller und Myers 1941 formuliert). Die Notlage - weil 'Notlage' schon die negative gesellschaftliche Bewertung des Zustandes vorwegnimmt, werde ich im weiteren von 'sozialem Sachverhalt' sprechen - bildet nur einen 'Kristallisationskern' für die Aktivitäten kollektiver Akteure. Wenn dies wissenschaftliche ExpertInnen sind, treten sie nicht als objektiv entscheidende Instanz auf sondern, nur als ein (gleichberechtigter) Akteur unter vielen.[16]

Schauen wir uns das Spannungsfeld, in dem sich eine solche Mittelposition befindet, etwas genauer an. Wie die objektivistische Position geht sie zunächst davon aus, daß Akteure nicht an "bloß erfundenen Problemen anknüpfen. Sie setzen Unzufriedenheiten voraus." (Rucht 1994: 340) Daß kollektiv als Notlagen empfundene Sachverhalte eine notwendige Bedingung sind, bedeutet jedoch nicht, daß die auf sie antwortenden Problematisierungen auch die 'realen' Ursachen der Unzufriedenheit benennen. Diese Differenzierung (und die mit ihr verbundene Suche nach den Gründen) setzt jedoch die Annahme voraus, **daß Verhalten oder Strukturen vor ihrer Bedeutung durch die Akteure in der Alltagswelt existieren und auch soziologisch analysiert werden können**. (vgl. Haferkamp 1987: 125) Nur wenn dies anerkannt wird, kann die Rekonstruktion der 'objektiven Bedingungen' überhaupt Bestandteil der Analyse sozialer Probleme sein.

Die entscheidende Schwäche des objektivistischen Ansatzes ist, daß es in einer Gesellschaft viele Sachverhalte gibt, die problematisiert werden könnten, es aber nicht werden. Wie Hilgartner/Bosk (1988: 54-58) zu recht feststellen, wird nur ein kleiner Teil von ihnen zu einem anerkannten sozialen Problem, das Aufmerksamkeit von Massenmedien, Bevölkerung und staatlichen Instanzen erfährt. Etliche werden zu 'Problemchen', die nur innerhalb einzelner Professionen diskutiert werden. Die meisten jedoch werden überhaupt nicht wahrgenommen. Weder die Anzahl der Betroffenen noch das Ausmaß der Konsequenzen ist dabei der entscheidende Parameter dafür, ob ein Sachverhalt als soziales Problem angesehen wird; auch können Veränderungen in diesen Bedingungen die Entwicklung des Problems gerade **nicht** erklären.

An diesem Punkt übersieht die konstruktivistische Kritik jedoch, daß auch nach Auffassung Mertons die Feststellung über das Vorliegen eines sozialen Problems sich weder aus dessen objektiver Existenz gleichsam automatisch ergibt, noch im Belieben einzelner Individuen steht. Es wird vielmehr in einem Prozeß thematisiert, bei dem der sozialen Stellung (und damit der Definitionsmacht) der jeweiligen "Problemdefinierer" eine große Bedeutung zukommt.

Diesem Prozeß wird im Rahmen der 'Mittelposition' (und hier neigt sie eher der konstruktionistischen Auffassung zu) in zweifacher Hinsicht eine gewichtigere

16 ... eine Rolle, die nach Auffassung Mertons (wenn er sie auch anders interpretiert) üblich, nach der Meinung Blumers aber selten und wohl auch unerwünscht ist. Hier wird nicht zuletzt eine zentrale Differenz im Verständnis der gesellschaftlichen Rolle der Soziologie deutlich.

Rolle zugewiesen: erstens als **konstituierendes** Element des sozialen Problems selbst und (sich daraus ergebend) zweitens als notwendiger Schwerpunkt der empirischen Analyse. "Soziale Probleme verweisen zwar auf Tatsachen, aber sie erschöpfen sich nicht in der affektlosen Realität. Weil sie 'Probleme' sind, bedürfen sie zu ihrer Entstehung der Problematisierung. Erst wenn sich die Ansicht durchgesetzt hat - genauer: wenn bestimmte Akteure ihre Ansicht durchgesetzt haben, daß der Ausschnitt der Realität, den sie im Auge haben, dringend verändert, bekämpft oder abgeschafft werden muß - ... -, erst dann wird aus der sozialen Tatsache ein soziales Problem." (Scheerer 1993: 79-80; vgl. Gusfield 1989: 431) Entsprechend wird bei der empirischen Analyse der Schwerpunkt auf der Untersuchung des Prozesses liegen, in dem es konstituiert wird: die **Problemkarriere**.

Ein gewichtiges Argument für eine solche Schwerpunktsetzung ist, daß "die soziale Definition eines Sachverhalts als Problem zur Entstehung einer definitionsinduzierten Problematik führt, die - unabhängig davon, ob sie auf einer vorgängigen objektiven Problemlage aufbaut oder nicht - bald ihre eigene Realität schafft." (Scheerer 1993: 82) Dies bedeutet: soziale Probleme erheben moralisch-normative Ansprüche und entfalten (z.B. in Form von Rechtsnormen) materielle wie symbolische Wirkungen auf die Menschen, die weitgehend unabhängig von der Frage sind, ob es sich um 'objektive' Probleme im Sinne Mertons oder 'nur' um Ergebnisse erfolgreicher Skandalisierungskampagnen im Sinne von Kitsuse/Spector handelt.[17] Dies gilt um so mehr, wenn man davon ausgeht, daß die Wirklichkeit weitgehend gesellschaftlich konstruiert ist.[18]

---

17 Es wäre allerdings naiv anzunehmen, daß es bei der Auseinandersetzung zwischen objektivistischer und konstruktivistischer Position nur um erkenntnistheoretische Fragen ginge. "Gerade in den Sozialwissenschaften sind es nicht unbedingt disziplininterne Prozesse, die neue Sichtweisen begründen. Vielmehr spielen externe, nichtwissenschaftliche Diskurse und gesellschaftlicher Wandel eine entscheidende Rolle." (Czada 1994: 38) Die Feststellung der Konstruiertheit sozialer Probleme in interessengeleiteten Definitions- und Zuschreibungsprozessen, die völlig unabhängig von objektiven Notlagen sind, delegitimiert in der sozialpolitischen Diskussion (ob dies von ihren Vertretern beabsichtigt ist oder nicht) immer auch ein Stück weit die Forderungen Betroffener nach Verbesserung ihrer Lebensbedingungen. Sie stellt damit nicht nur wissenschaftliche Analyse, sondern auch eine Abwehrstrategie gegen soziale Ansprüche dar. Mit einer solchen politischen Einordnung von Theoriebildung wird die vom Konstruktivismus für die sozialen Probleme postulierte Relativierung auf das wissenschaftliche Wissen ausgedehnt.

18 Weshalb sich die Frage stellt, warum viele Vertreter des radikal-konstruktivistischen Ansatzes mehr Interesse an erkenntnistheoretischen Fragen als an der empirischen Analyse sozialer Probleme zeigen.

1.4 Kokonmodell sozialer Probleme

Ich habe für die empirische Analyse der Karriere sozialer Probleme ein Modell entwickelt[19], das Überlegungen beider Positionen aufnimmt und dabei erkenntnistheoretische Fragen weitgehend ausklammert. Zentral für dieses Modell ist die Unterscheidung zwischen **sozialen Sachverhalten**[20], ihrer **Deutung als Problem** und der gesellschaftlichen Anerkennung der **Problemwahrnehmung** in einem diskursiven Prozeß, den ich **Problemkarriere** nenne. Der Prozeß der Entstehung eines sozialen Problems läßt sich mit diesem Modell topisch beschreiben: Ein kollektiver Akteur formuliert ein Deutungsmuster (Problemmuster), das einen - bisher gesellschaftlich gar nicht oder nur in anderer Form wahrgenommenen - Sachverhalt als soziales Problem interpretiert und bewertet. Diese Deutung-als-Problem umgibt den Sachverhalt in der Sphäre der gesellschaftlichen Diskurse mit einem Wahrnehmungskokon, der sich in dem Maße 'verdichtet', wie ihm von verschiedenen Akteuren 'diskursive Energien'[21] zugeführt werden. Weil die Träger der Deutung sich in ihrem Denken und Handeln nicht am Sachverhalt, sondern ausschließlich an dem ihn umgebenden Wahrnehmungskokon orientieren, entsteht eine Problemwahrnehmung. Die Graphik auf der nächsten Seite bildet dies ab.

19 Neben dem schon zitierten Text von Scheerer schulde ich der Arbeit von Bernd Giesen (1983) Dank für wesentliche Überlegungen, die zur Ausformulierung dieses Modells geführt haben.

20 In den siebziger Jahren war überwiegend von "objektiven Bedingungen" die Rede, Albrecht (1990: 9) dagegen nennt - meinem Modell näher stehend - dies "den 'objektiven Kern' eines Sachverhalts". - Ob diese 'Kerne' in einem traditionellen (natur-)wissenschaftlichen Sinne 'objektiv' existieren, ist für eine auf meinem Modell beruhende empirische Analyse von Problemkarrieren bedeutungslos.

21 'Diskursive Energie' meint alle personalen, organisatorischen und zeitlichen Aufwendungen für kommunikative Akte (dies schließt auch spektakuläre Aktionen ein, die einen hohen Nachrichtenwert besitzen), die zwischen primärer Definition und öffentlicher Anerkennung nötig sind, um die Kokonrealität 'soziales Problem' zu konstituieren.

Graphik 1: Der Wahrnehmungskokon

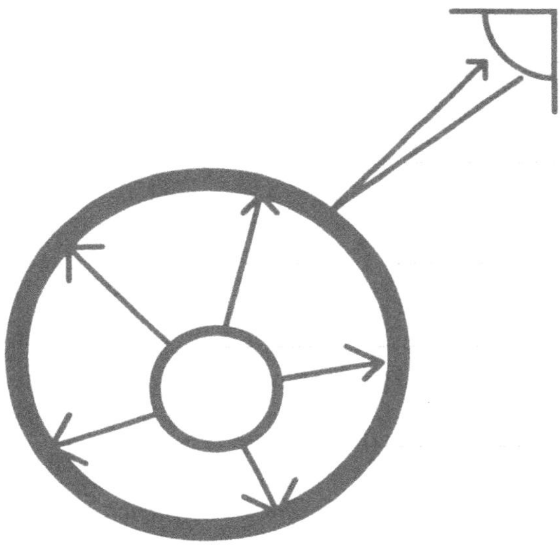

Die vom Wahrnehmungskokon erzeugte Problemwahrnehmung wird von den Massenmedien in der Bevölkerung und bei den Instanzen des Wohlfahrtsstaates verbreitet. Weil erst die Anerkennung der Problemwahrnehmung in der Öffentlichkeit[22] zu dem Status führt, den wir soziales Problem nennen, bedienen sich die Akteure zur Durchsetzung und Absicherung ihrer Deutung verschiedener Diskursstrategien. Deren wichtigste Aufgabe ist es, in den Wahrnehmungskokon Emotionen einzuschreiben, die den Trägern der Deutung keine Denk- und Handlungsalternativen lassen. Wenn sich die Deutung-als-Problem gegen alle konkurrierenden Deutungsmuster (Alternativdeutungen) durchgesetzt hat, entsteht - durch die alltägliche ideelle und faktische Reproduktion der Problemwahrnehmung - aus dem Wahrnehmungskokon schließlich eine Kokonrealität. Das soziale Problem ist gesellschaftlich zur **einzigen praxisrelevanten Wirklichkeit** (was u.a. heißt: zur einzigen Art und Weise des Umgangs mit dem Sachverhalt) geworden.

Zusammengefaßt: 'Soziales Problem' nennen wir eine soziale Realität, die durch die gesellschaftliche Anerkennung des Wahrnehmungskokons entsteht, in den

22 Läßt diese auf sich warten, spricht Beck-Gernsheim (1982) von einem "problematischen Problem", dessen Problemcharakter gesellschaftlich umstritten ist.

kollektive Akteure einen sozialen Sachverhalt mit Hilfe ihrer Deutung-als-Problem 'eingesponnen' haben. Außerhalb der individuellen[23] Betroffenheit **sozial** wirksam ist nicht der Sachverhalt, sondern ausschließlich die Kokonrealität. Für den Erfolg oder Mißerfolg einer Deutung-als-Problem lassen sich durch empirische Analyse und theoretische Folgerungen soziale Gesetzmäßigkeiten finden, von denen wir einigen im Laufe diese Buches nachspüren werden. Die Skizze auf der gegenüberliegenden Seite bildet den Prozeß der Entstehung eines sozialen Problems nach diesem Modell ab.

Schauen wir uns nun die einzelnen Elemente des Prozesses an, in dem das soziale Problem konstituiert wird.

Auf der Zeitachse abgebildet ist die **Problemkarriere**. Sie beginnt mit der ersten öffentlichen Thematisierung durch den primären Akteur. Dies sind in der Regel wissenschaftliche Experten oder soziale Bewegungen (seltener können auch Prestigemedien diese Rolle innehaben), entsprechend erfolgt diese erste Thematisierung in Medien der Fachöffentlichkeit oder in der Bewegungsöffentlichkeit. Der primäre Akteur verfügt über besondere Definitionsmacht. Mit seinem Problemmuster legt er u.a. fest, wer für die Bearbeitung zuständig ist und welche Bekämpfungsstrategien erfolgsversprechend sind. Andere Akteure können sich meist erst einmischen, wenn die Problemwahrnehmung die Massenmedien erreicht hat. Dann durchläuft das Problem idealtypisch verschiedene **Karrierephasen**. Schließlich konstituieren Verwendung und Befolgung durch die Individuen und das Festschreiben in staatlichen Programmen und neuen Rechtsnormen das Problem in der vom Problemmuster vorgegebenen Form als gesellschaftliches Faktum. Durch die doppelte (ideelle und faktische) Reproduktion der Problemwahrnehmung bewährt sich das soziale Problem als Theorie- und Praxisform immer wieder aufs neue als soziale Realität.

Soziale Sachverhalte besitzen zwei Referenzpunkte: ihre allgemeine gesellschaftliche Anerkennung und die Nachweisbarkeit mit wissenschaftlichen Methoden. 'Allgemeine gesellschaftliche Anerkennung' bedeutet, daß ein Sachverhalt als real auch von den kollektiven Akteuren angesehen wird, die seine Deutung als soziales Problem **nicht** teilen. Für die wissenschaftliche Bestätigung sind die Sozialwissenschaften im weitesten Sinne zuständig. (Welcher Methoden sie sich dabei bedienen, hängt von ihren jeweils gültigen Forschungsstandards ab.) Auf beiden Ebenen - der gesamtgesellschaftlichen wie der wissenschaftlichen - sind die sozialen Sachverhalte zwar wiederum selbst das Ergebnis (basalerer) Definitions- und Zuschreibungsprozesse, diese zu untersuchen, ist jedoch Aufgabe der Wissenssoziologie - oder auch der Erkenntnistheorie. Ich meine: für die Soziolo-

23 'Individuell' bedeutet hier nicht, daß nicht viele Menschen betroffen sein könnten, sondern nur, daß es kein kollektives Bewußtsein eines Opferstatus außerhalb der Problemwahrnehmung gibt.

Graphik 2: Entstehung eines sozialen Problems nach dem Kokonmodell

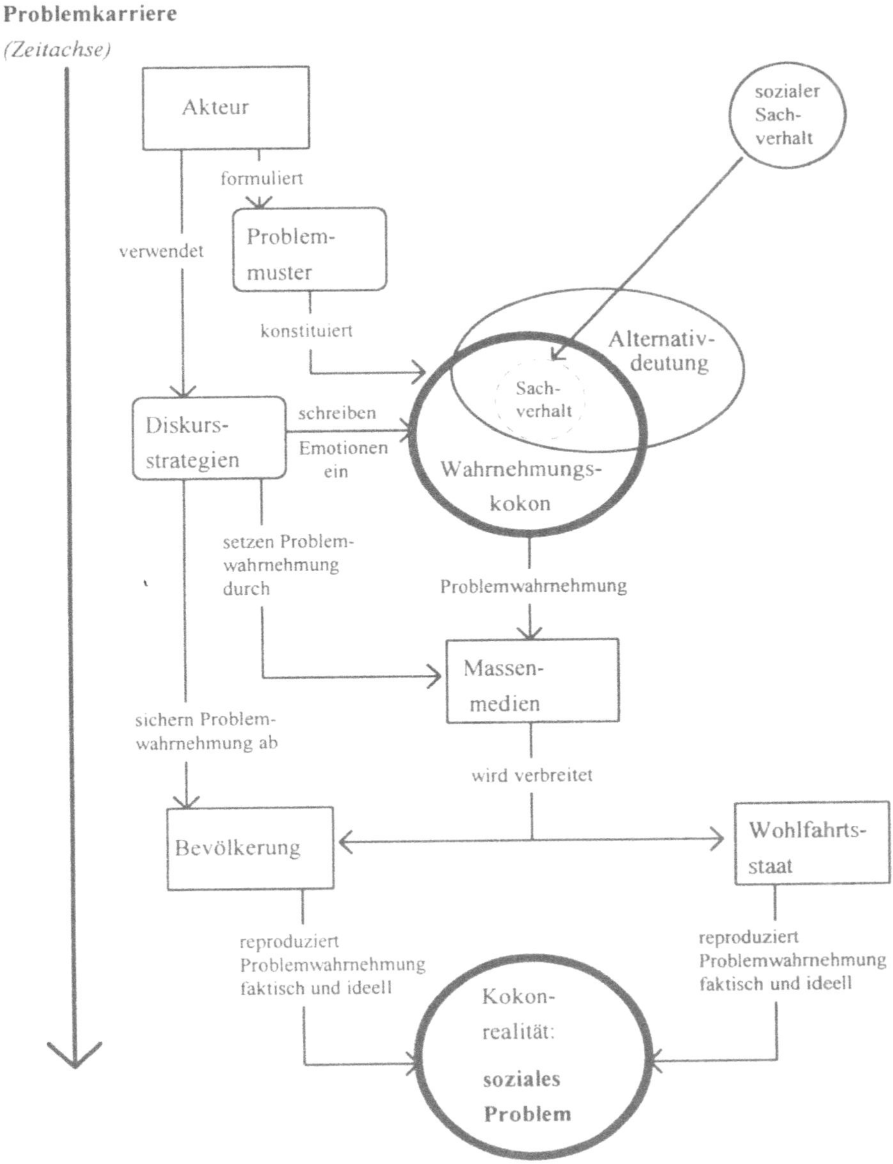

gie sozialer Probleme sind die gesellschaftlich wie wissenschaftlich anerkannten Sachverhalte letzter, nicht zu hinterfragender Referent in der sozialen Ordnung[24]. Für die Analyse sozialer Probleme ist ein Sachverhalt hinreichend als Summe der Wissensbestände beschrieben, die allen (auch den nicht problematisierenden!) Deutungen gemeinsam sind. Diese komperatistische Methode versagt jedoch, wenn ein Problemmuster Hegemonie erlangt hat. Dann stellt sich die Frage der Möglichkeit empirischer Forschung jenseits der Grenzen des gesamtgesellschaftlichen Übereinkommens.

Kollektive Akteure sind handelnde Gruppen mit gemeinsamen Motiven und Zielen, die ein Problemmuster formulieren (primärer Akteur) oder es in der diskursiven Zirkulation fördern. Es lassen sich idealtypisch acht Arten von Akteuren unterscheiden: aktive Betroffene, Advokaten, Experten, politische und ideologische Problemnutzer, soziale Bewegungen, Moralunternehmer, Massenmedien und staatliche Instanzen. Diese Differenzierung ist für die empirische Analyse wichtig, weil die meisten dieser Akteure neben dem Wunsch nach Abhilfe für den thematisierten Sachverhalt auch partikulare Interessen haben. Da diese Interessen das verwendete Problemmuster stark beeinflussen, hängt der konstituierte Wahrnehmungskokon - also schließlich auch das anerkannte soziale Problem - entscheidend davon ab, welcher Akteur seine Problemwahrnehmung durchsetzen konnte.

Nicht alle in der Gesellschaft zirkulierenden Deutungen zielen darauf ab, einen Sachverhalt als soziales Problem zu konstituieren. Die **Deutung-als-Problem** ist dadurch charakterisiert, daß sie einem sozialen Sachverhalt vier Eigenschaften zuweist:

- er verstößt gegen die von der Gesellschaft postulierten Werte,
- die Betroffenen sind ohne eigene Schuld hilfebedürftig geworden,
- eine Änderung ist im Rahmen der bestehenden Gesellschaft möglich,
- es besteht eine moralische Pflicht zur Abhilfe.

---

24 Dies lassen Woolgar und Pawluch (1985) - bei aller Nachvollziehbarkeit ihrer Kritik - m.E. unberücksichtigt, wenn sie dem konstruktivistischen Ansatz (dort: "the definitionalist school") "ontologische Manipulation" vorwerfen: "In each case, the key assertion is that the acutal character of a substance (marijuana), condition, or behavior remained constant. But in each case the authors fail to acknowledge that their identification of 'the nature of marijuana', or their assertion of the constancy of a condition or behavior, can itself be construed as a definitional claim." (217) Für die Soziologie sozialer Probleme sind jedoch nicht basale gesellschaftliche Definitionsprozesse sondern die Probleme selbst die 'ontologische Ebene'. Gefragt wird also nur, woher es kommt, daß Sachverhalte, deren 'Wesen' (ob sozial konstruiert oder nicht) von verschiedenen Akteuren parallel oder zeitlich versetzt gleich definiert wird, sich für die einen Akteure als ein soziale Problem darstellen, für die anderen aber nicht. (Zu dieser Debatte vgl. auch Rafter 1992)

Die ideelle Basis jeder Deutung-als-Problem ist ein kollektives Deutungsmuster, das dem sozialen Sachverhalt diese Eigenschaften zuweist: Dieses **Problemmuster** wird vom primären Akteur formuliert und muß sich im öffentlichen Diskurs gegen die Konkurrenz anderer Deutungen desselben Sachverhalts durchsetzen. Ein Problemmuster besteht aus sieben Elementen: (1) ein 'Name', der das Problem eingängig benennt, (2) ein Identifzierungsschema, (3) eine Problembeschreibung, (4) Bewertungsmaßstab und Bewertung, (5) abstrakte Problemlösungen, (6) konkrete Handlungsanleitungen und (7) affektive Bestandteile. Diese Elemente wirken bei der Rezeption und bei der Anwendung durch das Individuum unterschiedlich zusammen. Aus den besonderen Eigenschaften dieser Problemmuster (wie z.B. Latenz und Zeitstabilität) ergeben sich eine Reihe von Konsequenzen für die Analyse sozialer Probleme.

Alternativdeutungen konstituieren den Sachverhalt auch als soziales Problem, jedoch mit Hilfe von Problemmustern, deren Inhalte sich wesentlich von denen der dominierenden Deutung unterscheiden. Demgegenüber stellen **Gegendiskurse** die Deutung-als-Problem überhaupt in Frage - z.B. in dem sie behaupten, daß der Sachverhalt gar nicht gegen die von der Gesellschaft postulierten Werte verstößt. Alles, was über die partikularen Interessen von Akteuren gesagt wird, trifft in ähnlicher Weise auch auf die Begründer von Alternativdeutungen und Gegendiskursen zu.

Ob eine Problemwahrnehmung sich durchsetzt, hängt neben der argumentativen Qualität des Problemmusters davon ab, ob es moralisch-normativ und emotional in vielen Individuen verankert werden kann. Dies ist die Aufgabe spezieller **Diskursstrategien**: (1) Dramatisieren erzeugt Affekte und bindet sie an die Problemdefinition an, (2) Moralisieren normiert das Problemmuster, (3) durch die Reproduktion von Mythen wird die Problemwahrnehmung unhinterfragbar gemacht. Die Struktur der modernen Öffentlichkeit und die psychisch-soziale Verfaßtheit des bürgerlichen Individuums sind so beschaffen, daß Problemwahrnehmung ohne die Verwendung solcher Diskursstrategien nicht den Status sozialer Probleme erlangen, sondern zu "abgetriebenen Problemen" (Müller 1977) werden. Solche Diskursstrategien müssen deshalb nicht nur in den Massenmedien, sondern bereits in der Fachöffentlichkeit eingesetzt werden.

Über Erfolg oder Mißerfolg einer Problemwahrnehmung wird in der modernen Gesellschaft jedoch letztlich in der massenmedial beherrschten **Öffentlichkeit** entschieden. Die **Massenmedien** sind nicht nur die Arena der Konkurrenz um die begrenzte öffentliche Aufmerksamkeit, sondern auch ein Akteur mit einem sehr speziellen eigenen Interessen - der Erlangung der (für den ökonomischen Erfolg allein auschlaggebenden) Aufmerksamkeit der Rezipienten. Die Diskursstrategien adressieren nicht nur die in den Medien tätigen Individuen moralisch-normativ und emotional, sondern lassen sie auch ein großes Interesse der Bevölkerung am Problem antizipieren: Hohen Nachrichtenwert hat und gute Einschaltquoten bzw. Auflagen verspricht, was für die erwünschten Rezipienten Wahrnehmungs- und

Handlungspriorität besitzen könnte. Aufgrund dieser Erwartung wird - in fiktionaler und nicht-fiktionaler Form - immer wieder über das Problem berichtet und so die Problemwahrnehmung in der **Bevölkerung** verbreitet. Die durch die Medien 'aufgeklärten' Individuen nehmen das Problem schließlich (wenn der Transfer des Problemmusters gelingt) im Alltag wahr und (re-)agieren entsprechend der integrierten Handlungsanleitungen. Wenn die Problemwahrnehmung die Öffentlichkeit erreicht, wird sie zur eigenständigen sozialen Realität, die der Verfügungsgewalt des primären Akteurs weitgehend entzogen ist.

Regelmäßig der erste Adressat für Forderungen sowohl nach die Not mindernder Hilfe für die Betroffenen als auch nach einer grundlegenden Lösung des Problems ist der **Wohlfahrtsstaat**. Die kontinuierliche Berichterstattung der Massenmedien signalisiert dem politisch-administrativen System, daß hier Handlungsbedarf besteht - und daß aus der Bekämpfung bzw. Nichtbekämpfung politisches Kapital geschlagen werden kann. Über die drei möglichen staatlichen Reaktionen - Zurückweisung der Problemwahrnehmung, Anerkennung der Problemwahrnehmung bei Ablehnung seiner Zuständigkeit sowie Anerkennung der Problemwahrnehmung wie der Zuständigkeit - wird nach politischer Opportunität entschieden. Dabei verfolgen die Regierung und die sie tragenden Parteien stets andere strategische Ziele als die Opposition. Die 'Eignung' staatlicher Ressourcen (Geld, Information, Recht) zur Problembekämpfung ist sowohl von der Art des Problems als auch vom politischen Kalkül der entscheidenden Instanzen abhängig. In jedem Fall wird die Problemwahrnehmung durch die staatlichen Bekämpfungsmaßnahmen systematisch verändert, um so mehr, je stärker das Problem institutionalisiert wird. Nur ausnahmsweise tritt der Staat selbst als Problemdefinierer auf. Wenn aber doch, kann er - und das unterscheidet ihn von anderen kollektiven Akteuren - die gesellschaftliche Anerkennung der von ihm konstatierten Problemwahrnehmung notfalls auch erzwingen.

Der von der Deutung-als-Problem erzeugte Wahrnehmungskokon erlangt den Status eines Problems, wenn das ihn konstituierende Problemmuster (a) in den aktiven Wissenskorpus einer großen Zahl von Individuen inkorporiert ist und (b) dort Wahrnehmungs- und Handlungspriorität erlangt hat. Dieser doppelte Vorrang besagt, daß der gedeutete Sachverhalt im Alltag nicht nur Aufmerksamkeit des Individuums erzeugt, sondern dieses auch ohne Rücksicht auf mögliche negative Handlungsfolgen gemäß der Vorgaben des Musters reagiert. Je stärker ein Problemmuster seine 'Konkurrenten' aus dem öffentlichen Diskurs und den Köpfen der Menschen verdrängt, desto unsichtbarer wird der **soziale Sachverhalt** selbst für die Akteure und die Individuen.[25] Wenn eine Deutung-als-Problem gesellschaftliche Hegemonie erlangt, wozu zusätzlich stets auch die wohlfahrtsstaatliche Anerkennung gehört, kann die von ihr konstituierte Kokonrealität nur noch mit wissenschaftlichen Mitteln durchdrungen werden. Dies setzt jedoch voraus, daß es WissenschaftlerInnen gibt, die darauf verzichten, die Deutung-als-Problem zur Voraussetzung ihrer Arbeit zu machen - also Forschende, die gesellschaftliche dominierende Sichtweise in Frage zu stellen bereit sind.

Gliederung des Buches

Nicht alle Elemente dieses Modells sind funktional oder zeitlich linear miteinander verknüpft. Wenn wir es in der empirischen Analyse verwenden, können wir deshalb weder durchgängig den funktionalen Bezügen seiner Bestandteile, noch der historischen Genese des jeweiligen Problems folgen. Ich schlage vor, sich zunächst einen Überblick über den Verlauf der Problemkarriere zu verschaffen und dann Schritt für Schritt die einzelnen aktiven Elemente und zentralen Bestandteile dieses Prozesses zu untersuchen. Dabei gibt es für die Reihenfolge, in der die einzelnen Elemente behandelt werden, sicherlich mehr als eine gelungene Lösung. Neben dem untersuchten Problem hängt das Vorgehen auch von individuellen Vorlieben der Forschenden ab. Das Buch selbst ist ein **Vorschlag** für die Schritte bei der Analyse sozialer Probleme. Es behandelt die einzelnen Elemente des Modells in der folgenden Reihenfolge:

- Problemgeschichte (Kapitel 2)
- Kollektive Akteure (Kapitel 3)
- Problemmuster (Kapitel 4)
- Diskursstrategien (Kapitel 5)
- Öffentlichkeit (Kapitel 6)
- Wohlfahrtsstaat (Kapitel 7)
- Soziale Sachverhalte (Kapitel 8)

Die *kursiv gedruckten Beispiele* in jedem Kapitel sind dabei zum Verständnis des Textes nicht notwendig. Ein Teil von ihnen dient der Illustration der theoretischen Aussagen, andere konkretisieren die empfohlenen empirischen Analyseschritte.

---

25 "Wenn sie [die Akteure] erfolgreich sind, dann verdrängt ihre Sichtweise alle konkurrierenden Perspektiven bis zu einem Punkt, an dem ihre Beschreibung des Problems, ihre Ursachentheorie, ihre moralische Bewertung und ihr Programm zur Bekämpfung des Problems nicht mehr als eine unter vielen möglichen Auffassungen, sondern gleichsam als die natürliche und selbstverständliche Sicht der Dinge, ja als bloßes Abbild der Realität erscheint." (Scheerer 1993: 83)

Auf eine 'Gefahr' der wissenschaftlichen Analyse seien die LeserInnen am Ende dieses Kapitels noch hingewiesen: Insbesondere wenn eine Problemdeutung gesellschaftlich dominiert, zerstört die empfohlene Rekonstruktion ihrer Karriere - fast automatisch - die vorherrschende Fraglosigkeit. Entsprechend ziehen wir als Forschungssubjekte nicht nur Affektreaktionen auf uns, sondern sind auch den sozialen Sanktionen ausgesetzt, die Problemwahrnehmungen regelmäßig absichern. Neben den Konsequenzen für die Finanzierung weiterer Forschungen und das persönliche Ansehen steht außerdem das Risiko, durch die Delegitimierung des Problems die zukünftige Unterstützung Hilfebedürftiger zu vereiteln. Als Soziologen und Soziologinnen geraten wir bei der Beschäftigung mit den Karrieren sozialer Probleme fast zwangsläufig in ein wissenschaftsethisches Dilemma zwischen Wahrhaftigkeit und Delegitimierung. Auf dieses Dilemma werde ich am Ende des Buches (**Kapitel 9**) antworten.

2 Problemgeschichte: Erste Thematisierung und weitere Entwicklung

2.1 Die erste Thematisierung

Am Beginn der empirischen Analyse einer Problemkarriere sollte die Rekonstruktion der ersten Thematisierung stehen. Dabei sind regelmäßig drei Fragen zu beantworten:

- In welcher Öffentlichkeit ist das Problem zum ersten Mal formuliert worden?
- Wer ist der primäre Akteur, der dies getan hat?
- Wurde der gleiche oder ein ähnlicher Sachverhalt vorher bereits unter anderem 'Namen' problematisiert?

Die Formulierung des Problems

Wenn wir dem soziologisch weit verbreiteten Ansatz des "Agenda setting"[1] folgen, werden die Themen öffentlichen Interesses - wie z.B. soziale Probleme - von den Massenmedien festgelegt. Nach Luhmanns Theorie der öffentlichen Meinung (1970)[2] entwickelt sich deren Aufmerksamkeit in drei Stufen: In einer **latenten Phase** ist ein Thema nur Eingeweihten bekannt. "Oft vegetieren Themen in dieser Vorform lange dahin, bis sie die Kraft für eine politische Karriere gesammelt haben und die rechte Zeit dafür gekommen ist. Und manche schaffen es nie." Ein **Durchbruch** erfolgt, wenn "Mutige" mit diesem Thema erfolgreich ihre eigene Karriere gestartet haben. "Es wird zum Bestandteil der öffentlichen Meinung im Sinne unseres Begriffs, es erscheint in der Tagespresse in einer Berichterstattung, die voraussetzt, daß jeder die Vorgeschichte des Themas kennt." Schließlich zeigen sich **Ermüdungserscheinungen**, die dazu führen, daß man sich zum Thema jetzt "auch in der Öffentlichkeit distanzierter äußern" kann. "Die Kenner wenden sich von ihm ab ... Es erscheint in Festreden, in Leistungsberichten, in Dankesadressen." (14-15)

Voraus geht der massenmedialen Berichterstattung bei fast allen Thematisierungen - dies gilt für soziale Probleme ebenso wie für politische Streitfragen - eine Diskussion in einer von vielen spezialisierten Teilöffentlichkeiten. Bei sozialen

1 Der aktuelle Diskussionsstand der "Agenda setting"-Forschung findet sich bei Schenk/Rössler 1994.

2 Zur Aktualität der Luhmannschen Auffassung vgl. Beyme 1994: 334.

Problemen sind es überwiegend die wissenschaftlichen Experten, die in ihren Fachpublikationen die Aufmerksamkeit auf soziale Mißstände lenken: "Ganz gleich, ob man ein soziales Problem unter seinem sozialen, personalen oder materiellen Aspekt erfaßt - es stellt sich die Frage, wer es artikuliert und somit, der Definition entsprechend, überhaupt erst zum Problem macht. In einer entwickelten, das heißt komplexen Gesellschaft ist damit zu rechnen, daß es spezifische Rollen für Problemdefinierer gibt. ... Die Artikulation im engeren Sinne wird von Spezialisten: Experten ... besorgt." (Hondrich 1974: 173)

Die Suche nach der ersten Formulierung eines Problems sollte deshalb regelmäßig in der **Fachöffentlichkeit** beginnen. Unsere Aufmerksamkeit verdienen dabei in erster Linie Publikationen der Disziplinen, zu deren professioneller Aufgabe die 'Bearbeitung' sozialer Probleme und abweichenden Verhaltens gehört: Sozialarbeit und Sozialpädagogik, Psychologie, Jurisprudenz, Kriminologie, Soziologie und Politikwissenschaft. Je nach Thema kommen auch noch andere Disziplinen in Frage - z.B. die Pädagogik, wenn Minderjährige zu den Hauptbetroffenen gehören. Am Beginn der Arbeit müssen Zitationsketten zurückverfolgt und Stichwortregister von wissenschaftlichen Zeitschriften sowie Bibliothekskatalogen durchgesehen werden (bei neueren Problemen bietet sich auch die Recherche in Datenbanken an). Erst wenn der Begriff, der zur Zeit der Recherche das Problem üblicherweise bezeichnet, als selbständiges Schlagwort auftaucht, ist das Problem in den entsprechenden Professionen anerkannt. Vor diesem Zeitpunkt finden sich Beiträge zum Thema unter Stichwörtern die z.B. eine Oberkategorie des Problems bezeichnen, den gleichen bzw. einen ähnlichen Mißstand unter ein anderes Problem subsumieren oder sich einer Detailfrage widmen. Nur in Ausnahmefällen wird sich **ein** Buch oder **ein** Aufsatz als Quelle der Problematisierung identifizieren lassen. Die Formulierung des vollständigen Problemmusters nimmt meist einen gewissen Zeitraum sowie eine Anzahl von Beiträgen und AutorInnen in Anspruch. Außerdem kommen neben Fachzeitschriften und Büchern auch nicht medial vermittelte Kommunikationsformen wie Kongresse und Vortragsveranstaltungen - oder neuerdings auch Computernetzwerke[3] - als 'Geburtsort' in Frage.

Auch möglich ist, daß die Thematisierung einer **sozialen Bewegung** entspringt. In diesem Fall müssen eher direkte Aktionen wie Streiks, Demonstration, und Sitzblockaden untersucht werden, in denen z.B. Betroffene auf ihre Notlage hinweisen. Da über diese Aktivitäten in den traditionellen Massenmedien meist

3 Hier ist an Wissenschaftsnetze wie 'Internet' zu denken, die in jüngster Zeit zu neuartigen Kommunikationsformen geführt haben. Das Interesse für bestimmte Probleme ist hier sehr gut an spezifischen Themenforen (wie den sog. news groups) abzulesen. Da dieses Medium bisher von den Sozialwissenschaften (im weitesten Sinne) nur sporadisch genutzt wird, sind es hier eher NaturwissenschaftlerInnen, die als interessierte Laien über einzelne soziale Probleme diskutieren.

nur informiert wird, wenn ihre Teilnehmerzahl einen Schwellenwert übersteigt, sind wir hier oftmals auf die Berichterstattung in den Öffentlichkeits- und Selbstverständigungsorganen der Bewegungen selbst angewiesen. Dieser Zugang ist natürlich nur möglich, wenn eine bereits vorhandene soziale Bewegung sich dieses neuen Themas annimmt. Wenn eine Bewegung dagegen erst im Zusammenhang mit der Thematisierung des Problems entstanden ist, markiert das Erscheinen eigener Zeitschriften schon den Zeitpunkt, an dem diese Gruppe eine erste Stufe der Kontinuität erreicht hat - sie beginnt, das Problem in eine größere Öffentlichkeit hineinzutragen. In diesem Fall können die vorgängigen Benennungs- und Definitionsprozesse, die in Form unvermittelter Kommunikation stattgefunden haben, nur auf Basis von Augenzeugenberichten oder aus der nachträglichen Berichterstattung in den Bewegungsmagazinen rekonstruiert werden. Wohl aufgrund der damit verbundenen Schwierigkeiten werden in der Forschung, wie Neidhardt (1994:10) meint, "in der Regel die ubiquitären Präsenzformen von 'Versammlungsöffentlichkeit' systematisch vernachlässigt und unterschätzt". Hilfreich ist hier, daß soziale Bewegungen oftmals mit Stolz auf ihre Thematisierungen verweisen: Zeitschriftenartikel und Bücher einer späteren Epoche enthalten oftmals Berichte der Beteiligten darüber, 'wie damals alles angefangen hat'. Bei Problemen der Gegenwart und jüngeren Vergangenheit bietet sich auch die Durchführung von Interviews mit AktivistInnen der 'ersten Stunde' an.

Entschieden über die gesellschaftliche Anerkennung einer Problemdeutung wird jedoch weder von WissenschaftlerInnen noch den sozialen Bewegungen, sondern letztlich in den **Massenmedien**. Eine große Schwierigkeit für empirische Studien[4] zur Entstehung und Entwicklung sozialer Probleme liegt darin, daß die massenmediale Berichterstattung nur mit sehr großen zeitlich-personellem Aufwand untersucht werden kann. Insbesondere ist eine systematische nachträgliche Erfassung von Radio- und Fernsehsendungen (selbst bei einer stichprobenhaften Auswahl von Kanälen) heute so gut wie ausgeschlossen. Bei den Printmedien bietet sich ein Rückgriff auf Zeitschriften an, die - was allerdings die Ausnahme ist - über Stichwortregister verfügen. Hier finden wir jedoch das bereits von den Fachzeitschriften bekannte Phänomen: wenn das Thema als eigenständiges Stichwort erscheint, ist die Problemwahrnehmung bereits etabliert. Der Vergleich von Jahrgangsregistern mehrerer Massenmedien erlaubt es aber wenigstens, mit großer Sicherheit das Jahr anzugeben, in dem das Problem allgemeine gesellschaftliche Anerkennung erlangt hat.

---

4 Das Interesse der meisten Untersuchungen gilt ausschließlich Nachrichten, zeitkritischer Berichterstattung und politischer Kommentierung. Es ist zu überlegen, ob nicht der Verbreitung von Problemwahrnehmungen in fiktionaler Gestalt (Kino- und Fernsehfilme, TV-Serien, Theaterstücke, Romane), aber auch in aktuellen Mischformen (wie 'talk-show' oder 'reality-tv') mehr Aufmerksamkeit geschenkt werden sollte.

Der primäre Akteur

Durch die Rekonstruktion der Thematisierung identifizieren wir gleichzeitig den primären Akteurs, also die Gruppe, die ein Problem erstmals öffentlich formuliert hat. Das Wissen um diese 'Urheberschaft' liefert soziale wie ideologische Hintergründe, deren Kenntnis zum Verständnis der spezifischen Problemdeutung unerläßlich sind. Dieses Wissen macht die Entwicklung eines Problems oftmals überhaupt erst soziologisch nachvollziehbar. Die Gruppe, die ein Problem formuliert, verfügt über ein hohes Maß an **Definitionsmacht**. Mit ihrer Deutung legt sie immer auch - zumindest vorläufig - fest, wer für die Bearbeitung des Problems zuständig ist und wie die Bekämpfungsstrategien aussehen (Hilgartner/Bosk 1988: 58). Erst wenn über das Problem in den Massenmedien berichtet wird, können die anderen "unterschiedlichen Gruppen, Organisationen und Institutionen einen interessengeleiteten Einfluß darauf zu nehmen versuchen, daß ihre Definition des Problems zu einer mehr oder weniger allgemein verbindlichen Zustandsbeschreibung und in den politischen Entscheidungsprozeß implementiert wird" (Müller 1977: 51). Als Problemdefinierer kommen - entsprechend der untersuchten Öffentlichkeiten - soziale Bewegungen, Gruppen von WissenschaftlerInnen und einzelne Massenmedien in Betracht.

Oftmals wird sich die Identifizierung des primären Akteurs auf dessen Eigenberichte und deren Verarbeitung in der wissenschaftlichen Literatur stützen. So sehr sich der Soziologe und die Soziologin über solche Auskünfte freuen, dürfen sie doch nicht vergessen, daß es bei sozialen Bewegungen ein doppeltes Interesse daran gibt, als Problemdefinierer zu gelten.[5] Erstens wird ihnen aufgrund der Urheberschaft eine besondere Kompetenz und damit auch eine Sonderstellung in der späteren Behandlung des Themas eingeräumt. Zweitens legitimiert die Bewegung mit dieser Zuschreibung überhaupt ihre Existenz bzw. kann - bei schon bestehenden Bewegungen - die neue Thematisierung auf ihrem Aktivitätskonto gutschreiben.[6] Für beide Zusammenhänge ist dabei nicht entscheidend, ob die Reklamation der Urheberschaft den (empirisch zu erhebenden) Tatsachen entspricht - es reicht, daß diese Rolle durch die anderen Akteure und die Öffentlichkeit anerkannt wird. Da die Herkunft einer Problemwahrnehmung deren Deutungslogik oftmals erst verständlich macht, sollte trotzdem versucht werden, die Selbstdarstellungen mit Hilfe unabhängiger Quellen zu überprüfen.

---

5 "Die Durchsetzung öffentlicher Definitionen von Problemen und Problemlösungen ist nicht irgendein Bestandteil von Protestbewegungen, den es in einer Analyse von sozialen Bewegungen auch noch zu beachten gilt; es handelt sich insofern um einen **zentralen** Bestandteil von Bewegungen, als die Mobilisierung von öffentlicher Meinung der **wichtigste Weg** ist, der Bewegungen offensteht, Einfluß auf die Gesellschaft nehmen zu können." (Gerhards 1992: 308 - Hervorh. im Original)

6 Näheres hierzu findet sich im nächsten Kapitel.

Als erster auf einen problematischen Sachverhalt hingewiesen zu haben, ist bei wissenschaftlichen Experten für die professionelle Reputation förderlich - wenn das Problem später tatsächlich gesellschaftliche Anerkennung erlangt. Besonderen Ruhm bringt es, von Fachkollegen und in der Öffentlichkeit dauerhaft im Zusammenhang mit der Problemerkennung genannt zu werden. Ein typisches Beispiel ist hier der (inzwischen legendäre) gerade einmal sieben Seiten lange Aufsatz "The Battered-child Syndrom" von "Kempe et. al."[7] aus dem Jahre 1962, mit dem - angeblich oder tatsächlich - die US-amerikanische Debatte über (nichtsexuelle) Gewalt gegen Kinder in der Familie eröffnet wurde.

Unter den Massenmedien nehmen die Rolle des primären Akteurs regelmäßig nur die sog. **Prestigemedien** ein. Das sind Blätter oder Fernsehsender (bzw. einzelne Sendungen), die es sich zur Aufgabe gemacht haben, politische und soziale Mißstände aufzudecken. Hier macht **ein** 'Skandalbericht' über eine individuelle oder kollektive Notlage allerdings noch kein soziales Problem. In welchem Umfang solche Medien Problemwahrnehmung gefördert oder gar hervorgerufen haben, ist bislang nur sehr unzureichend untersucht - obwohl einige Zeitschriften und Fernsehmagazine von sich behaupten, sie würden regelmäßig neue Probleme an das Licht der Öffentlichkeit bringen. Wahrscheinlich sind die theoretischen Gründe, die für Experten oder soziale Bewegungen als Urheber von Problemwahrnehmungen sprechen, insgesamt zu einleuchtend, um in der alltäglichen Forschungspraxis den Aufwand der systematischen Durchmusterung von Massenmedien auf der Suche nach dem Problemdefinierer zu rechtfertigen. Hier bietet sich deshalb noch ein weites Feld für soziologische Untersuchungen, wobei Fragestellung und Erhebungsbereich jedoch entsprechend klein zugeschnitten werden müssen.[8]

Vorläuferprobleme

Die Frage nach 'Vorläufern' einer Problemwahrnehmung macht bei objektivistischem und bei konstruktivistischem Blick einen ganz unterschiedlichen Sinn. In der ersten Sichtweise 'gehören' alle Problemwahrnehmungen 'zusammen', die sich auf dieselbe 'objektive Notlage' beziehen. Phasen der Existenz als latentes Problem wechseln sich hier mit öffentlicher Anerkennung ab, die sich durchaus un-

7 ...wobei bei dieser üblichen Zitierweise die anderen AutorInnen (F.N. Silverman, B.F. Steele, W. Droegemulder, H.K. Silver) gar nicht mehr genannt (und in Folge dessen auch nicht mehr gekannt) werden.

8 Für die Erforschung der **Entwicklung** von Problemwahrnehmungen ist die Analyse der Inhalte Massenmedien dagegen unverzichtbar. "Medien haben für empirische Untersuchungen der Ressourcen und der Formen der Moraldarstellung und der Normklärung den Vorteil, 'Moralisierungen' zu dokumentieren und aufzubewahren, so daß vergleichende Empirie möglich ist. Medien sind historische Quellen darüber, wer oder was von wem moralisiert wurde, im Namen welcher Moral-Schemata das geschehen ist." (Cremer-Schäfer 1993: 101)

terschiedlicher Begriffen und Deutungen bedienen kann, ohne daß das Problem selbst seinen Charakter verliert. So ist es nicht schwierig, den Zustandswechsel der öffentlichen Aufmerksamkeit zu verfolgen und auf den einmal identifizierten sozialen Mißstand zu beziehen. Für Luhmann (1970: 15) ist es sogar notwendig, daß Probleme eine neue Phase gesellschaftlicher Wahrnehmung unter einem neuen Namen und zumindest partiell geänderter Sichtweise beginnen: "Als Impuls für Veränderungen ist das Thema tot, jedenfalls schwieriger zu beleben als ungeborene Themen, weil seine Geschichte eine Erneuerung blockiert. Hat das Thema sein Problem nicht gelöst, muß es als neues Thema wiedergeboren werden."

In konstruktivistischer Sicht (nach der ein Problem ja überhaupt erst durch seine Thematisierung in die Welt kommt) bezieht sich die Frage nach 'Vorläufern' nicht auf irgendwelche Inhalte eines Problems, sondern auf die Funktion, die die Thematisierung für die beteiligten Akteure hatte und hat. Es wird z.B. der Themenwechsel bei sozialen Bewegungen untersucht, wenn die öffentliche Aufmerksamkeit für ein Problem zu erlahmen beginnt. Da soziale Probleme hier durch den Prozeß definiert werden, der sie konstituiert, kann es nie dasselbe Problem sein, das vorher unter einem anderen Namen thematisiert wurde.

Nach dem von mir für empirische Untersuchungen empfohlenen Kokonmodell kann ein sozialer Sachverhalt in mehr als einer Weise bezeichnet und beschrieben werden. Es ist möglich (und bei Sachverhalten auch wahrscheinlich), daß es schon vor dem untersuchten Problem Thematisierungen gab, die sich auf denselben oder einen ähnlichen Sachverhalt bezogen haben. Im Rahmen dieses Modells liefern gerade Problemfelder mit wechselnden Wahrnehmungen vielfältige Aufschlüsse über das Zustandekommen von Problemdeutungen, die Rolle der beteiligten Akteure und auch die sozio-strukturellen wie ideologischen Rahmenbedingungen der Problematisierung zu verschiedenen Zeitpunkten. Bestimmte Zuspitzungen in der Problemsicht können überhaupt nur als ideeller Reflex auf frühere Thematisierungen verstanden werden.

Nicht verschwiegen werden darf, daß es bei dieser Vorgehensweise immer auch vom interessengeleiteten Analyseraster der Untersuchenden abhängt, ob zwei Thematisierungen als unterschiedliche Wahrnehmungen desselben Problems oder als zwei voneinander unabhängige soziale Probleme erscheinen. Schließlich ist die Identifizierung des sozialen Sachverhalts ebenfalls von Definitions- und Zuschreibungsprozessen abhängig - auch wenn diese in wissenschaftlicher (also: methodisch kontrollierter) Form verlaufen. Da im Grunde kein Schritt der Untersuchung einer Thematisierung frei von solchen Prozessen ist, wäre es wohl ehrlicher, von einer **Re-Konstruktion** der Entstehung und Entwicklung einer Problemwahrnehmung zu sprechen.

Ganz grundsätzlich ist schließlich anzumerken, daß die Feststellung in der nachträglichen soziologischen Analyse, welche Expertengruppe oder soziale Bewegung aufgrund welcher Interessen eine erfolgreiche Problemkampagne 'startete', nicht erklärt, **warum** die Thematisierung gerade zu diesem Zeitpunkt begann und warum sie sich durchsetzen konnte. Gerade die Phasen der Problemformulierung (einschließlich der besonderen Rolle der Fachpublikationen sowie der Medien sozialer Bewegungen) und des Übergangs vom fachöffentlichen zum massenmedialen Interesse sind bislang kaum erforscht (so Albrecht 1990: 16). Ebenso fehlen bis heute Antworten auf die Frage, warum eine Problemkarriere manchmal schon endet, bevor sie richtig begonnen hat und aus einer Thematisierung schon nach kurzer Zeit ein "abgetriebenes Problem" wird, für das es kein öffentliches Interesse gibt.

2.2 Entwicklungsmodelle

Soziale Probleme unterliegen wechselnder öffentlicher Aufmerksamkeit. Erst wenn sie die erste Thematisierung erfolgreich überstehen, kann man überhaupt von einer Problem**karriere** sprechen.

Bereits die Re-Konstruktion der Problemformulierung erbringt viele, am Anfang oftmals eher verwirrende Daten. Diese Schwierigkeit nimmt noch zu, wenn wir die Entwicklung der Problemwahrnehmung und die (Re-)Aktionen der verschiedenen Akteure weiterverfolgen. Glücklicherweise verläuft die Geschichte vieler sozialer Probleme sehr ähnlich. Deshalb lassen sich Modelle bilden, mit denen der Verlauf von Thematisierungen und die weitere Entwicklung **idealtypisch** beschrieben sind. Die ersten, die versucht haben, die Entwicklung in Form eines Stufenmodells mit jeweils spezifischen Merkmalen nachzuzeichnen, waren Fuller und Myers (1941 a und b) mit ihrem Konzept der 'Naturgeschichte' ('natural history') sozialer Probleme[9]. Differenzierter als dieses frühe Modell mit nur drei Phasen (Bekanntwerden, politische Bestimmung und Reform) ist die 'Karriereleiter' von Blumer (1975), auf der für die einzelnen Stufen unterschiedliche Verlaufsmuster gelten und die Problemwahrnehmung von verschiedenen

9 "The 'natural history' as we use the term is therefore simply a conceptual tool for the examination of the data which constitute social problems. Social problems do not are full-blown, commanding community attention and evoking adequate policies and machinery for their solution. On the contrary, we believe that social problems exhibit a temporal course of developement in which different phases or stages may be distinguished. Each stage anticipates its successor in time and each succeeding stage contains new elements which mark it off from its predecessor." (Fuller/Myers 1941 b: 321)

Akteuren beeinflußt wird.[10] Blumer unterscheidet fünf Phasen einer Problemkarriere:

1. Das "**Auftauchen**": Der primäre Akteure formuliert das Problem erstmalig in einer der Öffentlichkeiten (Massenmedien, Fachpublikationen - oder auch in direkter Kommunikation).

2. Die "**Legitimation**": Der (jetzt: massenmedialen) Öffentlichkeit wird klar gemacht, daß auf dem bezeichneten Gebiet eine Diskrepanz zu den von der Gesellschaft anerkannten sozialen Standards vorliegt, die nicht hingenommen werden darf.

3. Die "**Mobilisierung des Handelns**": Wenn das Problem Gegenstand öffentlicher Aufmerksamkeit (und allgemeiner moralischer Entrüstung) geworden ist, werden Vorschläge zu seiner Bekämpfung unterbreitet und konkrete Handlungsstrategien ausgearbeitet.

4. Die "**Bildung eines offiziellen Handlungsplanes**": Angenommen wird, daß Forderungen nach Abhilfe sich heute meist an 'den Staat'[11] richten. Verschiedene Instanzen und Gremien verabschieden Pläne zur Bekämpfung des Problems - zumindest aber zur Linderung seiner Folgen.

5. Die "**Ausführung des offiziellen Plans**" - mit mehr oder weniger Erfolg: "Die Annahme, daß ein amtlicher Plan und seine Ausführung praktisch ein und dasselbe seien, ist eine Verkennung der Tatsachen. Bei seiner Realisierung wird der Plan auf jeden Fall bis zu einem gewissen Ausmaß und häufig auch zu einem höheren Ausmaß modifiziert, gewendet und neu geformt." (111)

---

10 Die Gültigkeit der üblichen Stufenmodelle wird von Hilgartner und Bosk (1988) angezweifelt: Ein Problem könne durchaus gleichzeitig in verschiedenen Karrierestadien existieren, außerdem seien auch ganz andere als die postulierten Stufenleitern zu beobachten. Obwohl die beiden Autoren empirische Belege für ihre Behauptungen schuldig bleiben, weist ihre Kritik zu recht darauf hin, daß diese bisherigen Modelle lediglich einen **idealtypischen** Verlauf kennzeichnen, nicht aber allgemeingültig die Entstehung und Entwicklung sozialer Probleme beschreiben. Dies schließt jedoch nicht aus, daß sie durch weitere empirische Überprüfung und Modifikation zu einer Theorie mit allgemeiner Gültigkeit ausgebaut werden können. Grundlegender ist dagegen die Kritik von Gerhards (1992), der alle vorliegenden Modelle nur für **ex-post-Beschreibung** hält, die nicht die Formulierung von überprüfbaren Hypothesen über den Erfolg - oder Mißerfolg - von Thematisierungen erlaubten: Sie hätten lediglich Beschreibungs- aber keinen Erklärungswert.

11 An welche staatlichen Instanzen sich Forderungen richten, hängt von der Art des Problems ab. Wünsche nach normativen Regelungen würden sich in Deutschland an den Bundesgesetzgeber oder die Justiz richten, Forderungen nach finanzieller Unterstützung für Betroffene eher an Kommunen oder Länderregierungen.

Die beiden letzten Stadien erreichen soziale Probleme unter demokratischen Verhältnissen, wenn sie eine größere Zahl von Menschen 'betroffen gemacht'[12] haben: 'Der Staat' ist dann gezwungen, sich des Problems anzunehmen - zumindest müssen die adressierten Instanzen in der Öffentlichkeit den Eindruck erwecken, im Rahmen ihrer Möglichkeiten gegen den Mißstand vorzugehen. Im Anschluß an die fünfte Stufe kann ein Zyklus der Modifikationen von Handlungsplänen und ihrer Umsetzung entstehen, der insbesondere von den primären Akteuren kritisch begleitet und vorangetrieben wird. "Die Ausführung des Plans führt zu einem neuen Prozeß kollektiver Definition. Sie schafft das Gerüst für die Bildung neuer Richtlinien für das Handeln auf seiten derjenigen, die vom sozialen Problem betroffen sind, und derjenigen, die vom Plan berührt werden." (111)

Diese Problementwicklung nach Blumer ist von Spector und Kitsuse (1977: 150-155) ergänzt worden. In dem von ihnen postulierten Vier-Stufen-Modell fassen sie den Verlauf bis zur "Ausführung des offiziellen Handlungplanes" in nur zwei Stufen zusammen und fügen zwei zeitlich daran anschließende Phasen an: Weil die typischen Reaktionsmuster einzelner Institutionen weniger von der Art des Problems als von deren Organisationsform und spezifischen Eigeninteressen abhängen, entsteht regelmäßig Unzufriedenheit des primären Akteurs damit, wie das Problems bekämpft wird (Stufe 3). Ihre Aktivitäten sind nun weniger auf den Mißstand selbst, als auf dessen Behandlung ausgerichtet; gefordert werden z.B. andere Bearbeitungsformen oder die Übertragung der Zuständigkeit an andere Instanzen. Wenn es hier nicht zu einer Lösung kommt, die die Akteure zufriedenstellt, entstehen bei ihnen schließlich (Stufe 4) Zweifel an der Möglichkeit einer systemimmanenten Lösung. Sie resignieren oder entwickeln alternative Strategien, in denen z.B. die traditionell zuständigen Institutionen durch selbst geschaffene Organisationen (wie Selbsthilfegruppen) ersetzt werden.

Bei einem Vergleich von Fallstudien, die in den Jahren 1981 bis 1985 in der US-amerikanischen Zeitschrift 'Social Problems' mit "konstruktionistischer Perspektive" veröffentlicht worden sind, kommen Dreyer und Schade (1992) allerdings zu dem Ergebnis, daß von den untersuchten 13 historischen[13] Problemen kein einziges alle der von Spector und Kitsuse postulierten Entwicklungsstufen durchlaufen hat. Lediglich zwei Fälle erreichen die Stufe drei, die Mehrheit schloß die Entwicklung mit der zweiten (fünf Fälle) oder gar ersten Stufe (vier Probleme) ab.[14] Dieses 'Versagen' des theoretischen Modells in der empirischen

12 Ich gebrauche hier die in den achtziger Jahren in der deutschen Sprache inflationär gebrauchte Wendung, um das Mitleiden mit den Opfern eines Problems vom eigenen Opferstatus ("ich bin betroffen") zu unterscheiden. Für Blumer kommt es nicht darauf an, wie viele Menschen selbst Betroffene sind, sondern wie verbreitet das Mitgefühl für deren Not ist.

13 Alle untersuchten Fälle lagen soweit zurück, daß die Karriere als abgeschlossen gelten kann.

14 Zwei weitere Fälle modifizieren das Schema von Kitsuse/Spector sehr stark.

Überprüfung könnte damit zusammenhängen, daß das in den siebziger Jahren entwickelte Stufenmodell von einer gewissen politischen Naivität der kollektiven Akteure bezüglich der Interessen und Handlungsoptionen staatlicher Stellen ausgegangen ist. Zumindest seit dem Beginn der achtziger Jahre wird die Unzufriedenheit mit der staatlichen Problembearbeitung von vielen Akteuren bereits bei der Formulierung des Problemmusters antizipiert. Diese Entwicklung hängt allerdings auch mit der prinzipiell distanzierten Haltung besonders der sozialen Bewegungen dem Wohlfahrtsstaat gegenüber zusammen. Als Aufgabe staatlicher Stellen wird heute von den meisten Akteuren nicht mehr die unmittelbare Abhilfe, sondern lediglich deren Finanzierung angesehen. In der Annahme, daß die Hilfe in staatlich geführten Institutionen ohnehin nicht ihren Auffassungen entsprechen wird, favorisieren immer mehr Problemdefinierer die Gründung selbstorganisierter Einrichtungen oder die Kooperation mit Wohlfahrtsverbänden und den Kirchen. Eine spätere Kritik an den staatlichen Instanzen kann sich entsprechend dann nur noch auf die Höhe und Kontinuität der bereitgestellten Mittel, nicht aber auf die Inhalte der Hilfepraxis beziehen - was die Auseinandersetzungen bei einem Versagen der durchgeführten Maßnahmen in den Kreis der Akteure selbst zurückverlagert.

Diese empirischen Ergebnisse deuten darauf hin, daß eher die von **Blumer** postulierte Stufenleiter als typisch für die Entwicklung sozialer Probleme angesehen werden muß. Setzt man die Befunde von Dreyer und Schade in Beziehung zu dessen Modell[15], lassen sich im wesentlichen Fälle, in denen ein Akteur lediglich die Existenz eines Problems behauptet, sich mit seiner Wahrnehmung jedoch nicht durchsetzen kann, unterscheiden von solchen, in denen die Problemwahrnehmung allgemeine öffentliche Anerkennung erlangt und zu staatlichen Handlungsplänen führt. Das Modell von Blumer wiederum kann nicht überzeugen, weil die von ihm postulierten ersten drei Stufen einer Problementwicklung empirisch so gut wie nie getrennt auftreten. Die Benennung des Problems, dessen Legitimierung und die Mobilisierung zum Handeln fallen vielmehr meist so eng zusammen, daß es sinnvoller ist, von Bestandteilen einer ersten Phase der Problemkonstituierung als von getrennten Entwicklungsstufen zu sprechen. Problemwahrnehmungen werden i.d.R. vom primären Akteur erst dann an die Öffentlichkeit gebracht, wenn das Problemmuster mit diesen drei Bestandteilen (Problembeschreibung, Bewertung und Bekämpfungsvorschläge) fertig ausformuliert ist.

Der Sinn der Verwendung von Stufenmodellen typischer Entwicklung besteht darin, daß sie uns erlauben, bei der Re-Konstruktion von Problemkarrieren Phasen zu unterscheiden, in denen das Problem spezifischen Einflüssen unterschiedlicher Akteure und Instanzen ausgesetzt ist. Obwohl ein Teil der Mängel der

---

15 ...worauf die beiden Autorinnen selbst verzichten.

beiden vorgestellten Modelle sich durch weitere empirische Überprüfungen sicherlich beheben läßt, kann doch davon ausgegangen werden, daß es (bei allen oben behaupteten Ähnlichkeiten) in der Realität so vielfältige Verläufe gibt, daß - ähnlich wie bei den Epizykel-Modellen vor dem Zusammenbruch des geozentrischen Weltbildes - die Beobachtungen immer neue Modifikationen nötig machen dürften. Dies führt zu der Frage, ob die Karrieren sozialer Probleme sich tatsächlich allgemeingültig in Form von Stufenmodellen beschreiben lassen, bei denen die einzelnen Phasen in aufsteigender Folge aneinandergereiht sein müssen, wenn die Durchsetzung der Problemwahrnehmung nicht scheitern soll. Realitätsgerechter ist möglicherweise ein Modell, das ganz auf die Vorstellung einer linear aufsteigenden Entwicklung verzichtet und einzelne 'Stufen' (mit unterschiedlichen Akteuren und Einflüssen) durch wahlweise auf- und absteigende Phasenübergänge verbindet. Der folgende Vorschlag für ein solches Modell unterscheidet idealtypisch sechs Phasen einer Problemkarriere.

Graphik 3: Phasen der Problemkarriere

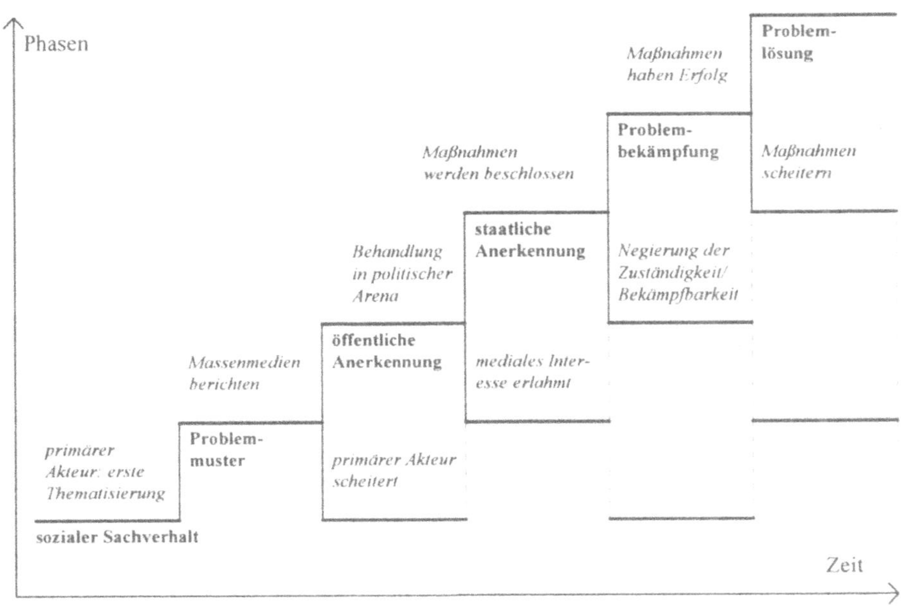

In der Graphik markiert die fette Schrift die Phasen, die kursive die auf- und absteigenden Phasenübergänge. Nach jeder Zunahme der Aufmerksamkeit und Durchsetzung kann ein weiterer 'Aufstieg' erfolgen, aber auch ein 'Rückfall' in eine frühere Phase oder sogar ein kontinuierlicher 'Abstieg'. Entsprechend ist jedoch auch ein 'Wiederaufstieg' einer Problemwahrnehmung möglich. Dieses Modell erlaubt es auch, zyklische Entwicklungen in der Problemanerkennung (wie sie z.B. Leisering - 1993 - für das Problem 'Armut' konstatiert hat) zu beschreiben und die Karriere von Vorläuferproblemen einzubeziehen.

Auch wenn hier nicht von einer linear aufsteigenden Entwicklung ausgegangen wird, so bleibt doch (zumindest idealtypisch) die 'nachbarschaftliche' Verbindung zwischen den einzelnen Phasen erhalten: Eine Problemkarriere kann von jeder Phase lediglich in die nächst 'höhere' oder nächst 'niedrigere' Phase übergehen, nicht aber ihr unmittelbar benachbarte Phasen überspringen. Allerdings kann die 'Verweildauer' - was die Graphik nicht abbildet - in einzelnen Phasen sehr unterschiedlich sein. Wie groß sie ist, darüber sind keine pauschalen Aussagen möglich, Grenzwerte können in jeder Phase von anderen Faktoren beeinflußt werden. Theoretische Überlegungen (wie ich sie z.B. im sechsten Kapitel bezüglich der Massenmedien anstellen werde) deuten zwar darauf hin, daß es zumindest für einige Phasen allgemeine Grenzen gibt, die Verweildauer in einigen oder allen von ihnen könnte jedoch auch primär vom konkreten Problem abhängig sein. Es wäre eine Aufgabe zukünftiger Forschung zu ermitteln, ob es z.B. Zeitpunkte gibt, nach denen ein Problem unweigerlich in eine niedrigere Stufe zurückfallen wird, wenn es die nächst höhere Stufe nicht bis dahin 'erklommen' hat.

Bei der Re-Konstruktion einer Problemkarriere ist zu berücksichtigen, daß Problemwahrnehmungen einer erheblichen **Eigendynamik** unterliegen können. Sie entsteht insbesondere dann, wenn sich eine Berufslobby gebildet hat, die mit immer **neuen** Alarmmeldungen die Bereitstellung gesellschaftlicher Ressourcen sicherzustellen versucht. Dies kann dazu führen, daß bereits nach wenigen Jahren z.B. neue Risikopopulationen 'entdeckt' werden, die weder der ursprünglichen Problemdeutung noch den Interessen des primären Akteurs entsprechen. Neben einer Entgrenzung der Betroffenen (vgl. Hegener 1992: 113) ist auch eine Fokussierung auf andere als die ursprünglich gemeinten Opfer- und/oder Tätergruppen möglich, wenn Professionen oder soziale Bewegungen mit verschiedenen Klientengruppen um die Zuständigkeit für die 'Problembearbeitung' konkurrieren. Allgemein kann man sagen: Einmal thematisierte Probleme entwickeln sich sehr schnell zu eigenständigen Formen sozialer Realität, die der Verfügungsgewalt der Problemdefinierer entzogen sind und permanent entsprechend der Bedürfnisse der jeweils beteiligten sozialen Akteure rekombiniert und aktualisiert werden.

Hinsichtlich der Entwicklung des Problems nach erfolgreicher Bekämpfung ist zu unterscheiden, ob die Maßnahmen auf die Lösung des Problems zielten (also die vermuteten **Ursachen**) oder nur auf Linderung der Not der Betroffenen (die negativen **Auswirkungen**). Im ersten Fall hört das Problem auf zu existieren: Es sind keine weiteren Anstrengungen mehr nötig, und die Akteure können sich neuen Aufgaben zuwenden.[16] Im letzten Fall werden die Betroffenen lernen (müssen), mit dem Problem zu leben - und auch die Gesellschaft findet sich mit seiner Existenz ab. Hier müssen die Akteure, die den Sachverhalt problematisiert hatten, langfristig dafür Sorge tragen, daß die zur Bekämpfung zuständigen Instanzen in ihren Anstrengungen nicht nachlassen. Es kann zu einem dauerhaften zyklischen Wechsel zwischen einzelnen Phasen kommen, bei dem das Problemmuster jedoch (wegen der Eigeninteressen der Akteure wie der staatlichen Instanzen) verschiedenen Veränderungen unterworfen sein wird. Bei auch langfristig nicht ausräumbaren sozialen Sachverhalten wird es dabei zu guter Letzt immer eine Frage der Interpretation sein, ob ein altes Problem einen neuen Zyklus beginnt oder ein neues entstanden ist. Viele dieser Probleme werden schließlich nicht durch Bekämpfungsmaßnahmen gelöst, sondern durch von der Thematisierung unabhängige gesellschaftliche (insbes. sozial-strukturellen) Entwicklungen, die den unterliegenden Sachverhalt verändern und der Problemwahrnehmung damit die Grundlage entziehen.

2.3 Beispielproblem

Wie die Thematisierung eines Problems in der Realität verlaufen kann, werde ich zum Abschluß dieses Kapitels an einem aktuellen Beispiel demonstrieren[17]:

*Der **sexuelle Mißbrauch von Kindern** ist eines der heute in der Öffentlichkeit fast aller westlichen Staaten am heftigsten diskutierten sozialen Probleme. Ausgangspunkt der Thematisierung war eine Debatte in den USA seit Mitte der sechziger Jahre über die körperliche Gewalt gegen Kinder in der Familie[18]. Seit Ende der Siebziger rückten immer stärker sexuelle Übergriffe in den Mittelpunkt des Interesses von Fachleuten wie Öffentlichkeit. Als Grund dafür wird in der*

16 Unter dem Aspekt der Eigeninteressen ist für Akteure, deren Existenz (wie z.B. bei sozialen Bewegungen) mit einer Problemwahrnehmung verbunden ist, die Bekämpfung der Auswirkungen in jedem Fall der Lösung des Problems vorzuziehen - auch wenn es nicht anzuraten ist, dies öffentlich zuzugeben.

17 Ich werde das ganze Buch hindurch immer wieder auf dieses Beispiel Bezug nehmen, was es Leser und Leserin ermöglichen wird, diese Problemkarriere in ihren vielen Facetten detailliert kennenzulernen. Die Darstellung muß dabei mit Rücksicht auf diejenigen, die sich noch nicht näher mit diesem Problem beschäftigt haben, in den ersten Kapiteln etwas umfangreicher ausfallen. Aus der großen Zahl der möglichen Beispiele habe ich den sexuellen Mißbrauch nicht nur ausgewählt, weil kaum ein anderes Problem in den letzten Jahrzehnten so große öffentliche Aufmerksamkeit gefunden hat, sondern auch, weil er fast idealtypisch den Verlauf einer erfolgreichen Problemkarriere demonstriert. Eine ausführliche Darstellung dieses Problems findet sich - wenn auch mit etwas anderer Schwerpunktsetzung - bei Schetsche 1993 (bes. 127-203).

18 Diese Diskussion führte zur Verabschiedung spezieller Gesetze (z.B. dem "Child Abuse Prevention and Treatment Act - CAPTA" im Jahre 1974) gegen die Mißhandlung von Kindern durch ihre Eltern.

*Literatur (Schultz 1982: 28; Rush 1982:18; Finkelhor 1984: 4; Nelson 1984: 12-16; Weisberg 1984; Fegert 1987: 164) einhellig das Engagement der US-amerikanischen Frauenbewegung genannt: Ähnlich wie bei den Kampagnen gegen die Pornographie entstanden an hunderten von Orten Initiativen und Projekte zur Skandalisierung der sexuellen Gewalt gegen Mädchen, bei lokalen Treffen entdeckten Tausende von Frauen ihren Opferstatus und schlossen sich zu Selbsthilfegruppen zusammen.(**Phase: Problemmuster**)*

In der Bundesrepublik bestand bereits in den fünfziger Jahren bei Fachleuten wie in der Öffentlichkeit großes Interesse an der sexuellen Adressierung von Kindern. Die damals üblichen Warnungen vor dem "Sittlichkeits-" oder "Triebverbrecher" definierten die sexuelle Gefährdung jedoch völlig anders, als dies heute geschieht. Als typischer Täter galt damals der psychisch abnorme "Sittenstrolch", der ihm fremden Kindern - Jungen gleichermaßen wie Mädchen - an dunklen, unübersichtlichen Orten auflauerte und ihnen im schnellen Zugriff einmalig sexuelle Gewalt antat. Die Existenz sexueller Kontakte von Kindern zu Personen ihres sozialen Nahbereichs war damals zwar schon bekannt, wurde aber - wenn überhaupt - nur am Rande angemerkt[19].

Heute richtet sich das Augenmerk dagegen überwiegend auf sexuelle Übergriffe von Seiten männlicher Familienangehöriger (am häufigsten genannt: der Inzest zwischen Tochter und Vater bzw. Stiefvater). Als 'typischer Täter' gilt der 'ansonsten unauffällige Normalbürger'. Opfer werden besonders Mädchen, weil sie aufgrund der Autoritätsstellung des Täters und ihrer geschlechtsspezifischen Sozialisation keine Möglichkeit haben, sich den Übergriffen zu entziehen. Es wird angenommen, daß der Mißbrauch oft in frühster Kindheit beginnt und sich meist über Jahre hinzieht.

Auch in der Bundesrepublik wurde das Problem - nach einem Jahrzehnt nur geringen (fach-)öffentlichen Interesses an sexueller Gewalt gegen Kinder - erstmalig durch die Frauenbewegung aufgegriffen, die die Problemwahrnehmung aus den USA 'importierte.'[20] *Bis heute lehnt sich die (fach-)öffentliche*

---

19 Die typische zeitgenössische Begründung für die Vernachlässigung intrafamilialer Kontakte bei den Präventionsvorschlägen liefert Wehner-Davin (1976: 449), wenn sie schreibt: "Wer aber wollte das Vertrauensverhältnis zwischen Kind und Eltern, zwischen ihm und den Personen seines sozialen Nahraumes von vornherein belasten, um mögliche Extremfälle strafbarer Handlungen, die paradoxerweise gerade dieses Vertrauensverhältnis ermöglicht bzw. begünstigt, zu verhindern? Hieße das nicht den Teufel mit Belzebub auszutreiben? - Ergo bleibt nur die Möglichkeit vor dem **fremden** Täter zu warnen." (Hervorh. im Original)

20 Der internationale Transfer von Wissensbeständen und Problemdeutungen wird in der empirischen Analyse bislang zu wenig berücksichtigt. Solche internationalen Verflechtungen in der Problemwahrnehmung und -bekämpfung sind nicht - wie man vielleicht meinen könnte - der starken Internationalisierung der Kommunikation nach dem Zweiten Weltkrieg geschuldet. Wie Scheerer (1993) beispielhaft am Drogenproblem aufzeigen konnte, bestand ein solcher Transfer sozialer Probleme bereits in der ersten Hälfte des zwanzigsten Jahrhunderts. Zugenommen haben allerdings die Geschwindigkeit und Intensität, mit der Problemwahrnehmungen weltweit zirkulieren. Solchen Übertragungen nachzugehen lohnt sich, weil die nationale Herkunft wichtige Hinweis auf soziale, politische und ideologische Hintergründe einer Problematisierung gibt.

Debatte in Deutschland stark an die dort entwickelten Vorschläge an - dies gilt für Methoden der Opferidentifizierung (z.B. das Spiel mit "anatomisch korrekten Puppen") ebenso wie für die wenigen ausgearbeiteten Präventionsstrategien (z.B. das "Child Assault Prevention Project" - CAPP). Seit 1981 erschienen in den damals führenden Bewegungsmagazinen "EMMA" und "Courage" regelmäßig Beiträge gegen den "sexuellen Mißbrauch von Mädchen". Das Engagement der Frauenbewegung und ihr nahestehender Organisationen ist bis heute eine der wichtigsten Quellen öffentlicher Aufmerksamkeit.

*Über die Frauenbewegung hinaus bekannt machten das Problem die Übersetzung des Buches von Florence Rush "Das bestgehütete Geheimnis", die Kampagne der auflagenstarken Frauenillustrierte "Brigitte" und nicht zuletzt das - der bundesdeutschen Debatte eine griffige Parole liefernde - Buch von Kavemann und Lohstöter "Väter als Täter". Mitte der achtziger Jahre wurde der sexuelle Mißbrauch zum beliebten Skandalthema der Massenmedien. (**Phase: öffentliche Anerkennung**) Bis heute ist er nicht nur Gegenstand von Reportagen bis Talkshows sondern liefert auch Stoff für die künstlerische Bearbeitung in zahlreichen Filmen und Fernsehspielen, Büchern und Theaterstücken[21]. (Bernecker-Wolff/Wolff 1991; Kavemann/Lohstöter 1991: 130 f, Laudan 1991: 135)*

Ähnlich intensiv wie in den Massenmedien wurde und wird diese Debatte in der Fachöffentlichkeit geführt. Wie das Interesse der zuständigen Professionen seit Beginn der achtziger Jahre zugenommen hat läßt sich gut an der Zahl der zum Problem veröffentlichten Fachaufsätze demonstrieren. Die folgende Graphik gibt die Zahl der jährlich erschienenen Artikel in fünfzehn ausgewählten (bundes-) deutschen Zeitschriften aus den Disziplinen Pädagogik, Jurisprudenz, Psychologie und Sozialarbeit wieder.[22]

21 Bereits 1990 konnte der Sammelband "Zart war ich, bitter war's" (Hg. Ursula Enders) seinen LeserInnen allein aus dem deutschsprachigen Raum siebzehn Romane und Autobiographien, fünfzehn Kinder- und Jugendbücher und vier Theaterstücke zum Thema empfehlen.

22 Nähere Angaben zur Methode der Erhebung und den ausgewählten Zeitschriften finden sich in Schetsche 1993: 6-16.

Graphik 4: Das Problem 'sexueller Mißbrauch' in Fachzeitschriften

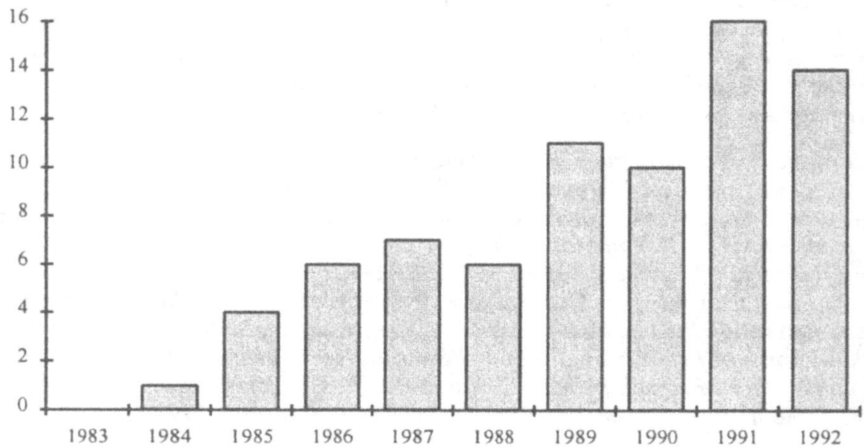

Höchste staatliche Gremien beschäftigte das Problem erstmals Ende 1984, als die Bundestagsfraktion der GRÜNEN zunächst eine Große Anfrage (1984) und kurz darauf einen Entschließungsantrag (1985) zum Thema einbrachte. In den folgenden parlamentarischen Diskussionen verurteilten die VertreterInnen aller Fraktionen zwar moralisch den Mißbrauch, konnten sich jedoch nicht über seine Ursachen einigen - weshalb es zunächst nicht zur Verabschiedung konkreter Bekämpfungsmaßnahmen kam. ***(Phase: staatliche Anerkennung)*** *Erst zu Beginn der neunziger Jahre hatte sich das neue Problemmuster auch in der politischen Arena so weit durchgesetzt, daß es zur Verabschiedung staatlicher Maßnahmen kam - insbesondere in Form von Strafrechtsverschärfungen*[23]*. Diese haben zwar nur geringe präventive Bedeutung (so Tönnies 1992), signalisieren der Öffentlichkeit und den verschiedenen Akteuren jedoch, daß 'der Staat' das Problem (an)erkannt hat und sich um Abhilfe bemüht.* ***(Phase: Problembekämpfung)***

Nach den Prämissen des Problemmusters selbst ist es jedoch höchst unwahrscheinlich, daß die Zahl der Übergriffe durch rechtliche Maßnahmen reduziert werden kann. Der sexuelle Mißbrauch müßte deshalb zu einem die Öffentlichkeit auf unabsehbare Zeit beschäftigenden Dauerproblem werden - wenn eine Problemkarriere nur von der Lösung des Problems beendet werden könnte (was m.E. nicht der Fall ist). Im geschilderten Beispiel hält die öffentliche Aufmerksamkeit allerdings schon über zehn Jahre an. Dazu haben verschiedene Änderungen in

23 Zum Beispiel das Verbot des Besitzes von Kinderpornographie oder die Verlängerung der Verjährungsfrist bei Kindesmißbrauch (s. Kapitel 7).

der Problemwahrnehmung (wie die 'Entdeckung' des mißbrauchten Knaben[24] *und der Täterinnen) beigetragen, die das fachliche wie das massenmediale Interesse aufrechtzuerhalten halfen.*

24 Diese Entwicklung läßt das Spannungsverhältnis zwischen deutender Problemwahrnehmung und empirischer Untersuchung des sozialen Sachverhalts in der fachwissenschaftlichen Literatur deutlich zu Tage treten. Während man abstrakt von der weitgehenden Zeitstabilität der Zahl und der Art der Mißbrauchshandlungen ausgeht, steigt konkret der angenommene Anteil von Jungen an den Opfern seit 1988 an: Galt bis dahin weitgehend übereinstimmend ein Höchstwert des Jungenanteils an den Opfern von 10 Prozent, nennt Kellermann-Klein 1988 (S. 75) 15 Prozent und zwei Jahre später (Kellermann-Klein 1990: 255) 25 Prozent, ein anderer Aufsatz des gleichen Jahres (Levold u.a. 1990: 75) bereits 29 Prozent. Honig (1992: 394) schließlich berichtet von einer US-amerikanischen Studie, nach der 27 % der Frauen und 15 % der Männer angeben, als Kind sexuell mißbraucht worden zu sein - was auf einen Jungenanteil an den Opfern von etwa 36 Prozent hinausliefe.

3 Kollektive Akteure: Handelnde Gruppen und ihre Interessen

3.1 Akteurstypen

Ob wir nun eine objektivistische oder eine konstruktivistische Sichtweise präferieren: keine Problemwahrnehmung kann gesellschaftliche Anerkennung erlangen ohne das Engagement kollektiver Akteure.[1] Während Mertons Modell nur einen Akteur kennt (die Wissenschaftler, die ein latentes in ein manifestes Problem verwandeln), treten in konstruktivistischen Ansätze vielfältige Gruppen mit ganz unterschiedlichen Interessen[2] auf. Sie wirken auf die eine oder andere Weise - die besondere Rolle der primären Akteure hatten wir bereits kennengelernt - an der Problemkonstituierung mit. Es gibt viele Versuche, Akteure mit ähnlichen Motiven, sozialer Herkunft und/oder politischer Bedeutung in Kategorien zusammenzufassen; deren Bezeichnung und Abgrenzung ist jedoch uneinheitlich geblieben. Ich habe die in den verschiedensten Arbeiten genannten Kategorien gesammelt und sie nach den drei genannten Kriterien geordnet. Dabei bin ich auf **acht Typen von Akteuren** gekommen, die bei der empirischen Analyse unterschieden werden sollten:

Betroffene treten als Akteure nur dann auf, wenn sie sich selbst als Opfer des Problems deklarieren und öffentlich von der Gesellschaft (besonders aber von staatlichen Instanzen) Abhilfe für ihre Notlage fordern.

Advokaten sind nicht selbst vom Problem betroffene Personen, die sich - aus beruflichen oder karitativ-humanitären Gründen - für die Belange von Betroffenen einsetzten und **für** diese zu handeln vorgeben.

Experten werden Vertreter und Vertreterinnen von Professionen genannt, die Zuständigkeit für ein soziales Problem reklamieren oder von anderen Akteuren für zuständig erklärt werden. Aufgrund ihrer spezifischen Ausbildung wird ihnen besondere Kompetenz in der Beurteilung eines Problems und/oder bei dessen Behebung zugesprochen. Typische Professionen sind Sozialpädagogik und Sozialarbeit, Psychologie, Jurisprudenz, aber auch die Soziologie.

Problemnutzer nenne ich politische Parteien oder Verbände, aber z.B. auch religiöse Gruppen, die ein schon bestehendes Problem primär für eigene Interessen instrumentalisieren.

---

1 Darunter verstehe ich abgrenzbare, handelnde Personengruppen mit bestimmbaren Motiven und Zielen.

2 Zum Begriff des Interesses in der politiksoziologischen Analyse vgl. die prägnanten Ausführungen bei Winter (1992: 404-405).

Soziale Bewegungen stellen Konglomerate von mehreren anderen Akteurstypen dar: aktive Betroffene, Advokaten und Experten, die sich an kollektiven Aktionen beteiligen, in denen das Problem skandalisiert wird oder mit denen es bekämpft werden soll. Die soziale Bewegung kann sich im Zusammenhang mit der Entstehung des spezifischen Problems konstituieren (Einproblembewegung), oder eine bereits bestehende Bewegung kann sich eines neuen Problems annehmen (Multiproblembewegung).

Als **Moralunternehmer** werden Akteure bezeichnet, die soziale Probleme als Moralfragen thematisieren und bei der Bevölkerung 'moralische Interessen' zu wecken versuchen. Im Vergleich zu den anderen Akteurstypen ist die Definition dieser Kategorie nicht nur relativ unklar (so werden hier oftmals auch pauschal alle Experten und Advokaten subsumiert), sondern öfter auch von Polemik und dem Versuch der Delegitimierung geprägt.

Zwei weitere Typen von Akteuren müssen wegen ihrer spezifischen Rolle gesondert betrachtet werden:

Massenmedien sind gleichzeitig Akteure und Thematisierungsmedium. Ihr zentrales Motiv ist es, durch die skandalisierende Darstellungen sozialer Probleme die Zahl ihre RezipientInnen zu steigern. Massenmedien werden nicht hier als Akteure unter anderen Akteuren, sondern eigens im 6. Kapitel behandelt.

Dem **Wohlfahrtsstaat** wird von Öffentlichkeit wie kollektiven Akteuren die Erstzuständigkeit für die Bekämpfung sozialer Probleme zugewiesen. Seine Instanzen können Problematisierungen als legitim anerkennen oder sie zurückweisen. Nur ausnahmsweise treten sie selbst als primärer Akteur auf. Was den Wohlfahrtsstaat von allen anderen Akteuren unterscheidet, ist Gegenstand des 7. Kapitels.

Die verschiedenen Gruppen werden in der Literatur in ganz unterschiedlicher Intensität behandelt. Im Mittelpunkt des Interesses stehen fast immer die Akteurstypen, denen jeweils (im untersuchten Beispiel oder gemäß der vertretenen Theorie) die größte Bedeutung bei der Definition des Problems und der gesellschaftlichen Durchsetzung einer Problemwahrnehmung zugesprochen wird.

Kommen wir nun zu den Typen im einzelnen.

Betroffene

Von Betroffenen (genauer: **aktiven Betroffenen**) als kollektivem Akteur zu unterscheiden sind Individuen, die sich entweder gar nicht als Opfer deklarieren[3] (sie werden durch andere Akteure als solche definiert) oder aus ihrer subjektiv empfundenen Notlage keine Forderungen ableiten. Diese Menschen sind lediglich Objekt der Problematisierung und ggf. Adressat von Bekämpfungsmaßnahmen. Ob Betroffene aktiv werden (und sich als kollektiver Akteur konstituieren), hängt in erster Linie davon ab, wie sie diesen Status erlangt haben. Sinnvoll ist hier die Übernahme der viktimologischen Unterscheidung zwischen selbst- und fremddeklariertem Opfer. Nur die Gruppen, die sich **selbst** als Betroffene sehen, werden ihre Lebenslage auch als soziales Problem thematisieren und Abhilfe verlangen.

Motiviert werden Betroffene in erster Linie durch die Hoffnung auf Lösung 'ihres' Problems, zumindest aber auf Minderung oder Ausgleich der materiellen, sozialen und psychischen Beinträchtigungen, die es hervorruft. Individuell kann noch der Wunsch nach öffentlicher Aufmerksamkeit und Anteilnahme hinzukommen, der z.B. in Form von Betroffenen-Talkshows (in denen sich inzwischen Opfer aller nur vorstellbaren Problemlagen 'outen' und in Szene setzen) massenmedial befriedigt wird.

In der Literatur wird den Betroffenen als kollektivem Akteur insgesamt nur wenig Aufmerksamkeit geschenkt, weil ihre Definitions- und Durchsetzungsmacht als gering erachtet wird. So gilt bis heute die Annahme von Giesen (1983: 232), daß "die Konstruktion sozialer Probleme zu weiten Teilen als ein makrosozialer Prozeß zu verstehen ist, der unter Ausschluß der Betroffenen verläuft und in dem Definitionskonkurrenzen von 'Nichtbetroffenen' eine zentrale Rolle spielen". Entsprechend lautet sein Fazit zur Rolle der Opfer: "Die öffentliche Inszenierung sozialer Probleme in der öffentlichen Diskussion hat dann zwar viele Regisseure, aber eine einfache Dramaturgie: Sie geht aus von der Trennung zwischen Experten und Laien und schließt Betroffene als Laien von der Mitwirkung aus." (235; vgl. Winter 1992: 401) Als einzige Betätigungsform von Betroffenen ist ihre Mitarbeit in sozialen Bewegungen systematisch untersucht worden. Eingeteilt werden deren Trägergruppen dann nach Kriterien, die den Opferstatus **und** ihre Aktivitäten zu erklären versprechen, wie Herkunftsmilieu, sozio-ökonomische Lebenslage oder auch das Geschlecht. Offen ist, ob es noch andere organisatorische Formen gibt, in denen Betroffene sich als kollektiver Akteur konstituieren.

---

3 "**Social problems are what people think they are** and if conditions are not defined as social problems by the people involved in them, they are not problems to those people ..." (Fuller/Myers 1941 b: 320 - Hervorh. im Orig.)

Advokaten

Als Advokaten werden Personen(gruppen) bezeichnet, die "stellvertretend für die Betroffenen deren Lebenslagen als problematisch definieren und artikulierten Interessen zur Durchsetzung verhelfen" (Giesen 1983: 232). Je nach Problem kann es um Betroffene gehen, denen 'nur' (wie mißhandelten Frauen) ein Anstoß zur Selbstorganisation gegeben werden muß, oder um Menschen, von denen man annimmt, daß sie niemals selbst aktiv werden können (z.B. geistig Behinderte). Als Advokaten treten vorzugsweise Mitglieder von Professionen auf, deren gesellschaftliche Aufgabe die 'Bearbeitung' sozialer Probleme ist (z.B. SozialarbeiterInnen oder RechtsanwältInnen). Neben solchen 'professionellen Advokaten' stehen Laien, die sich aus karitativen oder religiösen Gründen für Personen einsetzen, denen nach ihrer Auffassung bei der Artikulation ihrer Notlage geholfen werden muß.

Was professionelle Advokaten von reinen Experten unterscheidet, ist ein Engagement, das über die bloße berufliche Pflichterfüllung hinausgeht. Neben verschiedensten individuellen Motiven spielt kollektiv das Interesse an öffentlicher Aufmerksamkeit für die Leistungen der eigenen Zunft eine Rolle. (Bedeutsam sind hier der soziale Status und der Grad der Institutionalisierung der betreffenden Berufsgruppe.) Dieses Interesse an gesellschaftlicher Beachtung teilen auch die aus karitativen Gründen engagierten Laien. Abgesehen von religiösen Gruppen, die aus Glaubensgründen im Verborgenen helfen, ist die öffentliche Aufmerksamkeit stets das wichtigste **sekundäre** Motiv für ein advokatisches Engagement. Wie bei den Betroffenen selbst ist es auch hier besonders das Fernsehen, das ein intensives Bedürfnis zu erzeugen scheint, mit 'angeeigneten' sozialen Problemen in die Öffentlichkeit zu treten.

Unterschieden werden sollte analytisch zwischen der Unterstützung aktiver Betroffener, denen personelle, materielle oder organisatorische Ressourcen zur Durchsetzung ihrer Interessen fehlen, und Betroffener, **für** die zu handeln beansprucht wird. Im ersten Fall speist sich die Legitimität des Engagements aus den Wünschen selbstdeklarierter Problemopfer nach Unterstützung. Die Entstehung des advokatischen Engagements kann dabei jeweils im Kontinuum zwischen 'aufgedrängt' und 'eingefordert' eingeordnet werden. Im zweiten Fall basiert das 'advokatische Amt' auf der Feststellung nicht selbst Betroffener über die Notwendigkeit des Handelns für Gruppen, die sich nicht selbst helfen können - oder nicht wollen (z.B. weil sie ihren Opferstatus noch gar nicht entdeckt haben). Als Klientel in den Blick geraten hier Menschen, "die nach herrschendem Verständnis nicht in der Lage sind, ihre eigenen Interessen adäquat zu erkennen und zu artikulieren - Kinder, intellektuell Behinderte oder marginalisierte Gruppen, denen Kompetenzdefizite zugeschrieben werden" (B. Peters 1994: 57, ähnlich Gusfield 1989: 432-433). Oftmals sind es die Advokaten selbst, die die Notwendigkeit ihrer Hilfe feststellen. (Ich vermute, daß viele der karitativ tätigen

Gruppen und Individuen gar kein Interesse daran haben, daß sich 'ihre' Klientel verselbständigt und als souveräner Akteur den Advokaten überflüssig macht. (Bei professionellen Advokaten dürfte dies von der eigenen Rollenerwartung, besonders aber von der beruflichen Interessenlage[4] abhängen.)

Organisatorischer Sammelpunkt von Laien und professionellen Advokaten sind karitative Organisationen, die soziale Dienstleistungen für verschiedene Betroffenengruppen bereitstellen. Zur Durchsetzung ihrer Interessen haben Anstalten, Stiftungen, Vereine usw. sich in der Bundesrepublik in großen Wohlfahrtsverbänden zusammengeschlossen. Diese vertreten jedoch primär nicht die Interessen der Betroffenen, sondern die ihrer Mitgliedsorganisationen: über 80.000 Einrichtungen und Dienste mit (1994) über 940.000 Haupt- und 1,5 Millionen ehrenamtlich Tätigen. Typisch für diese Einrichtungen ist, daß die Problemopfer selbst nicht die Möglichkeit haben, "durch Beteiligung an der innerverbandlichen Willensbildung auf die Verbandspolitik direkt Einfluß zu nehmen. Die Sichtweisen, Interessenpositionen und Bedürfnisse unterschiedlicher Klientelgruppen finden ... vor allem insoweit Berücksichtigung, als sie Ressourcenforderungen ... begründen helfen." (Backhaus-Maul/Olk 1994: 110) Es handelt sich bei den Wohlfahrtsverbänden um den organisatorischen Zusammenschluß verschiedener Advokaten (und auch Experten) zur Durchsetzung ihrer **eigenen** Interessen: Wohlfahrtsverbände "verkörpern in exemplarischer Art und Weise jenen Organisationstypus, der nicht die Betroffenen selbst zusammenfaßt und zu Wort kommen läßt, sondern als Stellvertreter für bestimmte Klientelgruppen des Sozialstaates fungiert. (...) Die Verbandstätigkeit der Wohlfahrtsverbände orientiert sich daher in erster Linie an dem von ihnen selbst diagnostizierten Betreuungsbedarf und weniger an den transferbezogenen und darüber hinaus gehenden politischen Interessen der Armutsbevölkerung." (Winter 1992: 417)

Experten

Die Akteurstypen 'Experten' und 'Advokaten' verfügen zwar über eine Schnittmenge, die Kategorien sind m.E. aber nicht identisch: Ebenso wie sich unter den Advokaten z.B. karitativ engagierte Laien finden, gibt es Experten, die bestimmte Problemwahrnehmungen kritisieren oder ein Problem insgesamt zu delegitimieren versuchen. In der Literatur stehen allerdings meist die Experten im Mittel-

4 Entscheidend ist hier, ob der professionelle Advokat unabhängig von einem spezifischen Klientel angestellt ist oder nicht. Wenn die Finanzierung der eigenen Stelle von der Hilfebedürftigkeit der Betroffenen abhängig ist, kann in Zeiten eines Überangebotes an professionellen Helfern auf dem Arbeits(losen)markt vom Advokaten nicht erwartet werden, die eigene Klientel in die Selbständigkeit zu führen. Ganz anders sieht dies bei fest angestellten Advokaten aus, die kein Problem haben, neue Gruppen zu finden, die geradezu auf Zuwendung und Unterstützung zu warten scheinen.

punkt des Interesses, die sich - wie die Advokaten - für die Bekämpfung eines Problems und für die Betroffenen einsetzen. Im Unterschied zu diesen wird für die Tätigkeit der Experten jedoch festgestellt: "Sozialpolitischer Output fällt hier als Nebenprodukt bei der Verfolgung berufsbezogener Primärinteressen an." (Winter 1992: 402)

Allgemein werden als 'Experten' (in Abgrenzung von 'Laien') Personen verstanden, die im Rahmen einer spezifischen Ausbildung eine besondere Kompetenz (Wissen und Problemlösungsstrategien) erworben haben. Für den **wissenschaftlichen** Expertenstatus nennt H.P. Peters (1994: 167) drei Kriterien: "1. Verfügung über wissenschaftliches Sonderwissen, 2. Bereitstellung des Sonderwissens im Rahmen von Experte-Klient-Verhältnis und 3. Anwendung dieses Wissens zur Diagnose und Bewältigung von praktischen (nicht-wissenschaftlichen) Problemen." Zum Experten im Sinne unserer Analyse sozialer Probleme werden Wissenschaftler also erst dadurch, daß sie ihre erworbene Kompetenz bei der Ermittlung und Lösung der Probleme anderer einsetzen, also "wenn sie sich in der öffentlichen Sphäre bewegen, um dort ihre Reputation in öffentlichen Einfluß umzumünzen" (B. Peters 1994: 57).

Andere Experten, die ihre Qualifikation für die Beurteilung sozialer Probleme im Rahmen einer systematischen, auch formal geregelten Ausbildung erworben haben, sind professionelle Praktiker wie z.B. Sozialarbeiter. Ihre im Laufe langjähriger Tätigkeit erworbenen Kenntnisse übersteigen in einem engen Bereich oftmals das wissenschaftliche Wissen. Experten in einem strengen Sinne sind sie allerdings nur dann, wenn sie auch in der Lage sind, die Grenzen der Verallgemeinerungsfähigkeit ihrer an praktischen Fällen eines Arbeitsbereiches erworbenen Wissens zu erkennen.

In der Öffentlichkeit werden als 'Experten' darüber hinaus auch Personen bezeichnet, die sich jahrelang mit einem einzelnen Problem beschäftigt haben, ohne hierfür systematisch ausgebildet worden zu sein. Es handelt sich meist um Betroffene oder AktvistInnen sozialer Bewegungen, die "oft eine allgemeine wissenschaftliche Kompetenz besitzen und sich in das jeweilige Gebiet eingearbeitet haben" (H.P. Peters 1994: 167). Ihnen kommt ein Expertenstatus lediglich aufgrund von Selbst- oder Fremdzuschreibung zu, die für die Öffentlichkeit nicht überprüfbar ist. Um advokatisch tätige Laien, die den Expertenstatus mit dem ihm zukommenden Einfluß in der öffentlichen Thematisierung zu Unrecht beanspruchen, handelt es sich regelmäßig dann, wenn es für das spezielle Problem (bereits) eine wissenschaftliche Bearbeitung bzw. eine systematisch ausbildende, zuständige Profession gibt. Schwieriger ist die Beurteilung, wenn diese Personen in bislang unbeachteten Problemfeldern tätig sind oder mit Bekämpfungsstrategien experimentieren, die von den zuständigen Professionen noch nicht erwogen wurden.

Im weiteren sollen als Experten nur Personen mit wissenschaftlicher oder anderer institutionalisierter Ausbildung in einem zum Problem 'passenden' Bereich bezeichnet werden. Als typische Experten für die verschiedensten sozialen Probleme gelten in der Bundesrepublik vor allem SozialarbeiterInnen, SozialpädagogInnen, PsychologInnen, MedizinerInnen sowie JuristInnen. Von ihnen wird angenommen, daß das primäre Motiv für ihre Beteiligung an Problematisierungen "berufsständisches Eigeninteresse" (Müller 1977: 77) ist; sie hätten "ihre eigenen institutionalisierten Interessen, die ihnen näher sitzen als diejenigen der Personenkategorien, zu deren Problemartikulation sie sich berufen fühlen" (Hondrich 1974: 174). Hervorgehoben wird immer wieder das besondere Engagement der Experten gerade an der Problemdefinition, da mit ihr gleichzeitig fachspezifische Sichtweisen durchgesetzt werden. Für aus beruflichen Gründen engagierte Gruppen "reicht das bloße Bewußtsein von sozialen Problemlagen oder allgemeiner: von Störungen der normativen Ordnung keineswegs aus: Sie müssen die berufliche Bearbeitung des Problems gegenüber anderen Lösungsformen - etwa familiärer Solidarität, religiöser Verdammung oder Selbstorganisation - als erfolgversprechend empfehlen und sie müssen sich möglicherweise auf dem Markt beruflicher Leistungen gegenüber den Angeboten konkurrierender Professionen durchsetzen können." (Giesen 1983: 234) Im Idealfall gelingt es Vertretern einer Profession, eine Monopolstellung in der Zuständigkeit zu erlangen, das jeweilige Problem wird dann - wie Gusfield meint - zum "Eigentum" der betreffenden Disziplin[5].

An erster Stelle bei den "berufsständischen Eigeninteressen" steht die Erlangung finanzieller Mittel, mit denen Stellen geschaffen oder gesichert werden können. Dies gilt zumindest für Angehörige von Berufsgruppen, die - wie heute viele SozialarbeiterInnen - "ihre Tätigkeit noch nicht in einem weitgehend nachfrageunabhängigen Amt institutionalisieren" (Giesen 1983) konnten.[6] Aber auch wenn dies nicht der Fall ist, bedürfen Experten zur Ausübung ihrer Tätigkeit fast immer zusätzlicher Gelder (z.B. für die Durchführung neuer Forschungsprojekte). Hinzu kommt das Interesse an öffentlicher Aufmerksamkeit für die eigene Profession und deren Leistungen. Von ihr hängt der soziale Status - und damit wiederum langfristig der Fluß materieller Ressourcen - der jeweiligen Berufsgruppe ab. Demgegenüber dürfte sich das Interesse an politisch-ideologischem

5 "That knowledge is the mandate for a profession's licence to 'own' their social problem. Insofar as it is accepted it constitutes the source of ownership of a problem ... To 'own' a social problem is to possess then authority to name that condition a 'problem' and to suggest what might be done about it." (Gusfield 1989: 433)

6 Dagegen können fest eingestellte Experten ohne Zukunftstängste, wie z.B. JuristInnen oder Führungskräfte der Polizei, auch daran interessiert sein, einen Sachverhalt zu de-problematisieren, um nicht die eigene Profession dem Vorwurf beruflichen Versagens auszusetzen.

Einfluß in der Gesellschaft regelmäßig auf die Verbesserung der relativen Stellung im Vergleich zu ähnlichen Professionen beschränken.

Problemnutzer

Während bei Advokaten wie Experten unterstellt werden darf, daß der Wunsch nach Hilfe für die Betroffenen neben den Eigeninteressen eine zentrale Komponente der Motivation darstellt, funktionalisieren politische und religiöse Problemnutzer soziale Probleme lediglich für ihre Interessen. Den **politischen Problemnutzern** geht es dabei um die Macht ihrer Gruppe im politischen Herrschaftsgefüge. Diese politische Macht soll im Rahmen unseres Themas nur in dem sehr engen Sinne des Einflusses auf Entscheidungsprozesse in demokratisch legitimierten Gremien betrachtet werden (wobei bewußt ein naiv-alltagstheoretisches Verständnis von Demokratie zugrunde gelegt wird). Diesen Gruppen geht es um Sitze in Parlamenten und ähnlichen Gremien, in denen über Normen, Finanzmittel, die Verteilung von Posten sowie vielfältige Sachfragen entschieden wird. Gemäß der politischen Spielregeln demokratischer Gesellschaften steht im Mittelpunkt des Interesses der Kampf um Mehrheiten und die sog. Regierungsverantwortung. Mit der Besetzung administrativer Positionen gewinnen Problemnutzer Herrschaft über die Instanzen sozialer Kontrolle.

In der Bundesrepublik sind es PolitikerInnen auf verschiedenen organisatorischen Ebenen (vom Bund bis hin zu den Kommunen; aber auch in anderen Körperschaften) und vieler Parteien, die sich vom Thematisieren eines sozialen Problems Vorteile im Kampf um die Wählerstimmen (und damit die politische Macht) versprechen. Sie setzen dabei zwei Strategien ein:

1. Eine Lebenslage, von dem der Problemnutzer annimmt, daß potentielle WählerInnen darunter leiden könnten, wird als **neues** soziales Problem artikuliert.[7] Dabei wird das Problemmuster so formuliert, daß Abhilfe versprechende Maßnahmen sich mit den ohnehin vertretenen politischen Zielen der jeweiligen Partei decken. Diese Rolle ist allerdings den Oppositionsparteien vorbehalten: Der Regierungsverantwortung tragende politische Gegner wird mit Hilfe der Problematisierung als Verursacher des Problems stigmatisiert oder zumindest der Untätigkeit beschuldigt.

2. Ein bereits **anerkanntes** soziales Problem wird im Kanon der Wahlversprechen berücksichtigt. Dies geschieht immer dann, wenn der Problemnutzer annimmt, daß eine Bekämpfung oder Lösung von bestimmten Bevölkerungsgruppen erwartet oder aber doch zumindest honoriert wird. Angeschlossen wird an ein

---

7 Genauer gesagt: es wird eine Problemwahrnehmung konstituiert, die sich als soziales Problem in der Öffentlichkeit durchsetzen soll.

bereits vorhandenes Problembewußtsein - und es werden Ängste der bereits Betroffenen und/oder der potentiell Betroffenen zu wecken versucht. Oppositionsparteien werden mit ihrer Argumentation auf das 'Versagen' der Regierenden bei der Problemlösung abstellen, Regierungsparteien werden dagegen auf schon erzielte Erfolge verweisen, die in Frage gestellt seien, wenn die bisherige Opposition - mit ihren 'falschen Rezepten' - die Regierung übernähme.

Religiöse Gruppen benutzen (wenn sie nicht in der Rolle von Advokaten für Betroffene auftreten) bereits vorhandene Problemwahrnehmungen als Bestätigung ihrer Glaubenssätze und ihres gottgegebenen Moralsystems. Sie versprechen sich davon öffentliches Gehör für ihre Gemeinschaft und einen Zulauf von Gläubigen. Dabei ersetzen sie die säkularen Ursachenbehauptungen anderer Akteure durch religiöse Erklärungsmodelle und unterbreiten Lösungsvorschläge für das Problem, die im Zusammenhang mit ihrem Glauben stehen. (Ein typisches Beispiel aus den letzten Jahre ist die Thematisierung von AIDS als gerechte Strafe Gottes für die sexuelle Lasterhaftigkeit der Menschen und als Zeichen zur sittlichen Umkehr.)

Soziale Bewegungen

Soziale Bewegungen gelten seit den achtziger Jahren als **die** typischen Problematisierer. Nach der Vergleichsuntersuchung von Dreyer/Schade (1992: 38) werden international bei Fallstudien zu sozialen Problemen überwiegend solche Bewegungen als primäre Akteure identifiziert. Auch in der Bundesrepublik ist in den letzten fünfzehn Jahren kein anderer Akteurstyp so umfassend empirisch und theoretisch untersucht worden.

Nach der immer wieder zitierten Arbeit von Raschke (1988: 77) ist eine soziale Bewegung "ein mobilisierender kollektiver Akteur, der mit einer gewissen Kontinuität auf der Grundlage hoher symbolischer Integration und geringer Rollenspezifikation mittels variabler Organisations- und Aktionsformen das Ziel verfolgt, grundlegenderen sozialen Wandel herbeizuführen, zu verhindern oder rückgängig zu machen." Dabei orientieren sich die Bewegungen an der "strukturell verursachten Unzufriedenheit von Großgruppen" (Raschke 1987: 117), ihr Ziel ist "Protest gegen bestehende soziale Verhältnisse" (Rammstedt 1978 132; mit etwas anderen Nuancen Nowak 1988: 21). Diese Verhältnisse werden zur Mobilisierung von Mitstreitern in Form einzelner sozialer Probleme beschrieben, wobei die Problembenennung mit einer Handlungsanleitung verbunden sein muß (Ahlemeyer 1989: 182).

Voraussetzung für die Entstehung einer sozialen Bewegung ist die Wahrnehmung einer kollektiven Notlage[8]: "Ohne die Erfahrung von Deprivation und ohne Unzufriedenheit würde sozialen Bewegungen der Rohstoff individueller Mobilisierungsgründe fehlen. Individuelle Problemwahrnehmungen geben ihnen ihren elementaren Sinn. Allerdings müssen sie, um politisierbar zu sein, von den einzelnen als nicht selbst verursacht und zugleich als kein Einzelschicksal empfunden werden." (Neidhardt/Rucht 1993: 307) Diese Betroffenheit ist dabei - im Anschluß an Davis 1973 - allerdings eher als 'relative Deprivation' zu verstehen: Die Bereitschaft, sich in einer Bewegung zu engagieren, resultiert nicht aus einer objektiven Benachteiligung der Individuen, sondern aus ihrem subjektiven Eindruck, von der Gesellschaft diskriminiert zu werden - also aus dem Verhältnis zwischen Realität und Erwartungen. (vgl. Raschke 1988: 148-153)

Die Entstehung einer sozialen Bewegung ist "vor allem dann wahrscheinlich, wenn bestimmte Probleme vom politischen System nicht hinreichend wahr- und ernstgenommen werden" (Rucht 1994: 338). Zwischen Problem und Bewegung gibt es dabei zwei Arten von Zusammenhängen: "Zum einen kann eine in Ansätzen bereits vorhandene, aber marginale und der breiten Bevölkerung unbekannte Bewegung über zunehmend medienvermittelte Aufmerksamkeit ein bislang weithin ignoriertes Problem auf die öffentliche Agenda bringen ... Zum anderen kann öffentliche Thematisierung und Meinungsbildung zu einem Problembereich, zu dem keine Bewegung existiert, unter bestimmten Bedingungen zur Aktivierung von Teilen des Publikums führen, welche sich dann als eine Bewegung herauskristallisiert." (337-338) Drittens kann - so ist hinzuzufügen - eine schon bestehende soziale Bewegung sich eines neuen Problems annehmen bzw. einen Sachverhalt überhaupt erst einmal als Problem formulieren. Sie erweitert damit ihre 'Zuständigkeit' und hofft, daß mit zunehmendem Interesse der Öffentlichkeit an diesem Problem auch ihre Bewegung als Ganzes erstarkt - weil die öffentliche Akzeptanz für die Gesamtheit ihrer Anliegen aufgrund der neuen Thematisierung steigt und weil sie Zulauf von Individuen erhält, die sich gerade von dieser neuen Problematisierung angesprochen fühlen.

Diese Tendenz zu solchen Multiproblembewegungen ist primär dem Interesse sozialer Organisationen an der Aufrechterhaltung der eigenen Existenz geschuldet. So kann eine soziale Bewegung nur überleben, wenn sie permanent neue Individuen mobilisiert, Aktivitäten zeigt und in den Medien präsent ist (Rammstedt 1978: 131, Raschke 1987: 21, McAdam 1994: 394). Wenn die ursprünglich gesetzte Aufgabe erfüllt ist oder sich als unerfüllbar erwiesen hat, ist die Bewegung um den Preis ihrer Existenz gezwungen, sich neue Sachverhalte zu suchen, derer sie sich annehmen kann. 'Überleben' ist das primäre Eigeninteresse schon bestehender sozialer Bewegungen bei der Problemformulierung. Ihre Freiheit in der Wahl des Themas ist zwar nicht unbegrenzt, aber doch recht groß. Jede Be-

---

8 In meinem Modell: eines problematisierbaren sozialen Sachverhalts.

wegung besitzt ein "strukturell umgrenzbares Feld, in dem sich relevante (nichtsektiererische) Zielprojektionen entwickeln" lassen (Raschke 1988: 179-180).

Von ihrer Zusammensetzung her können soziale Bewegungen verstanden werden als Meta-Akteur, unter dessen Dach Advokaten, Experten und Betroffene gemeinsam aktiv sind. Dazu kommen noch die 'Bewegungsprofessionellen'[9]. Dies sind Personen, die als Betroffene oder Laien-Advokaten begonnen haben und nach jahrelangem Engagement zu Vollzeit-Aktivisten geworden sind, die von der Bewegung oder ihr nahestehenden Organisationen bezahlt werden. Zu ihren Aufgaben gehören die Planung und Organisation einzelner Kampagnen und die Anwerbung neuer AktivistInnen. Besonders engagiert sind sie nicht zuletzt deshalb, weil ihre berufliche Existenz vom Weiterbestehen der Bewegung abhängt.

Groß soll die Bedeutung der Bewegungsprofessionellen besonders in den sog. **neuen sozialen Bewegungen** sein. (vgl. Kleidman 1994: 271-273) Nach den (insgesamt diffusen) theoretischen Konzepten ist diese moderne Art von Bewegungen gekennzeichnet durch

- den Bezug auf "neuartige kulturelle Orientierungs- und Handlungsmuster" (Brand 1987),
- ideologische Uneinheitlichkeit (Beyme 1992),
- die soziale Herkunft ihrer Träger aus einer neuen Mittelschicht - besonders der marginalisierten Humandienstleistungsintelligenz (Raschke 1988),
- ihren Selbsthilfecharakter (Eder 1985) oder
- die Motivation ihrer Träger durch Identitätsprobleme in sozialen Primärbeziehungen (Lau 1985).

Als neue soziale Bewegung werden übereinstimmend die Friedens-, die Ökologie- und die Frauenbewegung bezeichnet. Ihre Definition von Problemen "strukturiert die Umwelt nach einem Schematismus der Verursachung und Betroffenheit und setzt eine Handlungslogik der Prävention und Vermeidung frei" (Lau 1985: 1117). Damit ist notwendig ein hoher moralischer Anspruch des Protestes verbunden (vgl. dazu Eder 1985: 879 und Touraine 1985: 754-755). Offe (1985: 849-853) kritisiert jedoch die Annahme, es würden dabei **neue** moralische Werte propagiert: Tatsächlich ginge es den neuen sozialen Bewegungen um die Realisierung traditioneller, in der Gesellschaft unstrittiger Werte, die lediglich in selektiver Weise radikalisiert würden. In diesem Zusammenhang konstatiert

---

9 Schmitt-Beck (1990) nennt sie 'Bewegungsunternehmer'; im englischen Sprachraum ist die Bezeichnung "movement professionals" üblich.

Scheerer (1986: 135) eine "zunehmende Bereitschaft der sozialen Bewegungen, in ihrem Bemühen um eine verstärkte Sensibilisierung der Bevölkerung auch vor repressiven Mitteln nicht zurückzuschrecken...". Zur Bekämpfung sozialer Probleme werden also zunehmend rechtliche Interventionen gefordert.[10]

Moralunternehmer

Gerade auf solchen hohen moralischen Ansprüchen basieren die Aktivitäten der sog. Moralunternehmer. Als 'humanitarian crusaders' beschrieb erstmals Gusfield (1963) diese Akteure in Form von Aktivistengruppen der US-amerikanischen Abstinenzbewegung. Der Begriff 'Moralunternehmer' - geprägt von Becker (1973) - wurde im deutschen Sprachraum durch die Arbeiten von Scheerer über die Entwicklung des Drogenproblems populär gemacht. Nach seinem Modell (Scheerer 1986: 147-148) ist dieser Akteurstyp gekennzeichnet durch

"(1) Aktivitäten im Zusammenhang mit einer sozialen Bewegung, die bestimmte Fragen als Moralfragen thematisieren und

(2) als eine zentrale Lösungsmöglichkeit die Fixierung ihrer Überzeugungen in der Form einer allgemeinverbindlichen Regel anstreben, wobei

(3) dem überragenden Interesse am Ziel ein gewisses Desinteresse an Einzelheiten in der Wahl der Mittel gegenübersteht,

(4) was interessierten Dritten erhebliche Spielräume zur Durchsetzung ihrer berufsständischen Interessen eröffnet und

(5) wegen des überragenden Interesses an der nachdrücklichen 'Darstellung der richtigen Werte' den symbolischen Gebrauch des Strafrechts favorisiert."

Giesen (1983: 234) vermutet, daß insbesondere Angehörige jener Berufsgruppen, "die ihre Tätigkeit noch nicht in einem nachfrageunabhängigen Amt institutionalisieren" konnten, dazu neigen, zu Moralunternehmern zu werden: Sie wecken in der Öffentlichkeit moralische Bedürfnisse und bieten die typische Dienstleistung ihrer Berufsgruppe dann als Abhilfe an.

Problematisch neben der negativ konnotierten Benennung des Akteurs scheint mir an dieser Kategorie die Mißachtung der Tatsache, daß die 'Weckung des öffentlichen Bewußtseins' für die diagnostizierte Störung der Sozialordnung grundsätzlich nicht möglich ist, ohne gleichzeitig dessen moralische Verwerflichkeit zu

10 Nach Auffassung von Beyme (1992: 379) resultiert ein Großteil des Erfolges sozialer Bewegungen jedoch gerade daraus, daß sie nicht nur staatliche Stellen adressieren, sondern sozialen Druck auch auf Privatunternehmen ausüben.

konstatieren. Wenn Voraussetzung für ein soziales Problem eine (behauptete oder reale) Diskrepanz zwischen den sozialen Verhältnissen und der gesellschaftlichen Wertordnung ist, konstituiert stets ein Moralbezug erst den Problemcharakter eines Sachverhalts.

Sinnvoll ist die Unterscheidung von anderen Akteuren jedoch hinsichtlich des Umgangs mit Moralfragen: Moralunternehmer erklären nicht nur ihr Moralsystem für gesellschaftlich verbindlich, sondern verlangen auch, daß staatliche Instanzen dessen Einhaltung mit allen Mitteln - einschließlich denen des Strafrechts - sicherstellen. Dazu müssen Moralsystem und Rechtsordnung für identisch erklärt werden: was moralisch verwerflich ist, muß auch bestraft werden. Diese Idee führt regelmäßig zu einer Individualisierung von Schuld am kritisierten Mißstand; im Diskurs von Moralunternehmern gibt es deshalb neben Betroffenen (Opfern) immer auch persönlich Verantwortliche (Täter).

3.2 Konkurrenzen und Bündnisse

Heute kann kein primärer Akteur, wie mächtig er auch sein mag, allein eine bestimmte Problemwahrnehmung gesellschaftlich durchsetzten. Es bedarf immer weiterer Gruppen, die seine Thematisierung unterstützen. Die Beziehung zwischen den einzelnen Akteuren kann dabei jeweils als Ort auf einem Kontinuum zwischen offiziellen, langfristigen Bündnissen[11] und erbitterter Rivalität beschrieben werden. Ich werde im folgenden versuchen, die Ursachen für Konkurrenzen und Bündnisse **modellhaft** aufzuzeigen.

In jedem Bündnis gibt es neben dem gemeinsamen Nutzen (hier: an der Formulierung eines Problems) immer auch nicht identische Interessen. Falls sich kollektive Akteure so verhalten, wie die Entscheidungstheorie[12] vorhersagt, werden solche Koalitionen solange funktionieren, wie die Vorteile, die die Partner aus ihr ziehen, größer sind, als die Nachteile aus dem Zurückstellen der nicht geteilten Interessen. So können z.B. in der Beziehung zwischen Advokaten oder sozialen Bewegungen zu Problemnutzern anfänglich (wenn es primär darum geht, öffentliche Aufmerksamkeit für ein Problem herzustellen) selbst erhebliche Unterschiede in der Problemdeutung zurückgestellt werden. In späteren Karrierephasen sind die Problemnutzer dagegen als Bündnispartner nur dann akzeptiert, wenn

11 So kann sich zwischen Parteien, die lange Zeit die Oppositionsrolle inne hatten, und anderen Akteuren ein festes, fast institutionelles Verhältnis ausbilden - sei es, daß andere Problematisierer (wie traditionell bei der Sozialdemokratie) als Vorfeldorganisationen einer Partei fungieren, sei es, daß (wie bei den GRÜNEN) eine politische Gruppierung als 'parlamentarischer Arm' sozialer Bewegungen entsteht.

12 Die bislang umfassendste auf der Entscheidungstheorie basierende 'Soziologie' legte Esser (1993) vor.

sich die von ihnen favorisierten Möglichkeiten der Abhilfe mit den Interessen der Advokaten usw. decken. Andernfalls werden sie von Verbündeten zu Gegnern, die z.B. für mißlungene Problemlösungsversuche der Instanzen sozialer Kontrolle (deren politisches Element sie ja sind) mit verantwortlich gemacht werden.

Leicht ergeben sich Konflikte zwischen Gruppen und Organisationen, die aufgrund ihrer Eigeninteressen um die gleichen gesellschaftlichen Ressourcen konkurrieren. Meinen **idealtypischen** Akteuren geht es dabei um drei Arten von Gütern:

- finanzielle Mittel,
- politisch-ideologische Macht,
- öffentliche Aufmerksamkeit.

Schauen wir uns unter diesem Blickwinkel noch einmal kurz die Eigeninteressen der verschiedenen Typen[13] an: Den **Advokaten** geht es in erster Linie zwar um Hilfe für die Betroffenen, zusätzlich besteht jedoch Interesse an der Aufmerksamkeit, die ihnen in der Öffentlichkeit zuteil wird. Bei **Experten** spielt die wichtigste Rolle die Bereitstellung pekuniärer Mittel, sekundär ist das Interesse an öffentlicher Aufmerksamkeit, fakultativ das Streben nach politischer Macht. Für die **Problemnutzer** wichtig ist hingegen der Zuwachs an Macht, die öffentliche Aufmerksamkeit ist für sie lediglich Mittel zum Zweck. **Moralunternehmer** gehen aus anderen Akteurstypen (mit entsprechenden Interessenlagen) hervor; spezifisch für sie ist der Versuch, die eigenen Moralvorstellungen in der Öffentlichkeit durchzusetzen. In dem Maße, wie sie langfristigen Einfluß auf staatliche Normierungen anstreben, der über das singuläre Problem hinausgeht, findet sich ein zusätzliches Interesse an politisch-ideologischer Macht. **Soziale Bewegungen** haben entsprechend ihrer Zusammensetzung Interesse an allen Arten von Ressourcen - das besondere an diesem Typus ist aber das Eigeninteresse nach Aufrechterhaltung der Bewegung, wozu öffentliche Aufmerksamkeit eine unverzichtbare Voraussetzung ist[14]. Nur zeitstabile Multiproblembewegungen werden es zusätzlich darauf anlegen, ein dauerhafter politischer Machtfaktor in der Gesellschaft zu werden. In Tabelle 1 sind diese Eigeninteressen geordnet nach den verschiedenen Ressourcen zusammengefaßt.

---

13 Da ich davon ausgehe, daß es Betroffenen um die Lösung oder wenigstens die Minderung ihrer Notlage geht, soll dieser Akteurstyp hier nicht weiter berücksichtigt werden. Die Medien und die staatlichen Instanzen sind hier nicht genannt, weil sie spezifische Eigeninteressen haben, die nicht mit denen der anderen Akteure vergleichbar sind (s. Kapitel 6 und 7).

14 Außerdem ist öffentliche Aufmerksamkeit für soziale Bewegungen das einzige Mittel der Einflußnahme auf das politische System (Gerhards/Neidhardt 1991: 57; Fn. 18)

Tabelle 1: Eigeninteressen der Akteurstypen nach Ressourcen

Akteurstyp	Ressource		
	Geld	Macht	Aufmerksamkeit
Advokaten	-	-	+
Experten	++	o	+
Problemnutzer	-	++	+
Moralunternehmer	-	o	++
Soz. Bewegungen	-	o	++

Zeichenerklärung:

++ = überragendes Interesse
+ = bedingtes (sekundäres) Interesse
o = Interesse im Einzelfall
- = kein Interesse

Die Übersicht zeigt, daß die Konkurrenzsituation bei den einzelnen Ressourcen recht unterschiedlich ist. Primär um Geld geht es lediglich den Experten, für sie ist keine Rivalität mit Akteuren anderer Typen zu erwarten. (Dies gilt allerdings nur, solange es nicht die Alternative gibt, zur Abhilfe Gelder direkt den Betroffenen zu zahlen.) Fast ebenso günstig ist die Situation für die Problemnutzer: Als einzige Gruppe haben sie ein unbedingtes Interesse an der Ressource Macht. Konflikte können sich hier ergeben, wenn aus der Mitte anderer Akteurstypen entsprechende Interessen geltend gemacht werden. Ganz anders sieht es bezüglich der öffentlichen Aufmerksamkeit aus, an der alle Akteure interessiert sind. Von überragender Bedeutung ist dieses symbolische Gut jedoch nur für soziale Bewegungen und Moralunternehmer, so daß - auf den ersten Blick - eine besondere Konkurrenz zwischen diesen beiden Typen wahrscheinlich ist (falls nicht im konkreten Fall die soziale Bewegung selbst als einziger Moralunternehmer auftritt).

Wer stellt nun die verschiedenen Ressourcen zur Verfügung?

Geld für die Bearbeitung sozialer Probleme wird überwiegend von staatlichen Instanzen vergeben. Neben den direkten Aufwendungen durch Kommunen, Ländern und Bund sind die Finanzmittel von besonderer Bedeutung, die von staatsnahen Verteilungsinstitutionen (wie Stiftungen und Vereine) verwaltet und für ganz spezifische Zwecke bereitgestellt werden. Daneben verfügen besonders die großen Wohlfahrtsverbände, kirchliche Einrichtungen sowie bundesweite private

Stiftungen und Vereine über viel Geld. Es stammt primär aus pauschalen oder zweckgebundenen staatlichen bzw. semi-staatlichen Zuwendungen (z.B. Lottomittel oder Erlösen aus dem Verkauf von Wohlfahrtsmarken) sowie aus Spenden. Bei Mittelgebern, die - was die Regel ist - für verschiedene Probleme zuständig sind, konkurrieren nicht nur die unterschiedlichen Akteure eines Problems, sondern auch die Akteure der einzelnen Probleme um die Mittel. Entscheidend für unseren Zusammenhang ist, daß zwei Akteurstypen an der Vergabe dieser Gelder beteiligt sind: die politischen Problemnutzer und verschiedene Gremien des Wohlfahrtsstaates.

Politische **Macht** in unserem sehr engen Sinne wird durch Wahlen 'vergeben' - 'Machtgeber' sind entsprechend die auf der jeweiligen Ebene wahlberechtigten Bürger und Bürgerinnen. Viele von ihnen sehen sich als Opfer des einen oder anderen sozialen Problems. Für die politischen Problemnutzer[15] sind als Aktionsfeld in erster Linie die Probleme interessant, von denen sich **viele** Wahlberechtigte - in welcher Form auch immer - betroffen fühlen.

Aufmerksamkeit wird in der modernen Gesellschaft fast ausschließlich von den Massenmedien zur Verfügung gestellt. Es gilt die Regel: Was dort nicht berichtet wird, ist auch nicht geschehen. Nur sehr begrenzte Formen der Aufmerksamkeit können von den Akteuren durch direkte Aktionen wie Demonstrationen, Sitzstreiks, Blockaden u.ä. noch selbst erzeugt werden. Wenn die Massenmedien nicht darüber berichten, erfahren jedoch ausschließlich die Beteiligten, evtl. betroffene Dritte und (bei öffentlichen Aktionen) zufällige Passanten von dem Ereignis. Entscheidendes Medium für die bundesweite Aufmerksamkeit sind heute zweifellos die zwei Dutzend Fernsehsender, die (Anfang 1995) von der Mehrheit der Haushalte empfangen werden können. Allerdings nur in etwa der Hälfte von ihnen haben bundesdeutsche Akteure überhaupt die Chance, über 'ihr' soziales Problem zu berichten[16]. Die wichtigsten Foren für Akteure sind zeitkritische Magazinsendungen und die zahlreichen Talkshows im weitesten Sinne. Die Medien sind der Akteurstyp, der ein de-facto-Monopol auf das Gut der öffentlichen Aufmerksamkeit besitzt.

Tabelle 2 gibt einen Überblick über die Akteure, die über die uns interessierenden Ressourcen (R) verfügen.

---

15 Die ideologischen Problemnutzer sollen im weiteren unberücksichtigt bleiben. Ihr Interesse ist weniger offensichtlich und oftmals langfristig angelegt. Es geht ihnen - pauschal gesagt - um die Prägung gesellschaftlicher Diskurse, also die Herrschaft über das Denken der Menschen, die primär mittels Sprachkonventionen, Wertentscheidungen, Moralsystem und sozialer Sanktionen erreicht wird.

16 Es entfallen hier Musik- und Sportkanäle sowie die ausländischen Sender.

Tabelle 2: Akteure als Ressourcenquelle

Akteurstyp	Ressource		
	Geld	Macht	Aufmerksamkeit
Betroffene	-	R	-
Problemnutzer	R	-	-
Staat	R	-	-
Medien	-	-	R

Aus dem Vergleich der beiden Schaubilder wird die Unterschiedlichkeit der Konkurrenzsituation bezüglich der verschiedenen Ressourcen deutlich:

Bei der **öffentlichen Aufmerksamkeit** besteht bei fünf Akteurstypen - größeres oder kleineres - Interesse an einer Ressource, die ausschließlich von einer Seite zur Verfügung gestellt wird. Dies macht die Massenmedien zum bevorzugten Bündnispartner für alle anderen Gruppen. Aus der Art der Ressource ergibt sich gleichzeitig jedoch, daß die allgegenwärtige Konkurrenz das Eingehen von Koalitionen kaum erschweren wird: Das Gut der Aufmerksamkeit ist zwar insgesamt begrenzt[17], Sendezeit (oder auch: Druckspalten), die einem bestimmten Problem gewidmet sind, können jedoch durchaus verschiedenen Akteuren gleichzeitig zugute kommen. Ein Beispiel sind hier Diskussionsrunden im Fernsehen, in denen Vertreter verschiedener Akteure (Betroffene, ihre Advokaten, ein oder zwei Experten und auch Vertreter politischer Problemnutzer und der Instanzen sozialer Kontrolle) gemeinsam zu Wort kommen - zwar nicht immer einträchtig, aber stets im gemeinsamen Interesse am Thema. Bezüglich der öffentlichen Aufmerksamkeit spielt die Konkurrenz der Akteure **verschiedener** Probleme eine größere Rolle.

Bei der **Macht** steht das alleinige primäre Interesse der politischen Problemnutzer der Rolle der Betroffenen - und der engagierten Nicht-Betroffenen[18] - als WahlbürgerInnen als einziger Ressourcenquelle (innerhalb unserer Akteursgruppen) gegenüber. Die Beziehung zwischen diesen beiden Akteuren besteht darin, daß

17 Vgl. hierzu Hilgartner/Bosk 1988, die ihre Theorie zur Entwicklung sozialer Probleme auf der Konkurrenz verschiedener Akteure um den Zugang zu den Arenen öffentlicher Aufmerksamkeit aufbauen.

18 "But in most cases, objective depravation is only weakly correlated with mobilization successes." (Beyme 1992: 382)

die Problemnutzer den Betroffenen die Lösung ihres Problems (oder doch zumindest die Minderung der Folgen) versprechen - und hoffen, von diesen (auch) aus diesem Grunde gewählt zu werden. Gegen die Existenz eines regelrechten 'Bündnisses' zwischen diesen Akteurstypen spricht, daß sich meist nur wenige Betroffene so enthusiastisch für die Lösung 'ihres' Problems einsetzen, daß sie ihr Wahlverhalten ausschließlich von den Positionen der Parteien und ihrer KandidatInnen in diesem Problembereich abhängig machen. Auch müßten sie sich dabei weitgehend 'blind' auf die Versprechungen der Problemnutzer nach Abhilfe bei einem Wahlerfolg verlassen.

Demgegenüber müssen bei den **finanziellen Mitteln** die Experten ein dezidiertes Interesse an der langfristigen Kooperation mit den beiden Akteurstypen haben, die die materielle Ressource einbringen. Orientieren werden sie sich dabei an den Problemnutzern, die - als 'Regierende' - gleichzeitig Einfluß in den staatlichen Gremien ausüben. Oppositionspolitiker und -parteien verfügen demgegenüber über vergleichsweise geringe Ressourcen. Koalitionen bestehen hier darin, daß angesehene Experten(gruppen) oder ganze Professionen (über ihre Fachverbände) die von den Regierungen (als organisatorischer Verknüpfung von Problemnutzern und staatlicher Instanz) vorgeschlagenen Lösungswege mit ihrer wissenschaftlichen Autorität in der Öffentlichkeit unterstützen - und dafür mit Geldern, z.B. für weitere Forschungen, belohnt werden.

Zusammenfassend ist festzustellen, daß bei der begrenzten Zahl von Abhängigkeiten zwischen einzelnen Akteurstypen und der überwiegend nicht vorhandenen (Geld und Macht) oder eher formalen (Aufmerksamkeit) Konkurrenz die Eigeninteressen vielfältige Bündnisse zwischen **verschiedenen** Typen von Akteuren möglich und wahrscheinlich machen. In einer dominierenden Position sind dabei jeweils Akteure der Typen, die über die Verteilung von Ressourcen (mit)entscheiden, an denen andere partizipieren wollen. (vgl. dazu Raschke 1988: 340) Im Zweifelsfall haben sie den größten Einfluß auf die Problemwahrnehmungen und die favorisierten Lösungsvorschläge.

Ganz anders sieht die Konkurrenzsituation dagegen bei Akteuren aus, die **demselben** Typus angehören. Hier muß jedoch zwischen den verschiedenen Stufen der Problementwicklung unterschieden werden. Bei allen drei Ressourcen handelt es sich zwar um knappe Güter, in der Entstehungs- und Wachstumsphase eines Problems haben wir es aber eher mit einer Situation zu tun, wie sie spieltheoretisch als Unendlichsummenspiel beschrieben wird: Durch gemeinsame Problematisierung können **alle** Beteiligten[19] öffentliche Aufmerksamkeit und finanzielle Ressourcen gewinnen, wenn der Thematisierungsgewinn (d.h. die Bereitschaft

19 Ich bezeichne sie als Akteure; die Spieltheorie - an die in diesem Absatz angeknüpft wird - nennt Gruppen von Personen bzw. Organisationen mit gleichen Interessen 'Spieler'.

der Gesellschaft, Ressourcen zur Verfügung zu stellen) durch weitere einbezogene Akteure größer ist als der Verlust, der sich durch einen neuen Partizipanten an den Ressourcen ergibt. Erst wenn das Problem einen stabilen Stand gesellschaftlicher Anerkennung erreicht hat und nicht zu erwarten ist, daß die bereitgestellten Mittel sich noch wesentlich erhöhen werden, kommen wir in die Phase des Nullsummenspiels: Was der eine Akteur durch verstärkte Aktivitäten zusätzlich erhält, geht zu Lasten eines anderen. Wichtigste gemeinsame Aufgabe aller, die an der Verteilung von Ressourcen interessiert sind, ist es deshalb zunächst, die Unendlichsummen-Phase der Problematisierung lange auszudehnen und die Gesamtmenge der zu verteilenden Güter möglichst hoch werden zu lassen.

Wenn wir annehmen, daß Bündnisse zwischen Akteuren wahrscheinlicher sind, die sich nicht in einer Nullsummen-Konkurrenz befinden, sind nach Ende der Wachstumsphase einer Problematisierung Koalitionen zwischen Akteuren, die verschiedenen Typen angehören, wahrscheinlicher als solche zwischen denen desselben Typus. Zu erwarten ist dann die Bildung von Koalitionen, die jeweils Akteure verschiedener Typen umfassen. Aus dieser modellhaften Annahme kann jedoch nicht geschlossen werden, daß Thematisierungserfolge fraglich werden, wenn viele Akteure dem gleichen Typ angehören. So kann bei den politischen Problemnutzern gerade auch die bereits vorhandene heftige Konkurrenz zwischen den Akteuren die Entwicklung des Problems vorantreiben. Hier können einzelne Parteien gezwungen sein, sich eines Themas anzunehmen, wenn abzusehen ist, daß ein Konkurrent politischen Nutzen aus ihm schlagen könnte.[20]

Negativ auf die Erfolgschance einer Problematisierung wirkt sich hingegen die offensichtliche Konkurrenz zwischen Professionen oder einzelnen Expertengruppen bezüglich der 'richtigen' Problemdeutung aus. Differenzen erleichtern zwar wegen des Vorhandenseins polarisierbarer Positionen die massenmediale Auseinandersetzung mit dem Thema, signalisieren gleichzeitig aber der Öffentlichkeit und den staatlichen Instanzen, daß es sich mit dem Problem, seinen Ursachen und der Bekämpfung nicht so einfach verhält, wie es auf den ersten Blick vielleicht erscheinen mag. Dieser sog. **Expertenstreit** kann bis hin zu einer Lähmung der Einrichtungen führen, die Ressourcen für die Bekämpfung des Problems bereitstellen sollen.

20 Dieser Zusammenhang ist im Beispielproblem wahrscheinlich ein zusätzlicher Grund für das Einschwenken der konservativen Parteien auf die ursprünglich nur von den GRÜNEN vertretene Linie zu dem Zeitpunkt, als das Thema stark an öffentlicher Aufmerksamkeit gewann.

3.3 Exemplarische Interessen

Alle Typen von Akteuren versuchen, in der Öffentlichkeit deutlich zu machen, daß sie "nicht im Eigeninteresse handeln - z.B. um sich selbst zu bereichern oder Macht zu gewinnen -, sondern der Sache selbst wegen mobilisieren, kollektive oder vielleicht sogar universale Interessen vertreten" (Gerhards 1992: 313). Dieser Rekurs auf Bedürfnisse der **Allgemeinheit** macht es der Soziologie oftmals schwer, die stets auch vorhandenen Eigeninteressen zu identifizieren (Hilgartner/Bosk 1988: 64, Raschke 1988: 125). Dabei kann es in der soziologischen Analyse nicht darum gehen, nach Art einer Verschwörungstheorie irgendwelche 'wahren Absichten' der Akteure zu suchen, die sie bei der Thematisierung 'verschleiern'. Eigeninteressen sind auch alles andere als ehrenrührig; meist sind sie die notwendige Voraussetzung dafür, daß eine soziale Gruppe sich überhaupt als Problemakteur konstituieren kann (vgl. Schimank 1992: 175-176).

So steht im Beispielproblem außer Frage, daß auch die nicht selbst betroffenen Aktivistinnen, Expertinnen und Advokatinnen sich aufrichtig für die Mädchen und Frauen einsetzen, die Opfer sexueller Gewalt geworden sind. Das Bedürfnis zur Hilfe für die offensichtlich Hilfsbedürftigen ist - ebenso wie die Bewältigung der eigenen Erfahrungen - zentrale ***individuelle Motivation*** *für die Skandalisierung des Mißbrauchs. Aus der (gesellschaftlich wie wissenschaftlich anerkannten) Existenz sexueller Interaktionen zwischen Erwachsenen und Kindern folgt jedoch nicht automatisch deren Interpretation in Form des sozialen Problems 'sexueller Mißbrauch'. So kann man, wie ich es im folgenden tun werde, fragen, welche Ursachen es hat, daß in den achtziger und neunziger Jahren gerade diese und keine andere Deutung (z.B. die ältere des 'Triebverbrechens') zur Problematisierung verwendet wurde und wird.*

Kollektive Eigeninteressen können auf zwei Wegen ergründet werden: mittels der Rekonstruktion der verwendeten Deutungsmuster und durch die Analyse des ideologischen Hintergrunds des jeweiligen Akteurs und der Lebenslagen seiner Mitglieder. Da in mündlichen wie schriftlichen Bekenntnissen der AktivistInnen individuelle Motive oder Verweise auf das Gemeinwohl im Vordergrund stehen, müssen wir uns bezüglich des ersten Punktes auf **Indizien** verlassen, die eine genaue Inhaltsanalyse der Struktur der Argumentation in Interviews und schriftlichen Quellen erbringt. Wichtigster Schritt beim zweiten Verfahren ist die Einordnung der an der Problematisierung beteiligten Gruppen; **mögliche** Interessen ergeben sich dann aus dem theoretischen Wissen über den jeweiligen Akteurstyp. Welche von ihnen beim untersuchten Problem von Bedeutung waren (oder sind), dafür liefern uns in anderem Zusammenhang formulierten Forderungen und die Sozialstruktur der Mitglieder - also z.B. der Träger einer sozialen Bewegung - Hinweise.

Bereits die eher unkonkreten Formulierungen des letzten Absatzes werden den aufmerksamen LeserInnen einen Hinweis darauf geliefert haben, daß beide Verfahren methodisch eher problematisch sind! Empirisch lassen sich solche kollektiven Eigeninteressen - im Gegensatz z.B. zu den Akteuren selbst - nur selten eindeutig identifizieren. Zum einen hängen die Ergebnisse oft von Interpretationen ab, die nicht vollständig intersubjektiv nachvollziehbar sind. Zum anderen handelt es sich stets um ex-post-Erklärungen für die Wahl einer bestimmten Problemwahrnehmung, nicht aber um Hypothesen, die eindeutig verifiziert oder falsifiziert werden könnten. So unterscheiden sich rekonstruierte von konstruierten Interessen der Akteure oftmals nur in der Schlüssigkeit der vorgetragenen Argumentation.

Ich werde im folgenden aus der großen Zahl der in der Literatur diskutierten Eigeninteressen zum Problem 'sexueller Mißbrauch' exemplarisch diejenigen präsentieren, die mir auf Basis der selbst durchgeführten Textanalysen (Schetsche 1993) und meines Hintergrundwissens über die Akteure besonders 'einleuchtend' erscheinen. Zwei Interessen des primären Akteurs 'Frauenbewegung' sollen ausführlicher behandelt werden, damit der Aufbau der Argumentation und die Bedeutung von aus den Quellen extrahierten Indizien deutlich werden. Kürzer fällt die Nennung der Interessen jeweils eines Vertreters anderer Akteurstypen aus. Hier wird auf die Schilderung des Begründungszusammenhanges verzichtet. Die LeserInnen mögen selbst entscheiden, ob es sich um **nachvollziehbare Zuschreibungen** handelt.

Zwei Interessen des primären Akteurs

Im vorigen Kapitel hatten wir gesehen, daß Initiatorin und wesentliche Trägerin der Kampagnen gegen sexuellen Mißbrauch in den USA, der Bundesrepublik und in vielen anderen westlichen Ländern die ***Frauenbewegung*** *ist, ein Akteur der den neuen sozialen Bewegungen zugeordnet wird (so Cohen 1985, Eder 1985, Brand 1987, Raschke 1987).*[21] *Es handelt sich um eine Bewegung, die nicht im Zusammenhang mit der Formulierung des untersuchten Problems entstand, sondern eine schon bestehende Bewegung nahm sich eines weiteren Themas an. Der sexuelle Mißbrauch gehört dabei eindeutig zum "strukturell umgrenzbaren Feld" (Raschke), in dem die Frauenbewegung regelmäßig ihre Zielprojektionen entwickelt: Von ihrer Entstehung an griff sie mit der weiblichen Sexualität zusammenhängende Probleme auf. "Dabei ging es unter anderem um die Unterdrükkung der sexuellen Bedürfnisse der Frauen, die Enteignung und Entfremdung ihres Körpers, die Vergesellschaftung des weiblichen Körpers als Lustobjekt und die Suche nach einer neuen weiblichen Sexualität, das heißt die Wiederaneignung des Körpers und die Entwicklung einer selbstbestimmten Sexualität im*

21 Nach Auffassung von Offe (1985: 828) handelt es sich um einen Spezialfall der Menschenrechtsbewegung, der es zentral um die Durchsetzung bzw. Sicherung von Selbstbestimmungsrechten geht.

Zusammenhang mit der Herausbildung einer selbstbestimmten Identität als Frau." (Knafla/Kulke 1987: 106) Das Verhältnis Sexualität und Gewalt im Kontext des Geschlechterverhältnisses wurde - neben dem Mißbrauch - in den letzten zwei Jahrzehnten bei den Problemen 'Vergewaltigung', 'Pornographie' und 'sexuelle Übergriffe am Arbeitsplatz' aufgenommen. Die "Verbindung von Kontrollkampagnen mit Angriffen auf Patriarchat und männliche Dominanz" entspricht dabei den "realen Interessen" vieler Frauen (Karstedt 1995: 156).

Als Multiproblembewegung ist die Existenz der Frauenbewegung nur gesichert, solange sie durch immer neue Problematisierungen kontinuierlich Anhängerinnen mobilisieren, Medienpräsenz zeigen und Einsatz für das abstrakte Gesamtziel (die Beseitigung der patriarchalen Herrschaftsordnung) nachweisen kann. Im Rahmen dieser Thematisierungspflicht sind mit der Skandalisierung intergenerativer Sexualkontakte in Form des Problems 'sexueller Mißbrauch' zwei konkrete inhaltliche Interessen verbunden:

***1. Eine das Patriarchat anprangernde Erklärung für weibliches Leiden**. Das Wissen über die massenhaften Verbreitung sexuellen Mißbrauchs von Mädchen in der Familie liefert eine einleuchtende Erklärung für verschiedene Probleme, unter denen viele Frauen in den westlichen Gesellschaften seit den siebziger Jahren leiden: allgemeine Sinnleere, sexuelle Funktionsstörungen, Alkohol- und Tablettensucht, Depressivität und Suizidneigung, Eß- und Magersucht,, aber auch berufliches und politisches Versagen (vgl. Rave 1991: 19-29 und Hegener 1992: 113). Das mit dem Mißbrauchsmuster vorgelegte Erklärungsmodell ist für den primären Akteur aus zwei Gründen vorteilhaft: Erstens werden bedrückende psychische und psycho-somatische Nöte so erklärt, daß die betroffenen Frauen von Vorwürfen der Selbstverschuldung (den eigenen, wie denen der Umwelt) entlastet werden. Zweitens wird die patriarchale Struktur der Gesellschaft als Ursache des Leidens hervorgehoben: Im Mißbrauch setzt der Mann seine sexuellen Interessen nicht nur ohne Rücksicht auf die Konsequenzen für das Kind durch, sondern er macht dem Mädchen durch die gewaltsame Unterwerfung gleichzeitig auch symbolisch seine Rolle in der patriarchalen Gesellschaft klar.*

*Bei der Problematisierung des Mißbrauchs geht es deshalb nicht nur um Hilfe für einzelne Mädchen, sondern **auch** um die Skandalisierung der alltäglichen Gewalt von Männern gegen Frauen (vgl. Honig 1987: 17). Für dieses kollektive Interesse gibt es in den von mir (Schetsche 1993) untersuchten Texten zwei Indizien:*

1. *Obwohl die Skandalisierung des Mißbrauchs - gemessen an der Zustimmung der patriarchalischen Massenmedien - von allen bisherigen Kampagnen der Frauenbewegung gegen Männergewalt die bei weitem erfolgreichste war, beginnt die Mehrheit der Veröffentlichungen auch zu Beginn der neunziger Jahre mit der Feststellung, es handele sich hier um ein gesellschaftliches Tabu, das gebrochen werden müßte. Dieser Widerspruch löst sich jedoch auf, wenn man berücksichtigt, daß die Massenmedien zwar das Thema selbst,*

nicht aber - trotz aller Übernahmen von Teilen der Argumentationsstruktur - das ihm unterliegende feministische Patriarchatsmodell reproduzieren. Da dieses nicht mitrezipiert wird, können die Autorinnen auch in den neunziger Jahren mit Recht feststellen, daß hier weiter tabuisiert wird - zwar nicht der Mißbrauch selbst, aber doch die ihn erklärende feministische Theorie.

2. *Die Kampagne zeichnete sich lange durch ein weitgehendes Fehlen konkreter Präventionsvorschläge aus. Dies hat auch etwas damit zu tun, daß jeder identifizierte Mißbrauch ein Beleg für die Unerträglichkeit der patriarchalen Gesellschaftsordnung ist und es deshalb gar nicht im Interesse des primären Akteurs liegen kann, wirksame Präventionstechniken zu entwickeln. Statt dessen werden in den wenigen Aufsätzen, die sich überhaupt um diese Frage kümmern, allgemeine Forderungen der Frauenbewegung (wie nach einer Ausbildungspflicht für Mädchen oder der Einführung von Quotierungen in Beruf und Politik) wiederholt. Meine Schlußfolgerung: die Existenz des sexuellen Mißbrauchs liefert moralische Argumente für zentrale feministische Forderungen.*

2. Die Desavouierung der bürgerlich-patriarchalen Kleinfamilie. *Eine der Grundannahmen des Mißbrauchsmusters lautet: Die Familie ist für Mädchen der gefährlichste Ort überhaupt. Entsprechend werden in den Aufsätzen fast ausschließlich sexuelle Kontakte des Nahbereichs behandelt. Im Mittelpunkt der Darstellungen stehen sexuelle Kontakte zwischen Mitgliedern eines realen Familienverbandes, Standardfall ist der Mißbrauch eines Mädchens durch seinen (Stief-)Vater. Mit der Aufdeckung der alltäglichen sexuellen Gewalt ist die bürgerlich-patriarchale Familie als ein Ort des Schutzes und der Geborgenheit für das Kind grundlegend desavouiert. Die Thematisierung des Mißbrauchs leistet damit gleichzeitig einen Beitrag zum ideologischen Abschied von der 'heilen Welt' der Kleinfamilie, die (nicht zuletzt als Reproduktionszelle der Männerherrschaft) von der Frauenbewegung kritisiert wird. Auch für dieses Interesse finden sich in den Texten zwei Indizien:*

1. *Schon der anklagende Titel des Buches von Kavemann/Lohstöter "Väter als Täter" aus dem Jahre 1984 weist einer Sprachpolitik den Weg, bei der beide Begriffe schließlich zu der stets zusammen zu denkenden Doppelkategorie der "Väter/Täter" (erstmalig explizit wohl bei Braun 1989) werden. Die gedankliche Identität von Vaterschaft und Täterschaft nimmt verschiedene sprachliche Formen an; so taucht sie in der Plakataktion des Deutschen Kinderschutzbundes, mit der der Mißbrauch angeprangert wird, als große Unterschrift auf: "Papis Liebe tut weh".*

2. *Entgegen der Ergebnisse der in den Texten selbst zitierten retrospektiven Befragungen wird die überwiegende Mehrheit der Taten den Vätern und Stiefvätern angelastet. Was 1987 noch unter Verweis auf bundesdeutsche Statistiken als ein ausländischer Extremfall gemeldet wird*[22]*, erscheint bei derselben Autorin drei Jahre später als traurige Gewißheit auch für die Bundesrepublik: "75 % der Mißbraucher sind die biologischen Väter, Stiefväter oder diejenigen, die innerhalb der Familie die Rolle des Vaters inne haben." (Kellermann-Klein 1990: 255). In einigen Quellen führt die Überbetonung der intrafamilialen Kontakte dazu, die Zahl der geschätzten 300.000 Opfer jährlich allein den Übergriffen "männlicher Verwandter" zuzurechnen.*

Interessen anderer Akteure

Die fast vollständige Anerkennung der vom Deutungsmuster erzeugten Gefahrenwahrnehmung in der Fachöffentlichkeit, den Massenmedien und bei den Instanzen sozialer Kontrolle nach einer Phase, in der die sexuelle Gefährdung des Kindes nicht mehr als relevantes soziales Problem gehandelt wurde, ist in hohem Maße erklärungsbedürftig (so Gröning 1989: 195 und Hegener 1992: 113). Warum die drei auf den ersten Blick einleuchtenden Erklärungen für den großen Erfolg der Problematisierung (reale Veränderung bei der Zahl oder der Art der Fälle, frühere Unkenntnis der Existenz intrafamilialer Kontakte, tabubrechende Wirkung der Formulierung) nicht zutreffen, ist von mir in anderem Zusammenhang dargelegt worden (Schetsche 1993: 275-276). Meine These ist, daß das soziale Problem 'sexueller Mißbrauch' in der Öffentlichkeit so bereitwillig anerkannt wurde, weil die vom Problemdefinierer eingebrachte Deutung den Interessen einer ganzen Reihe weiterer Akteure entgegenkommt. Beispielhaft genannt werden sollen hier die Interessen zweier Gruppen[23]*:*

1. Expertinnen: *Auch in der Bundesrepublik kam es sehr schnell zu einer Professionalisierung der sog. Mißbrauchsarbeit. Die lag nicht zuletzt daran, daß die 'Entdeckung' des massenhaften sexuellen Kindesmißbrauchs eine Chance für die Professionen darstellt, die erfolgreich die Zuständigkeit für seine Identifizierung und Behandlung reklamieren können. Während in den meisten psychosozialen*

---

22 "Laut Schätzungen des BKA sind 25 % der Mißbraucher die Väter oder Ersatzväter der Mädchen. Aus Londoner Kinderkliniken wurde sogar gemeldet, daß dort 75 % der Kinder, die sexuell mißhandelt worden waren, vom Vater mißbraucht worden waren." (Kellermann-Klein/Kern 1987: 86)

23 Nicht behandelt sind hier z.B. das Interesse religiöser Verbände an der Einschränkung sexueller Freizügigkeit und die Instrumentalisierung des Mißbrauchsvorwurfs in Scheidungsverfahren. Auf die spezifischen Gründe für das Engagement der Massenmedien werde ich im 6. Kapitel eingehen.

Bereichen seit Mitte der achtziger Jahre Stellen eingespart werden, ist hier eine Nachfrage nach qualifizierten Arbeitskräften entstanden. Da als Täter überwiegend Männer und als Opfer Mädchen verortet werden, ist die Behandlung der Opfer außerdem ausschließlich Aufgabe von Frauen. Dies verschafft ihnen in diesem Arbeitsfeld das Monopol auf die neuen Arbeitsplätze. Das Interesse an pekuniären Mitteln für Forschungsvorhaben und Beratungsstellen erklärt auch die sich in den neunziger Jahren abzeichnende Tendenz, die Gefährdungsszenarien um Personengruppen zu erweitern, die ursprünglich im Mißbrauchsmuster gar nicht vorgesehen waren - und auch nicht den Interessen des primären Akteurs entsprechen (vgl. dazu Hegener 1992: 113): Mit der massenhaften Identifizierung von Jungen als Opfern und Frauen als Täterinnen kommen nun auch männliche Experten zu Wort, die bislang von der Problembearbeitung ausgeschlossen waren.

*2. **Problemnutzer:** Wie eine Analyse der Debatten im deutschen Bundestag zeigt, findet sich zu Beginn der neunziger Jahre große Zustimmung zur Problemwahrnehmung auch bei den christlich-konservativen Parteien, die ansonsten Forderungen aus der Frauenbewegung mehr als skeptisch gegenüberstehen. Der erste Grund für dieses außergewöhnliche Verhalten ist das sexual-ideologische Interesse der beiden christlichen Parteien an 'Beweisen' für die grundsätzliche Gefährlichkeit des Sexuellen (vgl. Gröning 1989: 196). Zustimmungen zu Problemwahrnehmungen lassen sich bei politisch konservativen Gruppen regelmäßig dann wecken, wenn die Kritik an den gesellschaftlichen 'Zuständen' auf sexuellem Gebiet formuliert wird - und wenn die Bekämpfung auf Verschärfungen des Strafrechts hinausläuft. Zweitens entlastet das Mißbrauchsmuster (sicherlich entgegen der Intentionen des primären Akteurs) die Gesellschaft vom Verdacht struktureller Verursachung psychischer Probleme von Frauen. Nach nur geringfügiger 'ideologischer Bereinigung' wird aus der Verantwortung patriarchaler Strukturen individuelles Schicksal, das im Rahmen konservativer Politikmodelle verwendet werden kann: Nicht sozial-strukturell bedingte Lebenslagen, sondern das persönliche Pech, als Kind Opfer eines sexuellen Gewaltdelikts geworden zu sein, läßt Frauen psychisch krank werden.[24] Ergebnis dieser Interessen war die Entstehung einer de-facto-Koalition zwischen traditionell konservativen Parteien und einer der neuen sozialen Bewegungen. (vgl. Offe 1985)*

Eine kurze Schlußbemerkung

Wenn man den Blick, wie ich es in diesem Kapitel getan habe, auf die Interessenlage der beteiligten Akteure fokussiert, wirkt die 'Entdeckung' eines sozialen

24 Für die USA untersuchen diese Deutung Wakefield/Underwager 1988.

Problems immer ein bißchen wie der Goldrausch: Soziale Bewegungen reklamieren Eigentumstitel, die Advokaten stecken ihre Claims ab und verteidigen sie, ExpertInnen schließlich versuchen, an den möglichsten und unmöglichsten Stellen fündig zu werden. Jedes gefundene Opfer ist ein Nugget, jede betroffene Gruppe eine Goldader. Dabei sollte jedoch - und das sei hier nochmals ausdrücklich betont - nicht aus dem Blick geraten, daß zentrale Motivation der Mitglieder der meisten Akteure die Hilfe für die in Not geratenen Menschen ist. Und dieses Motiv ist nach dem Thomas-Theorem[25] völlig unabhängig davon, ob die Soziologie das Problem als ein objektiv vorhandenes oder diskursiv konstituiertes ansieht. Die soziologische Frage nach den Eigeninteressen der Akteure soll nicht die Problemwahrnehmung delegitimieren, sondern lediglich erklären, warum eine Problematisierung zu einem bestimmten Zeitpunkt und unter einer bestimmten Sichtweise erfolgt ist.

25 "If a man define situations as real, they are real in their consequences." (Thomas/Thomas 1928: 572)

4 Problemmuster: Die ideelle Grundlage von Problemwahrnehmungen

4.1 Deutungsmuster in der Theorie sozialer Probleme

In der Problemwahrnehmung werden Lebenslagen oder subjektives Leiden in einen sozialen Zusammenhang gestellt: Kollektive Akteure interpretieren sie als gesellschaftlich verursachten und veränderbaren Sachverhalt, der im Widerspruch zu ihrem Wertsystem steht. Anerkennung hat das Problem erlangt, wenn es von einer großen Zahl von Individuen in dieser Weise beschrieben und bewertet wird. Dies setzt kollektiv geteilte Muster der Interpretation voraus, in denen mehrere sozial kommunizierbare Wahrnehmungen in einen Argumentationszusammenhang gebracht werden. Der gedanklichen Form, in der solche Zuweisungen stattfinden, haben die Theoretiker sozialer Probleme lange Zeit nur wenig Aufmerksamkeit geschenkt. Erst in den letzten zehn Jahren ist die Bedeutung der Wahrnehmungs- und Interpretationsmuster für die Problemkarriere näher untersucht worden.

Für Hilgartner und Bosk (1988: 57-58) gibt es stets mehrere Wege, einen sozialen Sachverhalt als Problem zu definieren. Bei ihrer Thematisierung wählen die Akteure "eine spezifische Interpretation der Realität aus einer großen Anzahl von Möglichkeiten. ... Welche der 'Realitäten' dann den öffentlichen Diskurs dominiert, hat erhebliche Implikationen für die Zukunft des sozialen Problems, für die beteiligten Interessengruppen und für die Politik."[1] Das Argumentationsmuster einer Thematisierung wird in der neueren US-amerikanischen Fachliteratur meist (in - allerdings theoretisch eher losem - Anschluß an die Arbeiten von Irving Goffman) als "frame" bezeichnet. Solche "Rahmungen" sozialer Probleme bestehen aus verschiedenen "subframes", die das Problem definieren ("diagnostic frames"), Lösungsmodelle und Handlungsanleitungen anbieten ("prognostic frames") oder Gründe nennen und Anreize dafür bieten, sich für seine Lösung einzusetzen ("motivational frames"), sowie einer schlagwortartigen Bezeichnung, die die Probleminterpretation aktiviert ("cue").[2]

Innerhalb der deutschen Soziologie wies Bernd Giesen bereits 1983 darauf hin, daß die Art und Weise, in der ein Sachverhalt als soziales Problem aufgegriffen wird, nicht einfach durch dessen materielle Objektivität, "sondern durch eine weltbildspezifische 'Logik' der Erklärung, Reaktion und Bearbeitung" (231) be-

---

1 Übersetzung vom Autor

2 Eine Zusammenfassung des aktuellen US-amerikanischen Diskussionsstandes findet sich bei Neidhardt/Rucht 1993; Rucht 1994 und H.P. Peters 1994.

stimmt ist. Diese **Binnenlogik** der Problemwahrnehmung wird vom primären Akteur mit der Definition des Problems festgelegt; sie gibt den gedanklichen Rahmen vor, in dem die anschließende öffentliche Debatte sich entfaltet. Ob die Öffentlichkeit erfolgreich mobilisiert werden kann, hängt nach Auffassung von Gerhards (1992) - neben strukturellen Faktoren - von der Überzeugungskraft dieses Argumentationsmusters ab: "Wollen Akteure andere von der Dringlichkeit eines Problems, von der eigenen Position zu diesem Problem und möglichen Lösungen überzeugen, dann brauchen sie gute 'Argumente' und Interpretationen des Gegenstandes, über den sie reden. Zu einer Mobilisierung von öffentlicher Meinung bedarf es spezifischer Deutungs- und Interpretationsmuster, die einem Laienpublikum plausibel machen, warum man meint, das thematisierte Problem sei ein Problem und wie man es lösen kann." (307) Eine erfolgreiche Argumentation erfüllt dabei fünf Aufgaben (308), sie soll:

- ein Thema als soziales Problem interpretieren,
- Ursachen und Verursacher des Problems benennen,
- einen Adressaten für die Forderungen etikettieren,
- Handlungsziele definieren und
- die Rolle des Akteurs rechtfertigen.[3]

Wie Gerhards übersetzen auch Neidhardt und Rucht (1993) das US-amerikanische "frame" mit "Deutungsmuster"[4], ohne näher auf das spezifische Konzept einzugehen, den dieser Begriff in der deutschen (Wissens-)Soziologie bezeichnet. Ich gehe davon aus, daß dieser Deutungsmusteransatz ein theoretisch elaboriertes Modell zur Analyse auch der Denkformen bereitstellt, die aus einem Sachverhalt ein soziales Problem werden lassen. Wie die den Problemwahrnehmungen ideell zugrunde liegenden Wissensbestände mit Hilfe dieses Konzepts analysiert werden können, werde ich im nächsten Abschnitt zeigen.

Allgemeinstes Ziel des **Modells** der kollektiven (oder sozialen) Deutungsmuster[5] ist es, soziales Handeln auf der Basis überindividueller Bewußtseinsformen zu erklären. Beschrieben wurde es erstmals im Jahre 1973 von Ulrich Oevermann, auf den sich - in der einen oder anderen Weise - fast alle VertreterInnen des An-

---

3 Ähnliche Funktionen nennt Raschke (1988: 173-174) für Ideologien und Programme sozialer Bewegungen

4 "'Frames' sind kollektive Deutungsmuster, in denen bestimmte Problemdefinitionen, Kausalzuschreibungen, Ansprüche, Begründungen und Wertorientierungen in einem mehr oder weniger konsistenten Zusammenhang gebracht werden, um Sachverhalte zu erklären, Kritik zu fundieren und Forderungen zu legitimieren." (Neidhardt/Rucht 1993: 308)

5 Von einzelnen AutorInnen werden z.T. auch ähnlich lautende Begriffe (wie "Handlungsmuster" oder "Orientierungsmuster") verwendet.

satzes beziehen. Für Oevermann sind Deutungsmuster "strukturierte und strukturierende Denkformen", die Interpretations- und Entscheidungsvorgänge der Subjekte auf mittlerer Komplexitätsebene (zwischen 'Weltanschauung' und 'Handlungsroutine') steuern. Sie dienen zur Lösung von handlungsrelevanten Problemen, mit denen die Mitglieder einer Gesellschaft oder die Angehörigen bestimmbarer sozialer Gruppen im Alltag regelmäßig konfrontiert werden. "Für das Individuum sind Deutungsmuster zugleich Wahrnehmungs- und Interpretationsformen der sozialen Welt, Schemata der Erfahrungsaufordnung und Horizont möglicher Erfahrungen sowie Mittel zur Bewältigung von Handlungsproblemen." (Meuser/Sackmann 1992[6]: 16) Charakteristisch für die Kategorie sind spezifische Form, Struktur und Funktionen; das einzelne Deutungsmuster besitzt darüber hinaus originäre Inhalte, anhand derer es in der empirischen Analyse identifiziert (oder auch: re-konstruiert) werden kann.

Funktionalistisch betrachtet haben Deutungsmuster im Alltagshandeln primär drei Aufgaben:

1. **Deutungsmuster stellen die Eindeutigkeit sozialer Situationen her**: Die soziale Umwelt ist durch eine Komplexität gekennzeichnet, die Individuen in handlungsrelevanten Situationen ein Unbehagen bereitet, das bis hin zu körperlichen Beeinträchtigungen und zur faktischen Handlungsunfähigkeit reichen kann. Deutungsmuster wirken dem entgegen, indem sie diese Komplexität auf für das Individuum eindeutig erscheinende Situationen mit klaren Entscheidungsalternativen und entsprechenden Konsequenzen reduzieren. Indem die Deutungen des Musters an die Stelle der Realität gesetzt werden, erscheint diese widerspruchsfrei, insofern das Muster selbst es ist. Das Deutungsmuster suggeriert den Individuen damit, daß sie in einer geordneten Alltagswelt leben, die nachvollziehbaren 'Gesetzen' gehorcht. Auch das Verhalten des Individuums selbst und seiner Bezugsgruppe erscheint konsistent, solange Meinungen und Handlungen sich im Rahmen des Deutungsmusters bewegen.

2. **Deutungsmuster beschleunigen Entscheidungsprozesse**, indem sie für komplizierte Interpretations- und Handlungssituationen einfache Beurteilungsregeln vorgeben. Situation und mögliche Konsequenzen der eigenen Reaktion müssen nicht mehr 'bis zum Ende' durchdacht werden: mit der erfolgten Problemdefinition liegt das 'Standardhandeln' (einschließlich eines es legitimierenden Argumentenkorpus) fertig vor. Zu diesem Zweck enthalten Deutungsmuster Wertvorstellungen in Form von moralischen Schemata, die Einstellungen und Handlungen (die des Individuums als auch die anderer Personen) im Problemfeld als 'richtig' oder 'falsch' markieren. Selbst für nicht vorgesehene Einzel-

6 Dieser Aufsatz gibt einen guten Überblick über den theoretischen Stellenwert und die Entwicklung des Deutungsmusteransatzes.

fälle können mit Hilfe der Eigenlogik des Musters aus den vorhandenen Wissensbeständen und dem Normenkorpus kurzfristig Moralurteile generiert werden. Deutungsmuster stellen damit systematische 'Abkürzungsstrategien' der Problemverarbeitung dar, die sachgerechtes Handeln der Individuen in Realzeit ermöglichen.[7]

3. **Deutungsmuster konstituieren verläßliche Verhaltensregelmäßigkeiten**: Individuen, die eine Situation mit Hilfe desselben Deutungsmusters interpretieren, werden ihre Probleme gleich benennen, verwandte Emotionen empfinden, vergleichbar moralisch urteilen und zu ähnlichen Handlungen neigen. Diese Gleichförmigkeit der Reaktion wird in wechselseitiger Beobachtung bei den Individuen die eigenen Interpretationen bestätigen: sie sehen sich in ihren Entscheidungen bestärkt und entwickeln ein Gefühl der Zugehörigkeit zur Gruppe. Deutungsmuster bilden so eine Art 'sozialen Kitt' für die Gruppen, die sie teilen.

4.2 Elemente erfolgreicher Problemmuster

Wenn wir dieses wissenssoziologische Modell verwenden, erreichen Problemwahrnehmungen und -definitionen soziale Anerkennung durch die Verbreitung entsprechender Deutungsmuster. Um im gesellschaftlichen Diskurs erfolgreich sein zu können, bedürfen diese **Problemmuster** sieben systematisch miteinander verknüpfter Elemente:

1. ein Name, der das Problem eingängig benennt,
2. ein Identifzierungsschema,
3. eine Problembeschreibung,
4. Bewertungsmaßstab und Bewertung,
5. abstrakte Problemlösungen,
6. konkrete Handlungsanleitungen und
7. affektive Bestandteile.

Grundlage der folgenden Beispiele für solche Bestandteile ist neben einzelnen Fachaufsätzen eine idealtypische Rekonstruktion des Deutungsmusters, das dem

---

7 Auch die gemeinsame Reflexion über einen Problembereich wird beschleunigt: Nach der übereinstimmenden Identifizierung der Situation mit Hilfe desselben Deutungsmusters können die Individuen z.B. über Grenzfälle des Problems diskutieren und entscheiden, ohne über jeden Einzelaspekt eine Verständigung herbeiführen zu müssen. Es genügt der Austausch des Stichworts, das das Muster benennt, und alle Beteiligten wissen im Großen und Ganzen 'worum es geht'.

sozialen Problem "sexueller Mißbrauch" in der Bundesrepublik ideell zugrunde liegt[8]. *In diesem Problemmuster werden sexuelle Kontakte zwischen Erwachsenen und Kindern auf einen bestimmten Interaktionstypus fokussiert, der es erlaubt, gleichzeitig die psychischen Leiden vieler Tausender erwachsener Frauen aus ihren Kindheitserlebnissen zu erklären. Im Mittelpunkt der Problemwahrnehmung stehen Mädchen, die von einem ansonsten sozial unauffälligen Mann aus ihrer Familie oder ihrem sozialen Nahraum - meist über Jahre hinweg - sexuell adressiert werden.*

1. Element: 'Nomen est Omen'

Der Benennung eines Problems kommt erheblich diskurs-strategische Bedeutung zu: "Damit ein Thema zu einem öffentlich diskutierten Thema werden kann, braucht man einen Begriff, der den Gegenstandsbereich bezeichnet, um den es geht. Nicht jeder Begriff zur Bezeichnung eines Gegenstands ist gut geeignet. Läßt sich ein komplexer Sachverhalt begrifflich entdifferenzieren (...), dann läßt sich leichter darüber kommunizieren: Rentenlüge, Natodoppelbeschluß, AKW sind Kürzel für einen weit über das Kürzel selbst hinausweisenden Zusammenhang, die einen komplexen Sachverhalt auf einen begrifflichen Punkt bringen, Aufmerksamkeit konzentrieren und damit eine Kommunikation über das Thema vereinfachen." (Gerhards 1992: 310)

Soziale Probleme bedürfen eines Namens, der nicht nur einprägsam ist, sondern in dem auch die Gefährlichkeit, Inakzeptanz usw. des aufgegriffenen Sachverhaltes konnotativ mitschwingt. Hier bieten sich z.B. von der Sprachwissenschaft als **deontisch** bezeichnete Begriffe an, die Sprechenden wie Hörenden mitbedeuten, daß sie in Bezug auf den gemeinten Gegenstand etwas dürfen, nicht dürfen oder müssen - so ist im Wort "Ungeziefer" die Bedeutung mit enthalten, daß man das vertilgen und ausrotten soll, was als Ungeziefer bezeichnet wird. (vgl. Hermanns 1989: 74) Häufig als Name sozialer Probleme sind auch Begriffe die uns be-deuten, daß die Betroffenen sich nicht selbst helfen können, sondern der Hilfe anderer - z.B. der Organisationen, die die Akteure vertreten - bedürfen. Hier appelliert die Bezeichnung des Problems nicht nur an das Mitgefühl für die Opfer, sondern legt auch die Notwendigkeit von Bekämpfungsmaßnahmen dar. Im Idealfall ist der Name gleich sozialpolitisches und -pädagogisches Programm - wie bei allen mit "-sucht" gebildeten Bezeichnungen.

Der Problemname "sexueller Mißbrauch" birgt die Bedeutung in sich, daß moralisch zu verurteilen und rechtlich, politisch sowie persönlich zu bekämpfen ist, was jeweils als Mißbrauch verstanden wird. Diese inzwischen allgemein

---

8 Methode und alle Ergebnisse der inhaltsanalytischen Untersuchung finden sich in Schetsche 1993.

anerkannte Problembezeichnung schließt an die Überschrift des § 176 StGB ("Sexueller Mißbrauch von Kindern") an. Es werden jedoch auch viele Interaktionen unter das Problem subsumiert, die strafrechtlich gar nicht oder in anderen Paragraphen erfaßt sind. Die Verwendung des juristischen Begriffes hat für die Thematisierung zwei Vorteile: Erstens wird suggeriert, daß auch die so bezeichneten (strafrechtlich irrelevanten) oberflächlichen Blick- oder Körperkontakte etwas Verbotenes darstellen. Zweitens bedarf die moralische Verurteilung der Handlungen keiner näheren Begründung mehr: was vom Staat mit dem Mitteln des Strafrechts verfolgt wird, gilt in unserer Gesellschaft per se als verwerflich. Die lexikalische Problematik des Begriffs (wenn "Mißbrauch" eine fehlerhafte oder unzulässige Benutzung bezeichnet, stellt sich die Frage, worin der richtige sexuelle Gebrauch von Kindern besteht) scheint nicht gegen seine Verwendung zu sprechen. Zu Sprachverwirrungen kommt es regelmäßig lediglich in Diskussionen mit JuristInnen, die 'sexueller Mißbrauch' ausschließlich als strafrechtliche Kategorie (miß-)verstehen.

2. Element: Das Identifzierungsschema

Das Identifzierungschema stellt eine operationalisierte Kurzfassung der Problembeschreibung dar, die - in topischer Metapher - die 'Oberfläche' des Problemmusters bildet. Wenn wir im Alltag mit einer handlungsrelevanten Situation konfrontiert werden, prüfen wir anhand solcher Schemata, ob der beobachtete Sachverhalt mit einem unserer Deutungsmuster interpretiert werden kann. Falls die Wahrnehmungen in Übereinstimmung mit den Kriterien eines Schemas gebracht werden können, wird das dazugehörige Problemmuster 'aktiviert': Die Situation muß jetzt nicht mehr weiter geprüft werden, da aufgrund des Deutungsmusters bekannt ist, 'wie die Sache sich verhält'. Unsere Reaktionen beziehen sich von nun an weniger auf den konkreten Einzelfall, als auf das abstrakte Ensemble der Situationen, die zu diesem Deutungsmuster gehören[9].

Die Identifzierung sexuellen Mißbrauchs erfolgt in aller Regel unabhängig von der konkreten Mißbrauchssituation durch eine ex-post-facto-Zuweisung des Betroffenenstatus. Weil es nur selten eindeutige körperliche Anzeichen der Übergriffe gibt und das Kind die Tat oftmals nicht verbalisieren kann, sind die sog. Helferinnen dabei meist darauf angewiesen, psychische und psycho-somatische Symptome als Indizien für den Mißbrauch zu finden. Zu diesem Zweck sind von den zuständigen Professionen ausgedehnte Symptomkataloge entwickelt worden. Sie beschreiben zahlreiche Abweichungen vom 'normalen' Verhalten und der üblichen Funktionsweise des somatischen Systems. Dabei spielt es keine Rolle, in welche Richtung Deviationen erfolgen; oft sind es gerade entgegengesetzte Verhaltensweisen, die jeweils ein Symptom darstellen:

---

9 In dieser Substituierung der Realität durch das Deutungsmuster liegt der Grund dafür, daß Alltagsorientierung und Entscheidungsfindung mit Hilfe von Deutungsmustern regelmäßig bereits vorhandene Vorurteilsstrukturen reproduzieren.

- *Verweigerung der Essensaufnahme* **oder** *Freßsucht,*
- *Leistungsabfall* **oder** *Leistungssteigerung in der Schule,*
- *Anklammern an die* **oder** *Meiden der Mutter,*
- *Angst vor Fremden* **oder** *vorschnelle Vertrautheit,*
- *Verweigerung des Körperreinigung* **oder** *Waschzwang,*
- *Aggressivität* **oder** *Schüchternheit.*

Als weitere Indizien werden sexualisiertes Verhalten, Schlafstörungen, Daumenlutschen, Bettnässen und Sprachstörungen, aber auch häufiges Unwohlsein und die Neigung zu Erkrankungen genannt. Wenn eine eindeutige Identifizierung anhand dieser Symptome nicht möglich ist, werden psychologische Techniken (wie die Interpretation kindlicher Zeichnungen oder des Spiel mit sog. anatomisch korrekten Puppen) zur Absicherung des Mißbrauchsverdachts eingesetzt.

Das Besondere liegt in diesem Fall darin, daß der Opferstatus hier nicht (wie z.B. bei Arbeitslosigkeit) mittels weitgehend unzweifelhafter Kriterien festgestellt werden kann. Auch bezieht sich die Identifizierung nur in einem Teil der Fälle auf aktuelle Ereignisse (viele Betroffene bemerken erst als erwachsene Frauen, daß sie als Kind - also vor Jahren oder gar Jahrzehnten - sexuell mißbraucht worden sind). Auch weil die Handlungen i.d.R. vor den Augen Dritter verborgen werden, geht es fast nie um konkret beobachtete Situationen, die es einzuordnen gilt. Unerheblich für die Aktivierung des Musters ist es, ob die Betroffene sich selbst als mißbraucht ansieht. Der Opferstatus beruht zunächst (bei Kindern generell, bei erwachsenen Frauen häufig) auf der Fremddeklaration durch ExpertInnen, Bewegungsprofessionelle oder AdvokatInnen.[10]

3. Element: Die Problembeschreibung

Sie besteht neben der Problemdefinition aus einem Korpus von Wissensbeständen, die in ganz unterschiedlicher Form vorliegen; näher ansehen wollen wir uns die drei gängigsten: Axiome, begründete Feststellungen und Kausalattributierungen.

Doch zunächst zu den **Problemdefinitionen.** Sie beschreiben nicht nur in Kurzform den Gegenstand der Thematisierung sondern enthalten oftmals auch Behauptungen über den moralischen Kontext oder kausale Ursachen des Problems.

---

10 Die Notwendigkeit der Fremddeklaration kommt besonders den Interessen der professionellen Akteure entgegen: Die mit der Identifizierungskompetenz gewonnene Defintionsmacht versetzt sie z.B. in die Lage, über die verwendeten Kriterien die Zahl der jährlich entdeckten Opfer zu bestimmen. Die starke Stellung von ExpertInnen usw. erhöht allerdings die Wahrscheinlichkeit von Kompetenzkonflikten unter den Beteiligten: Jede Profession möchte ihre Methode zur Identifizierung der Opfer als allein zu(ver)lässige anerkannt sehen.

> *"Unter sexuellem Mißbrauch von Kindern und Jugendlichen versteht man die Beteiligung an sexuellen Handlungen, die sie aufgrund ihres Entwicklungsstandes nicht verstehen, dazu kein wissentliches Einverständnis geben können und die sexuellen Tabus der Familie und der Gesellschaft verletzen, zur sexuellen Befriedigung eines Nichtgleichaltrigen oder Erwachsenen." (Dunand 1987: 438)*

In diesem Zitat[11] gehört zur Definition die Feststellung, daß Kinder die als problematisch bezeichneten Handlungen nicht verstehen und ihnen deshalb nicht zustimmen könnten; außerdem würden "sexuelle Tabus" verletzt. Erklärt werden die Geschehnisse mit den sexuellen Bedürfnissen einer älteren Person. Diese - für mein Beispiel typische - Definition ist dabei so abstrakt, daß jede sexuelle Interaktion eines Jugendlichen oder Kindes mit einer älteren Person unter das Problem subsumiert werden kann.[12] Aus dem weiteren Text wird deutlich, daß nach dem Problemmuster der Autorin (eben dem Mißbrauchsmuster) alle sexuellen Interaktionen von Kindern mit Älteren 'sexueller Mißbrauch' sind, so daß die eigentliche Definition auf die Feststellung verkürzt werden kann: "Unter sexuellem Mißbrauch von Kindern und Jugendlichen versteht man die Beteiligung an sexuellen Handlungen ... (mit einem) Nichtgleichaltrigen oder Erwachsenen" - im Einschub sind lediglich ein Axiom, später begründete Feststellungen und ein Teil des Bewertungsmaßstabes vorweggenommen.

Als **Axiome** bezeichne ich Wissensbestände, die innerhalb des verwendeten Problemmusters nicht begründet, sondern als zutreffend immer schon vorausgesetzt werden. Axiome können in der Analyse des verwendeten Deutungsmusters konstatiert, jedoch mit herkömmlichen inhaltsanalytischen Methoden[13] nur schwerlich näher untersucht werden, da sie argumentativ nicht begründet sind.[14] Abzugrenzen sind Axiome von dem (stets notwendigen) Rekurs auf allgemein anerkannte Alltagstheorien, also Wissensbestände, die in der betreffenden Gesellschaft als bekannt vorausgesetzt werden können und deshalb keiner Begründung bedürfen.

---

11 Die Definition stammt nicht von der Autorin selbst, sondern ist aus einem im Literaturverzeichnis nicht nachgewiesenen Buch ("Schechter und Rohberge 1976") übernommen.

12 Unklar bleibt z.B., welche sexuellen Handlungen ein Kind oder Jugendlicher verstehen kann, bei welchen Interaktionen keine Tabus verletzt werden und ab welcher Altersdifferenz es sich um "Nichtgleichaltrige" handelt.

13 Zugänglich sind axiomatische Sätze möglicherweise der von Oevermann entwickelten Methode der objektiven Hermeneutik (eine Einführung in: Oevermann u.a. 1979), deren Aufwand jedoch die zeitlichen und personellen Möglichkeiten der meisten Forschungsvorhaben übersteigt.

14 Noch schwieriger zu erschließen sind die Inhalte sog. Präsuppositionen; dies sind im Text selbst fehlende Bestandteile einer Argumentation, die von den RezipientInnen mitgedacht werden müssen, damit der Texte überhaupt nachvollziehbar ist.

Neben dem Axiom des obigen Zitats 'Sexueller Mißbrauch verletzt die sexuellen Tabus der Familie und der Gesellschaft' sind dies im Beispiel Feststellungen wie 'Kinder sagen bezüglich sexueller Übergriffe durch Erwachsene immer die Wahrheit' oder 'Frauen mißbrauchen keine Kinder'.

Leichter zu rekonstruieren als Axiome sind **begründete Feststellungen**, also Aussagen, für die Belege (z.B. in Form von Beispielen oder Statistiken) angeführt werden oder die argumentativ aus den Axiomen abgeleitet sind. Solche Feststellungen stellen insofern die eine Hälfte des Zentrums jedes Problemmusters dar, als in ihnen individuell empfundene (oder zugewiesene) Leiden in einen gesellschaftlichen Zusammenhang gestellt und damit überhaupt erst zu einem **sozialen** Problem gemacht wird.

Aus der großen Zahl der im Mißbrauchsmuster vorhandenen Feststellungen habe ich zwei ausgewählt, die charakteristisch[15] für die Argumentation des Musters sind:

1. Feststellung: ***Weil intrafamilale Sexualkontakte doppelt tabuisiert sind, kommt stets nur ein Bruchteil der Mißbrauchsfälle ans Licht.*** *Erstens unterliegen die Übergriffe einem dem Kind vom Erwachsenen auferlegten Schweigegebot, das es ihm - oft über Jahrzehnte hinweg - unmöglich macht, über den Mißbrauch zu reden. Dieses Gebot verhindert manchmal sogar, daß das betroffene Individuum sich überhaupt an die Geschehnisse erinnert. Diesem individuellen Sprech- und Erinnerungsverbot entspricht zweitens ein soziales Tabu: Selbst wenn das Kind über den Mißbrauch reden könnte, würde ihm niemand glauben.*

2. Feststellung: ***Auch scheinbar oberflächliche Kontakte schädigen das Opfer nachhaltig.*** *Alle Mädchen und Frauen, die sich in der Mißbrauchsberatung oder in Selbsthilfegruppen melden, können ihre zahlreichen psychischen und psychosomatischen Störungen auf Mißbrauchserlebnisse zurückführen. Ebenso finden sich in Therapieeinrichtungen immer mehr Frauen, bei denen solche Kindheitserlebnisse schließlich als tiefergehende Ursache ihrer Probleme identifiziert werden können. Daß jede sexualbezogene Handlung beim Kind zu ebenso schwerwiegenden wie lang anhaltenden Schädigungen führt, ist deshalb ein eindeutiges Ergebnis der Praxis der Behandlung von Mißbrauchsopfern.*

Das Problemmuster stellt nicht nur eine massenhafte Verbreitung der Übergriffe fest, sondern erklärt auch (1. Feststellung), wieso das Problem früher niemandem aufgefallen ist. Gleichzeitig wird mit dem Befund der Unabsehbarkeit der Schäden (2. Feststellung) die 'empirische' Grundlage nicht nur für die folgende moralische Verurteilung der Handlungen, sondern auch für die Notwendigkeit der Bekämpfung gelegt. Dabei schadet es der Glaubwürdigkeit der Deutung nicht, daß die retrospektiv gewonnenen Verbindungen zwischen dem Mißbrauch und psychischen und psycho-somatischen Störungen oftmals weder zeitlich noch

15 'Charakteristisch' bedeutet hier, daß sie zu den Bestandteilen gehören, anhand derer das Problemmuster in Texten und mündlichen Äußerungen identifiziert werden kann.

kausal überprüfbar sind - ganz im Gegenteil wird durch die Immunisierung der Schadensthese gegen eine empirische Falsifizierung die Argumentationskraft des Musters gesteigert.

Im anderen Teil des Zentrums von Problemmustern stehen **Kausalattributierungen**, die die soziale Verursachung der behandelten Problemlagen feststellen. Die Ursachenbehauptungen beziehen sich dabei entweder auf anonyme gesellschaftliche Strukturen oder auf mehr oder weniger abstrakte Personengruppen. Förderlich für die Mobilisierung weiterer Akteure ist es dabei, über die Personalisierung hinaus dem Verursacher intentionales Handeln zu unterstellen, also eine Gruppe von (zumindest im moralischen Sinne) Schuldigen zu finden. (vgl. Gerhards/Neidhardt 1991: 74; H.P. Peters 1994: 179)

Im Mißbrauchsmuster finden sich alle drei Formen in einem Argumentationszusammenhang: Abstrakt wird die patriarchale Struktur der Gesellschaft für den massenhaften Mißbrauch verantwortlich gemacht, ihre 'ausführenden Organe' sind die Männer (verkörpert im Stereotyp des 'Normalmannes'), die sich gemäß der Regeln dieser "Gewaltordnung" verhalten, individuell schuldig sind sie schließlich, weil sie in jedem Einzelfall ohne Rücksicht auf die Folgen für das Kind ihre sexuellen Bedürfnisse befriedigen.

Neben der Erklärung der sozialen Dimension der Geschehnisse hat die Kausalattributierung die Aufgabe, die Betroffenen möglichst vollständig unschuldig an ihrer Situation erscheinen zu lassen. Nur so können sie auf Mitleid in der Bevölkerung und auf deren Bereitschaft hoffen, eigene und soziale Ressourcen einzusetzen um zu helfen. Bei einer Personalisierung der Problemursachen bietet es sich zusätzlich an, die traditionelle strafrechtliche Dichotomisierung von Schuld aufzunehmen und den Betroffenen als **Opfern** die **Täter** gegenüberzustellen, die für die **Tat** und ihre Folgen moralisch wie juristisch verantwortlich sind.

Mädchen werden nicht Opfer, weil sie Kinder, sondern weil sie weibliche Wesen sind - und zwar außergewöhnlich macht- und hilflose. Dies läßt den Mißbrauch als besonders perfide Form der sexuellen Gewalt gegen Frauen erscheinen. Potentieller Täter ist ***jeder Mann****. Vorstellungen vom psychisch abnormen Täter werden vehement zurückgewiesen, weil die Ursachen der Tat nicht im (individuell erklärbaren) Abweichen von der Norm, sondern gerade im konsequenten und rücksichtslosen Ausleben der (gesellschaftlich akzeptierten) Männerrolle liegen. Die sexuelle Gewalt gegen Mädchen ist die* ***normale*** *männliche Verhaltensweise.*

4. Element: Bewertungsmaßstab und Bewertung

Die Konstituierung des Themas als soziales Problem kann nur gelingen, wenn das Muster der Öffentlichkeit und den Instanzen des Wohlfahrtsstaates klarmacht, daß der geschilderte Zustand **inakzeptabel** ist. Warum Staat, Gesellschaft und alle 'gutwilligen' Menschen sofort etwas gegen das Problem unternehmen müssen, ergibt sich aus dem (im Muster selbst immer bereits gezogenen) Vergleich zwischen der Problembeschreibung und einem Bewertungsmaßstab (= Bewertung). Im Bewertungsmaßstab sind die für das Problem anwendbaren ethischen Entscheidungen in der dichotomen Form von "gut" vs. "böse" festgeschrieben. Er bezieht sich i.d.R. auf ein allgemein anerkanntes Wertsystem. "Läßt sich ein Problem in ein von den Bürgern geteiltes Wertemuster einhaken, dann erhöht sich die Einsicht, daß es sich wirklich um ein Problem handelt, das gelöst werden muß." (Gerhards 1992: 311) Als weitgehend unumstritten gelten die in der Verfassung genannten Güter (wie "Menschenwürde" oder "körperliche Unversehrtheit"); der Bezug auf Grundgesetznormen ist obligatorisch, wenn der Staat primärer Adressat von Problemlösungsvorschlägen ist. Demgegenüber führen Beurteilungsmaßstäbe, die auf die Wertordnung einer Teilpopulation oder gar einer Subkultur beruhen, zur Anerkennung eines Handlungsbedarfes auch nur bei dieser Gruppe. Es gilt der Grundsatz: je allgemeiner (und damit auch abstrakter) der angeführte Bewertungsmaßstab ist, desto umfangreicher muß die Begründung sein, mit der der konkrete Fall unter ihn subsumiert wird. Jeder Schritt enthält dabei Interpretationen der Akteure, denen die Rezipienten des Musters fraglos folgen **müssen**.

Grund für die moralische Verurteilung des Mißbrauchs ist nicht - wie man zunächst vermuten könnte - die postulierte generelle Schädlichkeit der Kontakte sondern die Verletzung des kindlichen Selbstbestimmungsrechts. Rekurriert wird dabei auf zwei Bewertungen, von denen der primäre Akteur (zu Recht) annimmt, daß über sie in der Gesellschaft weitgehend Konsens besteht: die Verurteilung von Gewalt und die Sicherung des Selbstbestimmungsrechts des Individuums. Der ***Gewaltvorwurf*** *an den Täter geht davon aus, daß zwischen Erwachsenem und Kind stets ein erhebliches Machtgefälle besteht und daß diese Asymmetrie in der sexuellen Interaktion von ihm auch ausgenutzt worden ist.*[16] *Aufgrund dieser strukturellen Ungleichheit*[17] *wird jeder Kontakt - unabhängig von seinem konkreten Verlauf und den eingesetzten Mitteln - als "gewaltsam" charakterisiert. Die* ***Verletzung des Selbstbestimmungsrechts*** *wird auf Grundlage des sog. Informed-consent-Axioms*[18] *festgestellt: Ein Kind kann einem Sexualkontakt unter keinen Umständen zustimmen, weil ihm a) die möglichen Folgen eines Sexualkontaktes nicht klar sind und b) es sich gegenüber dem Erwachsenen in einer unterlegenen Position befindet, die es daran hindert, überhaupt "nein" sagen zu*

16 Im Gegensatz zu den untersuchten Fachtexten geben in den **Massenmedien** die vielen, stets sehr anschaulich beschriebenen Schädigungen des Kindes den wichtigste Grund für die moralische Verurteilung der Sexualkontakte ab.

17 ...die in den untersuchten Texten oftmals mit struktureller Gewalt verwechselt wird, die - im Gegensatz zum Mißbrauch - per Definition keine personalen Verursacher hat. (vgl. Galtung 1975: 12)

18 Formuliert vom führenden US-amerikanischen Mißbrauchsforscher David Finkelhor (1979).

können (was wiederum mit dem Gewaltvorwurf korrespondiert).[19] *Der Rekurs auf das Selbstbestimmungsrecht macht einerseits die strafrechtliche Relevanz der Handlungen deutlich und erlaubt andererseits auch die moralische Verurteilung von Sexualkontakten, bei denen der empirische Nachweis einer Schädigung nicht zu erbringen ist.*

5. Element: Abstrakte Problemlösungen

Lösungsvorschläge sind weniger auf die Beseitigung der Folgen des Problems im Einzelfall als auf die Vermeidung neuer Opfer ausgerichtet. Sie haben i.d.R. die Form von Ursachenbekämpfungen, beziehen sich also auf die Kausalattributierung der Problembeschreibung. Behauptet wird, daß das Problem gemeistert werden kann - und zwar innerhalb der bestehenden Gesellschaftsordnung (sonst würde es sich nicht um ein soziales Problem handeln, sondern um den Anlaß für eine Revolution). Die Bedeutung von Lösungsvorschlägen innerhalb eines Problemmusters hängt stark von den an dessen Formulierung beteiligten Akteuren ab: Während Betroffenen und ihren Advokaten eine generelle Lösung als motivierendes Element im Kampf gegen das Problem dient, sind an der Problembearbeitung verdienende Experten sowie soziale Bewegungen[20] eher an der Linderung der Not als an der Beseitigung der Ursachen interessiert.

Im Gegensatz zur älteren Deutung 'Triebverbrechen' fehlen beim Mißbrauchsmuster weitgehend Präventionsvorschläge[21]*. Die ganze Problemwahrnehmung legt nahe, das systemimmanente Abhilfe kaum möglich ist: Aufgrund der abhängigen Stellung des Kindes in der Familie ist sexueller Mißbrauch nicht nur besonders verwerflich sondern auch schicksalhaft. Unter den bestehenden Autoritätsstrukturen haben Mädchen keine Chance, sich den sexuellen Adressierungen durch Männer zu entziehen. Zu verhindern wäre sexueller Mißbrauch nur durch die Beseitigung des Patriarchats, zumindest aber den generellen Ausschluß des Vaters (und anderer erwachsener Männer) aus der Kernfamilie. Entsprechend geht nicht darum, der sexuellen Gefahr vorzubeugen, sondern den bereits er-*

19 Da ein Kind überdies den sexuellen Gehalt der Handlungen verkennen und vom Erwachsenen dazu gebracht werden kann, den Mißbrauch für erwünscht oder selbst initiiert zu halten, ist die kindliche Selbstbestimmung - nach der Auffassung dieses Problemmusters - nur dann gewährleistet, wenn seine Willensäußerungen unbeachtet bleiben. Entsprechend kann von der Gesellschaft als gültig nur die Deklaration als Opfer anerkannt werden, die nicht durch das Kind selbst sondern durch ExpertInnen erfolgt.

20 Wie wir im vorigen Kapitel gesehen haben, verschaffen nur ungelöste Probleme sozialen Bewegungen AktivistInnen und öffentliche Aufmerksamkeit.

21 Erst seit Beginn der neunziger Jahre finden sich in den Fachaufsätzen neben pauschalen Forderungen (wie einer Aufhebung der geschlechtsspezifischen Arbeitsteilung) konkrete Präventionsstrategien. Empfohlen wird besonders die Stärkung der Fähigkeit des Kindes, gegenüber sexuellen Adressierungen "nein" zu sagen.

folgten Mißbrauch zu erkennen und zu unterbinden - eine Aufgabe, für die das Problemmuster ausführliche Handlungsanleitungen bereitstellt.

6. Element: Konkrete Handlungsanleitungen

Sie regeln die unmittelbare Reaktion der Individuen auf eine Situation, die erfolgreich unter das Deutungsmuster subsumiert wurde. Die Anleitungen liegen in pauschaler Form vor und müssen nur noch an die konkrete Situation angepaßt werden. Die Anleitung muß nicht zu äußerlich sichtbaren Aktivitäten führen; möglich sind auch Vorgaben, die den Verzicht auf Handlungen verlangen (wie "Tue am besten so, als ob Du nichts gesehen hast!"). Je nach Ausdifferenzierung des Problemmusters kann es eine einheitliche oder mehrere unterschiedliche Typen von Handlungsanleitungen enthalten, die sich z.B. auf die Rolle des Verwenders (als Laie oder Experte) oder auf die basalen Umstände der Situation (wie öffentliche oder private Umgebung) beziehen.

Wenn sich die Forderungen nach gesellschaftlichen Ressourcen zur Problembekämpfung nicht von den abstrakten Lösungsvorschlägen sondern den Handlungsanleitungen ableiten, werden letztere zum zentralen Auseinandersetzungsfeld aller Professionen, die an diesen Mitteln interessiert sind. Während ein primärer Akteur das Problemmuster von Anfang an so formulieren kann, daß nur seine eigene Arbeit die Problemfolgen mildert, müssen die Vertreter anderer Professionen in eine ergebnisoffene Konkurrenz um die Zuständigkeit für Bekämpfungsmaßnahmen eintreten.[22]

Das Problemmuster 'Mißbrauch' enthält Handlungsanleitungen für verschiedene Gruppen von VerwenderInnen. Ihnen gemeinsam ist die Direktive, sich stets bewußt zu sein, daß die im Identifizierungsschema genannten Symptome Indizien für sexuellen Mißbrauch sind: Alle Individuen müssen die Augen im eigenen Familien- und Freundeskreis offenhalten; Angehörige von Professionen, die regelmäßig mit Kindern zu tun haben (wie ErzieherInnen, LehrerInnen und SozialarbeiterInnen, aber auch MedizinerInnen und PsychologInnen), sollen genau auf deren Verhalten achten; Mitarbeiterinnen von Einrichtungen, die von psychisch oder psycho-somatisch gestörten Frauen aufgesucht werden, haben 'Mißbrauch' als sehr wahrscheinliche Diagnose zu berücksichtigen.

Für den Umgang mit im Kindergarten oder der Schule identifizierten kindlichen Opfern z.B. ist diese mehrphasige Handlungsstrategie vorgesehen: Erzieherinnen oder Lehrerinnen, die durch Fortbildungsmaßnahmen in der Erkennung sexuellen Mißbrauchs geschult worden sind, sollen den Mißbrauchsverdacht

22 Im Gegensatz zu Advokaten werden Experten dabei auch darauf achten, daß die zur Linderung der Not empfohlenen Maßnahmen nicht in der Gründung von Selbsthilfegruppen o.ä. bestehen, die ohne ihren professionellen Beistand auskommen.

durch systematische Beobachtung, Befragung oder kleinere Tests erhärten. Nur wenn dies mißlingt, führen speziell ausgebildete Expertinnen von Hilfeeinrichtungen weitere Explorationen durch. Anschließend sind die zuständigen Behörden (primär das Jugendamt) zu unterrichten. Erst wenn dies geschehen ist, soll - wenn der vermutete Täter aus der Kernfamilie stammt - die Mutter des Kindes mit der Tatsache des Mißbrauchs konfrontiert werden. Wenn sie der Diagnose zustimmt, sind Maßnahmen mit dem Ziel durchzuführen, den Täter sofort aus der Familie zu entfernen. Notfalls sind Mutter, das betroffene und alle anderen Kinder zeitweilig an einem geschützten Ort, z.B. in einem Frauenhaus, unterzubringen. Sollte sich die Mutter jedoch nicht einsichtig zeigen oder gar den vermuteten Täter in Schutz nehmen, muß das Kind mit Hilfe eines Beschlusses des Vormundschaftsgerichts unverzüglich aus der Familie geholt und in einem speziellen Heim untergebracht werden. Die weitere Betreuung des Kindes erfolgt durch Therapeutinnen und Sozialarbeiterinnen; Jugendamt und Staatsanwaltschaft kümmern sich um die rechtliche Ahndung der Tat.

Neben solchen Anweisungen für die Reaktion in der konkreten Situation richtet sich eine weitere Gruppe von Handlungsanleitungen[23] *auf die Gründung und den Ausbau spezieller Hilfeeinrichtungen (Beratungsstellen, Mädchen- und Frauenhäuser, Therapieplätze usw.). Hier geht es um die Formulierung und Durchsetzung der Forderung nach - primär staatlichen - Geldern.*

7. Element: affektive Bestandteile

Affektive Bestandteile sichern die Deutung unter Umgehung kognitiver Mechanismen im Bewußtsein der Individuen ab. Die Emotionalisierung motiviert nicht nur Menschen, die nicht selbst betroffen sind, zum Engagement für die Opfer, sondern erschwert auch die De-Thematisiererung (die früher oder später bei jedem Problem auftritt). Die Aktivierung von Emotionen geschieht im Rahmen der Problembeschreibung und ihrer Verknüpfung mit dem Bewertungsmaßstab durch spezifische Techniken, die en détail im nächsten Kapitel untersucht werden.

4.3 Funktionsweise und Eigenschaften von Problemmustern

Bei der Funktionsweise von Problemmustern sind zwei Situationen zu unterscheiden: erstens seine Verbreitung und die Aufnahme der Problemwahrnehmung in den Wissenskorpus der Individuen und zweitens die Verwendung im Alltag. Die folgende Graphik veranschaulicht das Zusammenspiel der Elemente bei der Rezeption eines Problemmusters.

---

23 Auch hier handelt es sich nicht um Problemlösungen: es geht primär um Hilfe für bereits Betroffene, nicht um die Prävention des Mißbrauchs.

Graphik 5: Rezeption eines Problemmusters

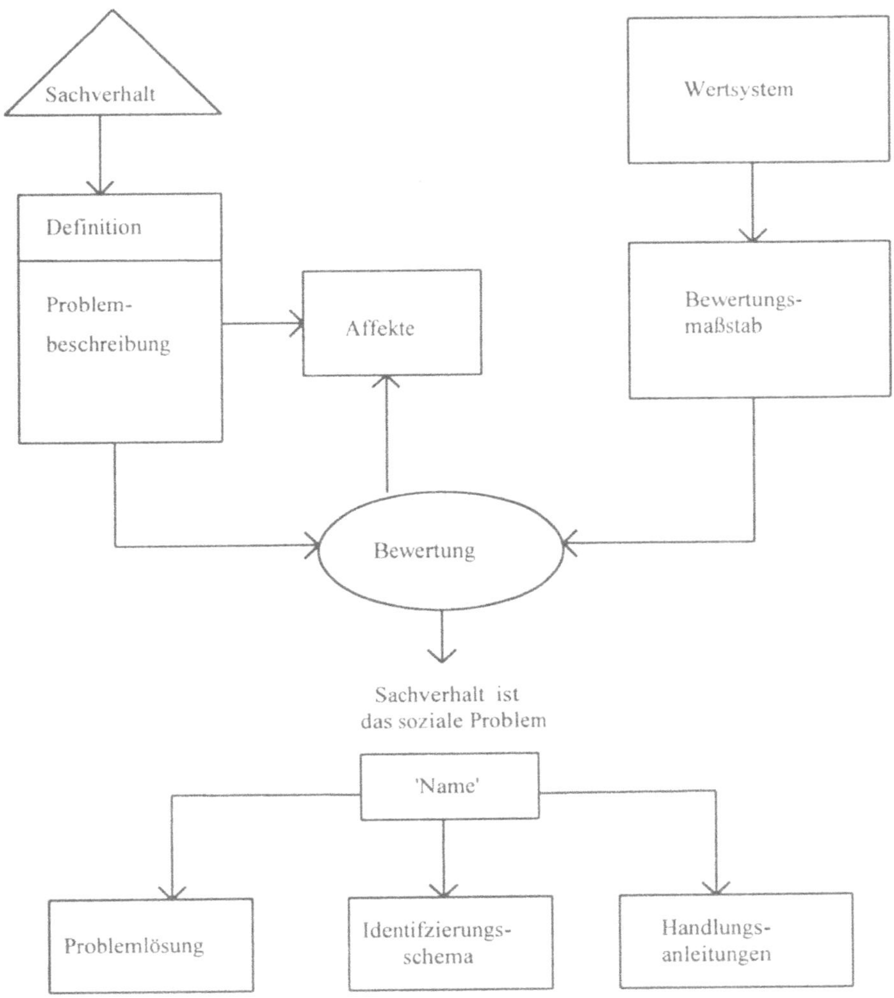

Ein Sachverhalt (z.B. eine eigene oder beobachtete Lebenslage[24]) wird durch eine Problemdefinition und -beschreibung kollektiviert und zur Folge gesellschaftlicher Verhältnisse erklärt. Im Vergleich mit einem Bewertungsmaßstab, der aus einem vom Individuum anerkannten Wertsystem abgeleitet ist, wird festgestellt, daß die nun kollektive, soziale induzierte Lebenslage moralisch nicht akzeptabel sei. Ergebnis dieser Bewertung ist die Feststellung: Dieser Sachverhalt ist das soziale Problem 'Name'. Dieses Fazit - und damit die Übernahme des Problemmusters in den Wissenskorpus des Individuums - hängt von der Nachvollziehbarkeit der Problembeschreibung und des Soll-Ist-Vergleichs ab. Wenn das Subjekt bereit ist, dem Muster soweit zu folgen, wird es zu seinem Träger. Es verbindet nun mit dem Namen des Problems erstens ein Identfizierungsschema (das z.B. eine operationalisierte Kurzfassung der Problembeschreibung enthält), zweitens mehrere (rollen- und situationsspezifische) Handlungsanleitungen für den Fall, daß es in Zukunft mit dem Problem konfrontiert wird, und drittens eine abstrakte Problemlösung, die ihm bedeutet, daß es eine grundsätzliche Abhilfe gibt, wenn nur genügend Ressourcen zur Verfügung stehen. Die Problemlösung motiviert das Individuum nicht nur dazu, dieses Problemmuster zu verwenden - da es die Lage ja nicht hoffnungslos erscheinen läßt -, sondern auch zum Kampf gegen das Problem. Letztes gilt auch für die in der Problembeschreibung und der Bewertung inkorporierten Dramatisierungen, die die Problemwahrnehmung gleichzeitig mit Affekten besetzen: Jede Identifizierung eines zum Problem gehörenden Ereignisses wird in Zukunft diese Emotionen (z.B. Mitleid mit den Opfern und Abscheu für die Verursacher) auslösen.

An der Verwendung des übernommenen Musters im Alltag ist nur noch ein Teil dieser Elemente beteiligt; dies verdeutlicht die nächste Graphik.

Eine wahrgenommene Situation mit Handlungsbedarf wird mit den Kriterien verschiedener Identifizierungsschemata abgeglichen. Wenn mit einem Schema Übereinstimmung erzielt werden kann, wird das dazugehörige Problemmuster über seinen Namen aktiviert ("Dieses Kind ist Opfer *sexuellen Mißbrauchs!"*). Die Elemente Problembeschreibung, abstrakte Problemlösung, Bewertungsmaßstab und Bewertung werden bei der gedanklichen Rekapitulierung mit hoher Geschwindigkeit 'durchtunnelt', wobei nur die in ihnen enthaltenen Affektauslöser aufgenommen werden. Durch diese emotional aufgeladen, aktiviert das Individuum die Handlungsanleitung, gleicht sie mit der vorgefundenen Situation auf nötige Modifikationen ab und reagiert schließlich entsprechend. Die Emotionalisierung motiviert das Individuum, gemäß der Handlungsanleitung tätig zu werden den und dabei auch negative Nebenfolgen der Handlung 'um der guten Sache willen' in Kauf zu nehmen. Gleichzeitig geht ihm möglicherweise durch

24 Sie kann bereits vor der Deutung als soziales Problem als subjektiv als Notlage empfunden werden, muß dies aber nicht.

Graphik 6: Anwendung eines Problemmusters

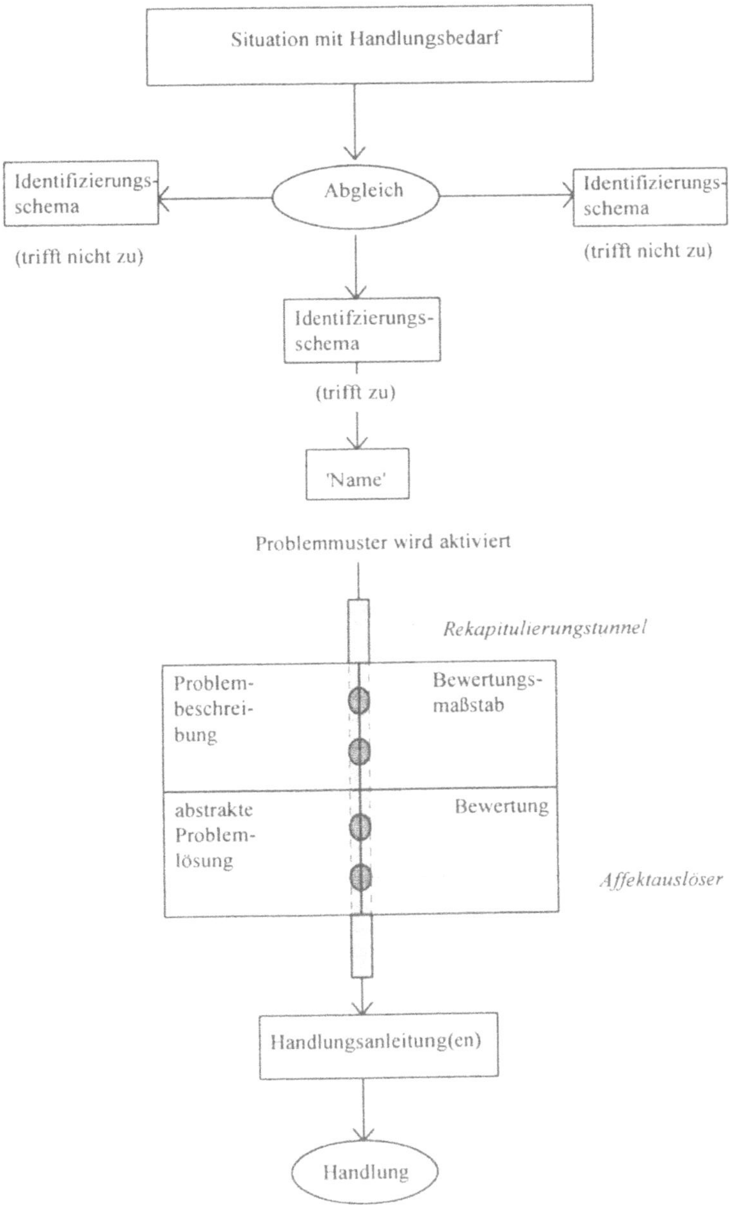

den Kopf, daß nun endlich einmal etwas grundsätzliches gegen das Problem getan werden müßte. Jede Verwendung des Musters ermahnt das Subjekt damit gleichzeitig, sich auch für die allgemeine Lösung des Problems einzusetzen. Andere Elemente müssen nur noch gelegentlich in das Bewußtsein dringen, z.B. wenn die eigene Reaktion Dritten gegenüber durch einen Verweis auf die Problembeschreibung oder den Bewertungsmaßstab gerechtfertigt werden muß.

Mein Modell erklärt die regelmäßig in der Literatur behauptete sog. **Latenz** von Deutungsmustern: Es sei zwar Grundlage für die Handlungen der Individuen, aber in deren Bewußtsein nur begrenzt reflexiv verfügbar. So soll das Individuum dessen Binnenlogik und Teile der Beschreibungen und Bewertungen nicht explizit angeben können. (So Arnold 1983: 895, Allert 1976: 237; Dewe 1982: 101; zusammenfassend: Meuser/Sackmann 1992: 16) Mit Hilfe dieser Latenzthese wird die Schwierigkeit zu erklären versucht, Deutungsmuster soziologisch zu rekonstruieren: Die latenten Anteile müßten mühselig aus den Aussagen der Individuen zu den im Bewußtsein manifesten Elementen erschlossen werden. Dem bei dieser indirekten Rekonstruktion auftretenden Problem der Validität mehrfach verschachtelter Interpretationen verdankt das von Oevermann entwikkelte aufwendige Instrumentarium der Objektiven Hermeneutik überhaupt erst seine Entstehung. Für Deutungsmuster, die ausschließlich im Bewußtsein der Individuen vorliegen und aus mündlichen Aussagen rekonstruiert werden müssen, ist dieses Verfahren wohl die einzige derzeit zur Verfügung stehende Analysemethode.

Dieses forschungstechnische Problem der Latenz tritt allerdings nicht bei Deutungsmustern auf, die - z.B. aufgrund ihrer zumindest wissenschaftsnahen Entstehung - ursprünglich mittels Textdokumenten in den gesellschaftlichen Diskurs eingebracht worden sind. Hier müssen alle Teile der zu verbreitenden Sinnstrukturen artikuliert werden, die über das Alltagswissen hinausgehen (vgl. Watney 1987: 42 f.). Die Übertragung der von den RezipientInnen (noch) nicht geteilten Wissensbestände ist nur durch manifeste Inhalte bzw. solche latenten Aussagen möglich, die sich bei der Lektüre indirekt erschließen lassen. (So können verborgene Inhalte eines Textes aus der Argumentationsstruktur nur entnommen werden, wenn der Kerngehalt der Präsuppositionen bereits bekannt ist.) Sinnstrukturen, die bei der Lektüre selbst dem Vorbewußtsein der RezipientInnen verborgen bleiben, werden auch nicht mit verbreitet. Die Interpretation des Problems muß darüber hinaus nicht nur ausgeführt, sondern (abhängig von der Art des Textes[25]) zumindest teilweise auch rational begründet werden. Ausgearbeitet werden Problemmuster in den Organen des jeweiligen primären Akteurs. Bei Experten sind dies fachwissenschaftliche Aufsätze, Bücher, Kon-

25 Je wissenschaftlicher der Anspruch eines Textes, desto stärker ist die erwartete Rationalität der Argumentation.

gresse u.ä. - erst später werden sie durch allgemeine und spezielle (wie die heute weit verbreiteten 'Ratgeber') popularisiert und in die allgemeine Öffentlichkeit getragen.

Dies bedeutet für die Forschungspraxis, daß Problemmuster, deren Entstehungsgeschichte anhand von Büchern und Zeitschriftenaufsätzen nachvollzogen werden kann, auch durch die Analyse dieser konstituierenden Texte mit klassischen inhaltsanalytischen und hermeneutischen Verfahren **vollständig** rekonstruiert werden können. Diese Analysen liefern allerdings im Sinne der traditionellen wissenssoziologischen Deutungsmusterforschung nicht das Problemmuster selbst (wie es im Bewußtsein der Individuen vorliegt - oder wegen seiner partiellen Latenz gerade auch nicht!), sondern nur deren Transferformen. Diese 'Proto-Deutungsmuster' haben allerdings für die Forschung den Vorteil, daß sie auf die bisher i.d.R. unterschlagene Frage antworten, wie Deutungsmuster über die individuelle Weitergabe der familiären Sozialisation hinaus überhaupt reproduziert werden und - was noch wichtiger ist - wie sie überhaupt in die Welt kommen: nämlich durch die massenmediale Verbreitung ihrer vollständigen Form.

In der traditionellen Deutungsmusteranalyse wird davon ausgegangen, daß die Muster überaus **zeitstabil** sind: sie hätten mindestens generationsspezifische Gültigkeit, würden in der Regel (falls das von ihnen beschriebene Handlungsproblem solange besteht) jedoch sogar über Jahrhunderte hinweg existieren und seien deshalb Bestandteil der kulturellen Traditionen eines Volkes. Es wird angenommen, Deutungsmuster würden primär durch Sozialisation in Kindheit und Jugend von der vorhergehenden Generation übernommen und lebensgeschichtlich nur begrenzt aktualisiert, Modifizierungen erfolgten im Rahmen ihrer Reproduktion aufgrund der aktuellen Lebensverhältnisse - kurzfristigere Veränderungen wären dabei die Folge einschneidender (katastrophaler) Entwicklungen in Natur und Gesellschaft. (Honegger 1978: 25; Arnold 1983: 894-896)

Gerade bei der Deutung sozialer Probleme scheint mir demgegenüber eine abnehmende Stabilität der Muster in der Zeit wahrscheinlich. Ich vermute, daß die Weitergabe von Deutungsmustern heute typischerweise nicht durch die (familiale und schulische) Sozialisation, sondern über Massenkommunikation erfolgt. Mit der Zunahme der Geschwindigkeit dieser Kommunikationsprozesse kann auch die Entstehung, Durchsetzung und Ablösung von Problemmustern immer schneller von statten gehen.

Durch schriftliche Kommunikation eingeführt worden sind allgemein anerkannte Deutungsmuster allerdings schon seit Beginn der Neuzeit.[26] Eines der am besten erforschten Beispiele dafür ist die Entstehung des sozialen Problems der kindlichen Onanie: Die seit Mitte des 18. Jahrhunderts produzierten 'Aufklärungstexte' enthielten zunächst - notwendigerweise - alle Bestandteile des Problemmusters in expliziter Form. Erst nachdem die Gefährlichkeit der Masturbation allgemein bekannt war, konnten die Autoren sich auf die Untersuchung von Detailproblemen konzentrieren (vgl. Schetsche 1993: 18-38, wo sich auch umfangreiche Angaben zu Primärquellen und Sekundärliteratur finden).

Die Durchsetzung von Problemmustern könnte man als soziales "Phänomen der dritten Art" (Keller: 1982) ansehen: Ihre Durchsetzungskraft resultiert daraus, daß die handelnden Individuen sich nach bestem Wissen und Gewissen für die Interessen der identifizierten Opfer einsetzen. Falls den Subjekten ihre darüber hinausgehenden (z.B. professionsspezifischen) Interessen bewußt sind, werden diese so in das Problemmuster eingebaut, daß sie sich vollständig mit dessen 'nur sachlich begründeten' Beschreibungen und Bewertungen decken. Die Verbreitung des Problemmusters erzeugt (wenn sie denn gelingt) die gesellschaftliche Anerkennung bestimmter Wahrnehmungsweisen und Handlungsformen, ohne daß die **individuellen** Akteure taktisch deren Durchsetzung verfolgen. Demgegenüber entwickeln **kollektive** Akteure sehr wohl bewußt Strategien, um ihre Deutungen durchzusetzen. Dabei sind sie jedoch (wegen stets auftretender nicht-intentionaler Folgen der Problemkonstituierung und der Musterverwendung durch zahlreiche Individuen und kollektive Akteure) niemals 'Herren' des Diskurses. Einmal in die diskursive Zirkulation eingebracht, werden Problemmuster zu eigenständigen Formen sozialer Realität, die der Verfügungsgewalt des primären Akteurs entzogen sind und im Laufe der Zeit entsprechend der Bedürfnisse der jeweiligen Akteure rekombiniert und aktualisiert werden (vgl. Lau 1985: 1119). Wie genau die Inhalte aussehen, mit denen sich Problemwahrnehmungen schließlich gesellschaftlich durchsetzen, ist für den primären Akteur bei der Problemkonstituierung nicht abzusehen. Er kann nur hoffen, aber niemals die Gewißheit haben, daß er die 'Früchte seiner Mühen' (z.B. in Form der Zuständigkeit für die Problemwahrnehmung) auch 'ernten' wird. Diese Einschränkung ändert allerdings nichts daran, daß der primäre Akteur durch seine Problemdefinition von allen Gruppen den größten Einfluß auf die Inhalte des Musters ausübt.

---

26 Erst ab Mitte des 19. Jahrhunderts führten die Erfindung des Massendrucks und die Einführung der allgemeinen Schulpflicht in Deutschland jedoch zu einer umfassenden Verbreitung und allgemeinen Rezipierbarkeit gedruckter Texte. (vgl. Bosselmann 1984: 43) Spätestens von diesem Zeitpunkt an waren neue Deutungsmuster für alle Teile der Bevölkerung medial rezipierbar.

Für die Durchsetzung einer Problemwahrnehmung in Form eines spezifischen Deutungsmusters ist entscheidend, ob das Problem erstmals thematisiert wird, oder ob bereits andere Muster vorhanden sind, mit denen die neue Wahrnehmung konkurrieren muß. Während ein Individuum zu einem Handlungsfeld nur ein Deutungsmuster besitzt, das es stets verwendet, wenn die Situation als diesem Muster entsprechend eingeordnet wird, ist es geradezu ein Merkmal moderner Öffentlichkeit, daß es zu einem Handlungsfeld mehrere konkurrierende Deutungsmuster gibt. Ihre Überlebenschance im Konkurrenzkampf steigern können die jeweils neueren Muster dadurch, daß die Texte, mit denen sie verbreitet werden (oder sogar die Muster selbst), gleichzeitig eine mit Affekten gekoppelte Bewertung anderer Muster enthalten, die deren weitere Verwendung unmöglich machen soll.

In zahlreichen Aufsätzen wird die Problembeschreibung des älteren Musters 'Triebverbrechen' als auf Vorurteilen beruhend kritisiert und der "Realität" (nämlich der neuen Deutung) entgegengestellt.

> *"**Vorurteil**: Der Täter ist meist ein Fremder, der plötzlich aus einem Hinterhalt über das Kind herfällt oder es mit Geschenken zu sich lockt.*
>
> ***Realität**: In den meisten Fällen ist der Täter keine fremde Person, sondern jemand, den das Kind kennt und dem es in vielen Fällen vertraut.*
>
> ***Vorurteil**: Sexueller Mißbrauch ist die Tat eines sexuell abartig veranlagten Menschen, eines Triebtäters.*
>
> ***Realität**: Zwar gibt es auch diese Fälle ... aber in der Regel erfolgt sexueller Mißbrauch durch unauffällige, psychologisch nicht von der Norm abweichende Menschen, meistens Männer, denen niemand den Mißbrauch zutrauen würde." (Saller 1985: 14 - Hervorh. im Original)*

Auch die (zwar literarisch begründete, aber eher alltagstheoretisch wirksame) Deutung intergenerationeller Sexualkontakte als Ergebnis einer Verführung des Erwachsenen durch ein sog. frühreifes Mädchen wird als "Lolita-Mythos" diskreditiert und affektuell belegt:

> *"Der Mythos des frühreifen, hypersexualisierten Mädchens, das den mißbrauchenden Mann/Vater/Onkel mit ihren unwiderstehlichen Avancen in die Enge getrieben und zum sexuellen Angriff provoziert hat; die berechnende Kindhure, die mit früh entwickeltem weiblichen Scharfsinn die 'natürliche Anfälligkeit' erwachsener Männer für junge Mädchen zu ihrem eigenen Vorteil ausbeutet, das sind die Klischees, die den Opfern eines sexuellen Angriffs Schuld und Verantwortung für die Tat zuweisen und den Mißbrauch mit einer umgekehrten Opfer-Täter-Dynamik stili-*

> *sieren ... Niemand wird ernsthaft behaupten wollen oder nachweisen können, daß über Jahre hinweg systematisch betriebener sexueller Mißbrauch, wie er in der Mehrzahl vorliegt, auf eine Verführung durch ein kleineres oder größeres Mädchen zurückgeführt werden kann." (Buskotte/Reiter 1989: 21 f.)*

Die Verwendung solcher Absetzungsstrategien ist ein Hinweis darauf, daß ein neues Problemmuster in Konkurrenz mit anderen - bisher gesellschaftlich vorherrschenden - Deutungen steht. Die Abnahme solcher direkten sprachlichen Konfrontationen (wie sie z.B. empirisch im untersuchen Beispiel zu belegen ist) nach einiger Zeit des Diskurses zeigt entsprechend an, wie erfolgreich das Muster war und welchen Grad gesellschaftliche Anerkennung es erreicht hat.

Es ist die Ausnahme (und für 'seine' Akteure ideal), wenn ein Problemmuster alle Konkurrenten vom Markt der öffentlichen Meinung verdrängt. Falls alle anderen Deutungen nicht nur in den Hintergrund des gesellschaftlichen Diskurses treten, sondern ihre Verwendung sogar negativ sanktioniert wird, hat das Problemmuster schließlich den Status **ideeller Hegemonie** erlangt: Es ist ein 'Common sense' entstanden, der jenseits rationaler Überprüfungen steht. Kein Akteur kann es sich jetzt erlauben, in dieser Frage eine skeptische oder differenzierte Haltung einzunehmen, ohne sich sofort z.B. dem Verdacht der Kollaboration mit den Tätern auszusetzen und damit den allgemeinen Volkszorn auf sich zu ziehen (vgl. Gusfield 1989: 434-436). Selbst die wissenschaftliche Analyse des Gegenstandes wird unerwünscht, wenn ihre Ergebnisse nicht der prädominierenden Problemsicht entsprechen und sich deren sprachlicher Mittel bedienen.

5 Diskursstrategien: Durchsetzung und Absicherung von Problemdeutungen

Die Beschreibung der Funktionsweise von Problemmustern im vorigen Kapitel war unvollständig. Sie berücksichtigte nicht, daß unser Alltag mit einer Fülle von Hinweisen auf potentiell handlungsrelevante Situationen angefüllt ist. Permanent müssen wir 'die Wahl treffen', welche davon wir überhaupt bewußt zur Kenntnis nehmen.

Ein Problem hat erst dann wirklich gesellschaftliche Anerkennung erlangt, wenn das ihm ideell zugrundeliegende Deutungsmuster in den **aktiven** Wissenskorpus einer großen Zahl von Individuen inkorporiert ist - und dort **Wahrnehmungs- und Handlungspriorität** erhalten hat. Unter Wahrnehmungspriorität verstehe ich, daß die Aufmerksamkeit des Individuums tatsächlich erregt wird, wenn bestimmte (im Identifzierungsschema enthaltene) Merkmale erfüllt sind. Erst dann kann eine Situation für das Subjekt handlungsrelevant werden. Falls das Problemmuster komplexe und zu Interaktionen mit der Umwelt führende Handlungen (und nicht nur z.B. "schnell wegsehen!") verlangt, sollte es außerdem hinreichende Anreize dafür liefern, auf andere aktuell mögliche (und erwünschte) Aktivitäten zu verzichten. Das Individuum muß motiviert werden, die Mühe der problemgerechten Reaktion sowie deren mögliche negative Nebenfolgen auf sich zu nehmen. Dies nenne ich Handlungspriorität.

Ob ein soziales Problem diesen doppelten Vorrang erhält, hängt zum einen von der Qualität seines Deutungsmusters ab: Kann die Problembeschreibung kognitiv nachvollzogen werden? Ist das Wertsystem, auf das Bezug genommen wurde, allgemein anerkannt? Erweisen sich Identifizierungsschema und Handlungsanleitungen als praxistauglich? Ich hatte 'die Wahl treffen' im oberen Absatz jedoch mit Vorbedacht in Anführungszeichen gesetzt, weil wir so eigentlich einen **bewußten** Entscheidungsvorgang benennen. Aufmerksamkeit und Aktivitäten des Individuums werden im Alltag jedoch weitgehend von **unbewußten** Relevanzstrukturen gesteuert, die in einem lebenslangen (teilweise kollektiv geteilten) Prozeß der Kombination und Rekombination von Erfahrungen, Interessen und Affekten ausgebildet werden. Von diesem Konglomerat größtenteils unbewußter Motive hängt es zum anderen ab, ob ein Problemmuster regelmäßig aktiviert wird oder nicht.

Um diese Motivation zu beeinflussen, bedienen sich Akteure bei der Verbreitung von Problemmustern verschiedener Strategien, die die Problemwahrnehmung und die Handlungsanleitung so absichern, daß Abwägen und bewußtes Entscheiden möglichst ausgeschlossen sind. Ein Verzicht auf die vorgeschriebene Reaktionsweise soll Schuldgefühle erzeugen. Wenn das Problemmuster gesellschaftlich dominant ist, wird Kritik oder Verweigerung darüber hinaus auch sozial sanktioniert. Im Idealfall reagieren die Individuen entsprechend der Vorgaben des Musters, ohne überhaupt Denkalternativen zu haben: die Deutung ist kollektiv unhinterfragbar geworden.

Im folgenden werde ich einige dieser Strategien zur Durchsetzung und Absicherung von Problemwahrnehmungen vorstellen. Dabei habe ich diejenigen ausgesucht, die sich bei der Lektüre von Quellentexten oftmals schon ohne systematische Inhaltsanalyse erfassen lassen. Ich untersuche

- das Dramatisieren,
- das Moralisieren und
- die Reproduktion von Mythen.

5.1 Dramatisieren

"Das Drama ist die Energiequelle, die sozialen Problemen Leben gibt und ihr Wachstum aufrechterhält. Beim Erschaffen des Dramas bedienen sich die Akteure, die uns soziale Probleme offerieren, einiger der klassischen Ausdrucksmöglichkeiten des Theaters." (Hilgartner/Bosk 1988: 6 - Übers. vom Autor) Durch das Dramatisieren sozialer Probleme (manchmal auch 'Skandalisieren'[1] genannt) werden Affekte erzeugt und an die Problembeschreibung und Bewertung gebunden. Dies mobilisiert nicht nur die Individuen zur Handlung gemäß der Vorgaben des Musters, sondern erklärt ihre Reaktion auch gegenüber Dritten, die das Deutungsmuster nicht verwenden. Gesellschaftlich werden kollektive Aktionen des Protestes gegenüber der Öffentlichkeit legitimiert (vgl. Neidhardt/Rucht 1993: 307).

Zur Dramatisierung können verschiedene Darstellungstechniken benutzt werden; ich werde drei von ihnen vorstellen, die im exemplarischen Beispiel regelmäßig verwendet werden: die Magie der großen Zahl, die Auswahl selektiver Fallbeispiele und die Dichotomisierung von Schuld.[2]

---

1 "Das Paradigma des Skandalisierens ist die öffentliche Anklage." (Cremer-Schäfer 1992: 27)

2 Eine weitere Technik ist die Verwendung von sog Verdichtungssymbolen (summary symbols). So werden sprachliche Ausdrücke bezeichnet die dazu dienen, "ganze Komplexe spezifischer gesellschaftlicher (unliebsamer) Probleme zu verdichten, d.h. von ihren Besonderheiten zu abstrahieren und sie auf eine Dimension zu bringen". (Cremer-Schäfer/Stehr 1990a: 23). Sie lassen Bedrohung, gesellschaftliche Unordnung und die Tendenz assoziieren, daß das Problem sich in Zukunft immer weiter ausdehnen wird. Typische Verdichtungssymbole der heutigen Zeit sind 'Kriminalität' und 'Gewalt': "Mittlerweile scheint es unmöglich, einen gesellschaftlichen Zustand, eine bestimmte Situation unterhalb der 'Gewalt' und 'Kriminalitäts'-Schwelle zu skandalisieren."(ebd., S. 37)

1. Technik: Die Magie der großen Zahl

Zu Recht wird von den Akteuren angenommen, daß im Zeitalter der Massenkommunikation - in dem viele soziale, politische, ökologische usw. Probleme weltweit um Aufmerksamkeit konkurrieren - die Menschen nur eine Notlage beeindrucken kann, bei dem sich zahlreiche (oder noch besser: **zahllose**) Betroffene finden.[3]

Es gibt verschiedene Methoden an, um die Opferzahlen diskursiv in die Höhe zu treiben: die ausufernde Definition von Betroffenheit, eine Manipulation statistischer Daten oder die Bezugnahme auf willkürlich ausgewählte Expertenschätzungen. Wenn amtliche Statistiken vorliegen, können die Akteure sich die Tatsache zu Nutzen zu machen, daß deren Daten immer mehr oder weniger unvollständig sind. Bei strafbaren Handlungen hat die Kriminologie diese Diskrepanz zwischen den tatsächlichen und den bekannt gewordenen Fällen mit dem - anscheinend phantasieanregenden[4] - Begriff des **Dunkelfeldes** belegt. Diese Kategorie ist beim **Be-stimmen** der Opferzahlen so beliebt, weil sein Umfang per Definition nicht bekannt ist, sondern stets geschätzt werden muß. Solche Schätzungen sind i.d.R. nicht intersubjektiv nachprüfbar, sie **gelten** als realitätsgerecht, wenn verschiedene ExpertInnen hier zumindest tendenziell übereinstimmen. Andernfalls kann man sich auf die eine Expertin berufen - oder auch auf den anderen. Die Abschätzung des 'wirklichen Ausmaßes' eines Problems erfolgt durch die Angabe einer sog. Hell-Dunkelfeld-Relation, bei der vermutet wird, daß auf einen bekannt gewordenen Fall z.B. fünf weitere kommen, die verborgen geblieben sind (die Relation beträgt dann 1:5).

Die Polizeiliche Kriminalstatistik weist bei sexuellem Mißbrauch von Kindern (§ 176 StGB[5]) seit Anfang der achtziger Jahre weitgehend konstant jährlich 10.000 bis 12.000 Fälle aus[6]. Von Beginn der Thematisierung an herrschte in der Öffentlichkeit jedoch Einigkeit darüber, daß in der Bundesrepublik in Wirklichkeit in jedem Jahr ***300.000*** *Kinder Opfer werden. Diese Zahl wurde erstmals 1984 in*

---

3 Zweifellos ist es für die Abschätzung der gesellschaftlichen Auswirkungen eines Problems und der Chancen für seine Lösung von großer Bedeutung, wie viele Menschen betroffen sind. Auf der durch das Dramatisieren angesprochenen **moralischen** Ebene ist es jedoch eher irrelevant, ob - um beim Beispielproblem zu bleiben - jährlich 300.000 oder 'nur' 80.000 Kinder sexuell mißbraucht werden. Wäre es das nicht, stellte sich unausweichlich die Frage, wie viele sexuelle Übergriffe pro Jahr denn hingenommen werden könnten.

4 "Ist die Zahl alleine schon erschreckend genug, so erhöht sich dieser Schrecken noch durch diese effektvoll inszenierte Ahnung, daß es keine Grenze nach oben gibt und vieles im Dunkeln liegt." (Broszat 1984: 59; vgl. Müller 1977: 57)

5 Interaktionen zwischen Erwachsenen und Kindern, die unter andere Bestimmungen (insbes. §§ 173 und 174 StGB) subsummiert werden, fallen demgegenüber zahlenmäßig kaum ins Gewicht.

6 Eine detaillierte Betrachtung und Diskussion der Kriminalstatistik hierzu findet sich bei Baurmann 1991.

dem Buch "Väter als Täter" von Kavemann/Lohstöter unter Berufung auf "Berechnungen" des BKA genannt - und ist bis Anfang der neunziger Jahre praktisch von allen Veröffentlichungen übernommen worden. Wenn man die Quellenangabe einmal nachprüft (wozu zumindest jeder sozialwissenschaftlich Ausgebildete in der Lage ist), zeigt sich allerdings, daß die genannte Zahl (entgegen der Behauptung in ihrem Buch) eine Eigenschätzung der beiden Autorinnen darstellt. Der Wissenschaftler des BKA, auf den die "300.000 Opfer" angeblich zurückgehen, rechnet aufgrund seines Datenmaterials selbst mit - für den Tatbestand des § 176 - ca. 50.000 Fälle pro Jahr (Baurmann 1991: 234-236).

Eine solche an einem akademischen Wahrheitsverständnis[7] orientierte Kritik an den verbreiteten Opferzahlen übersieht jedoch, daß es bei der Konstituierung einer Problemwahrnehmung gar nicht um die Ermittlung des empirisch korrekten Ausmaßes der Notlage geht. Die sechsstellige Opferzahl soll den Individuen wie der Öffentlichkeit vielmehr be-deuten, daß das Problem fast unvorstellbar groß ist: jedes Mädchen, jede Frau kann betroffen sein, jede(r) kennt mindestens ein Opfer (und einen Täter), es muß sofort etwas gegen den Mißbrauch unternommen werden usw. usf. Noch bedrohlicher wirkt diese Zahl durch die regelmäßige Behauptung "Experten", "das BKA" usw. würden schätzen, daß jährlich ***mindestens*** *300.000 Kinder sexuell mißbraucht würden, was suggeriert, daß die 'wirkliche' Zahl noch viel höher liegen könnte.*

2. Technik: Die selektive Auswahl von Fallbeispielen

Schriftliche Problembeschreibungen schildern regelmäßig Fälle, bei denen zumindest implizit nahegelegt wird, daß es sich um typische Beispiele handle; sie sollen, wenn schon nicht für die Gesamtheit, so doch für eine große Zahl von Geschehnissen stehen. "Ein konkreter, spektakulärer, vielleicht auch extremer Fall wird als Teil eines größeren, dahinterstehenden, bedeutsameren und bedrohlicheren Problems konzipiert. Der konkrete Fall ist 'nur die Spitze des Eisberges'." (Cremer-Schäfer 1992: 32) Häufig sind diese Beispiele jedoch - in der einen oder anderen Weise - besonders drastisch und repräsentieren gerade nicht die Masse der Ereignisse. En détail geschildert werden vielmehr Fälle, von denen angenommen wird, sie würden die RezipientInnen emotional besonders berühren. Diese Handlungen werden zum Synonym für die Gesamtgruppe der inkriminierten Taten gemacht. Sie sollen Mitleid für das Opfer, Abscheu gegen Tat und Täter (bzw. die sozialen Verhältnisse) und anhaltende moralische und vielleicht auch politische Empörung auslösen.

Die durchaus üblichen Widersprüche zwischen den verwendeten emotionalisierenden Beispielen und den abstrakteren Aussagen des Problemmusters deuten

7 "Die Strategien, um dieses [die öffentliche Anerkennung eines Themas] zu erreichen, folgen allerdings nur begrenzt den Mustern akademischer Wahrheitssuche."(Neidhardt 1994: 18)

darauf hin, daß kognitive und affektuelle Inhalte eines Deutungsmusters psychisch getrennt voneinander 'verarbeitet' und 'aufbewahrt' werden und nicht gemeinsam in das Bewußtsein gelangen. Dies würde erklären, warum der kognitive Inhalt von affektauslösenden Darstellungen bei der Rezeption weitgehend ignoriert werden kann und die installierte Affektbindung, die bei jeder Aktivierung des Musters im Alltag Abscheu und Wut auslöst, auch später nicht auf die Glaubwürdigkeit der auslösenden Bilder hin befragt wird. Die Annahme, daß mittels Dramatisieren ein vom kognitiven Bewußtsein weitgehend unabhängiger emotionaler 'Wissens'bestand angelegt wird, macht auch verständlich, warum einmal internalisierte Problemmuster - wie empirisch zu beobachten ist - einer rationalen Kritik kaum zugänglich sind.

Charakteristisch für die Fachaufsätze, in denen das Mißbrauchsmuster verbreitet wird, ist der permanente Wechsel zwischen zwei extremen Darstellungsebenen: Einerseits wird in Form hochaggregierter statistischer Aussagen über die geschätzte jährliche Häufigkeit sexueller Übergriffe auf Kinder berichtet, andererseits erfolgt die Beschreibung ***'des Mißbrauchs'*** *mit Hilfe von nach ungenannten (aber in der soziologischen Analyse rekonstruierbaren) Kriterien ausgewählten Fallbeispielen. Dargestellt werden vorzugsweise besonders folgenreiche Interaktionen, wie mit schwersten Verletzungen verbundenen vaginale und anale Penetrationen von Kleinkindern. Dabei wird rhetorisch der Eindruck zu erwekken versucht, diese statistisch eher seltenen Fälle seien gerade die alltäglichen. Dabei stört es die Auf- und Übernahme des Musters offensichtlich nicht, daß nach einer der wichtigsten begründeten Feststellungen sexueller Mißbrauch in aller Regel gerade nicht anhand körperlicher Merkmale erkannt werden kann.*

3. Technik: Die Dichotomisierung von Schuld

Wir hatten bei der Analyse der Problembeschreibung gesehen, daß in der Öffentlichkeit eine Vorliebe für Kausalmodelle vorhanden ist, die (scheinbar) eindeutige Erklärungen für soziale Notlagen liefern. Weil Mitleid für Menschen in Not und die Bereitschaft, sich für sie einzusetzen, in unserer Gesellschaft grundsätzlich die Annahme voraussetzt, daß diese **unverschuldet** in diese Situation geraten sind, besteht dabei die Tendenz, "das kognitive Begründungsschema Ursache/Wirkung mit dem Gegensatz von gut/böse moralisch aufzuladen und Kausalfragen als Schuldfragen zu verhandeln" (Neidhardt 1994: 19).

Besonders erfolgreich sind Problemmuster, wenn nicht 'die Verhältnisse' (also: gesellschaftliche Strukturen) verantwortlich sind, sondern sich konkrete Gruppen von Schuldigen benennen lassen. "Am Pranger stehen meistens Personen und Organisationen ... nicht aber die Mißstände, die den Anlaß der Skandale bilden ... die Personen und Organisationen werden als die Verantwortlichen, die Verursacher der Mißstände dargestellt. Ihr Verhalten wird als vermeidbar, falsch und unmoralisch charakterisiert, wodurch es besonders verwerflich erscheint." (Kepplinger u.a. 1993: 162; entspr. Gerhards 1992: 312).

Dichotomisierungen haben (in der Reihenfolge zunehmenden Affektbezugs) drei Effekte: Erstens wird alle Verantwortung für soziale Mißstände von der Bevölkerungsgruppe, aus der der Akteur stammt, weg und auf einen anderen (hier: von 'den Frauen' auf 'die Männer') hin verlagert. Zweitens machen sie eine Prüfung der Ereignisse im Einzelfall nicht nur überflüssig, sondern verbieten sie geradezu. (Bei Straftaten erscheinen besonders viktimologische Fragestellungen unzulässig, weil sie die Verantwortung des Täters relativieren würden.) Damit ist gleichzeitig ein Unterschied zwischen 'Erklärung' im sozialwissenschaftlichen und 'Entschuldigung' im moralischen Sinne unmöglich gemacht.[8] Drittens schließlich führen sie psychische Identifikations- und Projektionsprozesse ("'Wir', die Opfer und deren Verteidiger, sind auf der einen Seite; auf der anderen Seite sind die Täter..." - Nitzschke 1989 a: 23) mit starker affektueller Aufladung herbei. So werden massive Abscheu- und Rachegefühle gegenüber den vermeintlich Schuldigen mobilisiert. "Gelingt es über eine Personalisierung hinaus dem Verursacher eine intendierte Absicht für seine Handlungen zu unterstellen (Intentionalisierung), wird sich die Mobilisierungskraft der Deutung nochmals erhöhen." (Gerhards 1992: 312)

Durch die Verbindung zwischen Dichotomisierung der Schuld und Personalisierung der Verantwortlichkeit entsteht das soziale Grundmuster des absolut schuldigen Täters und des völlig unschuldigen Opfers, das nicht nur dem Strafrecht, sondern auch vielen Problemwahrnehmungen zugrundeliegt.

Auch wenn abstrakt die patriarchale Struktur der Gesellschaft für den massenhaften Mißbrauch verantwortlich gemacht wird, sind es doch konkret Männer, die die Taten verüben und damit schuldig werden. Die Dichotomisierung persönlicher Schuld ist im Beispielproblem eine doppelte, sie verläuft nicht nur entlang der Altersgrenze (Erwachsener = schuldiger Täter, Kind = unschuldiges Opfer), sondern auch entlang der Geschlechtergrenze (Mann = schuldig, Frau = unschuldig). Im Zentrum der Problemwahrnehmung steht der Kontakt zwischen dem ***Mann als doppelt schuldigem*** *und dem* ***Mädchen als doppelt unschuldigem*** *Individuum. Demgegenüber führt die doppelte Bestimmtheit zu Dissonanzen in der Wahrnehmung der beiden Gruppen, die jeweils in einer Dimension dem schuldigen und in der anderen dem unschuldigen 'Sektor' zuzuordnen sind: Knaben, die gleichzeitig Opfer und Täter sind, und Frauen, deren Täterinnenstatus heftig umstritten ist.*

---

8 "Die Handlung-als-böse bildet im Blick des Moralisten eine ontische Einheit, und diese ist es, die zur Erklärung ansteht. Daraus folgt, daß dem Moralisten, der nicht die Handlung, sondern die Handlung-als-böse auf ihre Ursachen hin befragt, viele der Umstände, die der nicht-moralistisch Operierende zum Verständnis der Handlung für wesentlich hält, als vollkommen belanglos erscheinen werden. Die Handlung-als-böse hat **böse** Ursachen als ihre **wahren** Ursachen; alles andere ist nebensächlich." (Strasser 1984: 32)

5.2 Moralisieren

Die Diskursstrategie des Moralisierens darf nicht mit der Tatsache verwechselt werden, daß die Verknüpfung eines sozialen Sachverhalts mit einem moralischen Bewertungsmaßstab die Voraussetzung für jede Problematisierung ist. Der Unterschied liegt darin, daß beim Moralisieren Problembeschreibung, Bewertung und Reaktionsweisen für andere **verbindlich** gemacht werden. "Die Institutionalisierung des Themas wird mit den moralischen Implikationen von Meinungen so verschmolzen, daß die Behauptung einer Moral mit Annahmezwang herauskommt." (Luhmann 1970: 8 f.) Ziel des Moralisierens ist die **soziale Normierung** der Problemwahrnehmung: niemand kann ihr öffentlich widersprechen oder ein anderes Muster verwenden, ohne sich Sanktionen auszusetzen. (vgl. Gusfield 1989: 433; Nedelmann 1986: 401-402)

Eine typische soziale Sanktion ist es, die moralische Integrität von Personen mit anderer Meinung in Frage zu stellen, z.B. durch Vorwürfe wie "Verharmlosung des Problems" oder "Gleichgültigkeit gegenüber den Leiden der Opfer". Eine andere Technik stellt KritikerInnen der Problemwahrnehmung als SympathisantInnen der 'Täter' dar oder unterstellt, daß sie heimlich selbst genau jenes Interesse hegen, das Individuen zu Verursachern des Problems werden läßt. Druck wird weiterhin auf diejenigen ausgeübt, die sich - ohne sich gegen das Muster zu äußern - lediglich weigern, den Handlungsanleitungen zu folgen: Sie tragen Mitschuld am Schicksal jedes weiteren Opfers.

> *"Der Bestand patriarchaler Gewaltverhältnisse gründet sich auch auf Frauen, die andere Frauen im Stich lassen, ihnen sogar in den Rücken fallen oder schweigen, wenn ihnen Gewalt angetan wird. Durch ihr Verhalten tragen sie dazu bei, die bestehenden Machtverhältnisse zu stabilisieren." (Kavemann/Lohstöter 1984: 38)*

Moralisieren ist eine Strategie, die besonders in der direkten Kommunikation zwischen VertreterInnen eines Problemmusters und Personen mit indifferenter oder abweichender Meinung Platz greift. Letztere werden dabei genötigt, "sich entweder auf die vorgegebene Sprache einzulassen und damit gewisse Wertprämissen stillschweigend zu übernehmen - oder die impliziten Voraussetzungen eines solchen Sprachgebrauchs zu thematisieren, eine implizite Konsenszumutung zurückzuweisen, das Sprachspiel zu unterbrechen, einen möglicherweise weitreichenden Dissens zu markieren, was häufig als Affront wahrgenommen wird." (Peters 1994: 66) Dies gilt gerade auch für wissenschaftliche Analysen, die als Kritik am Problemmuster interpretiert werden, weil sie sich nicht dessen Moralbezug zu eigen machen (können).

5.3 Die Reproduktion von Alltagsmythen

Die Kategorie des Alltagsmythos verdanken wir dem französischen Literaturtheoretiker Roland Barthes. Damit bezeichnet er eine bestimmte **Form**, in der kollektiv geteilte Wissensbestände in den Diskursen moderner Massenkommunikation auftreten: "... da der Mythos eine Aussage ist, kann alles, wovon ein Diskurs Rechenschaft ablegen kann, Mythos werden. Der Mythos wird nicht durch das Objekt seiner Botschaft definiert, sondern durch die Art und Weise, wie er diese ausspricht. Es gibt formale Grenzen des Mythos aber keine inhaltlichen." (Barthes 1964: 85) Das bedeutet: Jeder vorhandene gesellschaftliche Wissensbestand kann zu einem Alltagsmythos werden.[9] Die für unseren Zusammenhang wichtigsten beiden Merkmale eines Mythos sind, daß er dem Objekt, von dem er handelt, jede Geschichte entzieht ("Es kann nur aus der Ewigkeit stammen ..." - 141) und daß er jedes Nachfragen und jeden Widerspruch unmöglich macht: Er gibt den Dingen "eine Klarheit, die nicht die der Erklärung ist, sondern die der Feststellung" (131); seine Form "ist die Maxime ... eine Wahrheit, die auf willkürlichen Befehl des Sprechenden innehält". (146)

Was die Form des Mythos aus einem Thema macht, faßt Hess (1986: 26) zusammen: "Ein Alltagsmythos bietet einen Komplex von ausgewählten Informationen und Attitüden in Bezug auf ein bestimmtes Phänomen an, suggeriert, daß dieses Phänomen so, wie es in der Aussage erscheint, auch in der Realität existiere, als etwas Natürliches, So-Seiendes. Der Mythos unterschlägt, daß seine Aussage und das in dieser enthaltene Phänomen etwas sozial Gemachtes sind, und er unterschlägt auch die unterschwellige Zielsetzung dieser sozialen Konstruktion von Wirklichkeit."

Bei sozialen Problemen müssen wir unterscheiden die Einbindung von bereits bestehenden Mythen in ein Problemmuster und die Verwandlung der Problemwahrnehmung selbst in einen Mythos. Da letzteres eine von den Akteuren zwar erhoffte aber nicht planbare, langfristige Entwicklung des gesellschaftlichen Diskurses ist, werde ich mich im folgenden auf die **Verwendung** von Mythen in Problemmustern beschränken.

Während die soziale Normierung von Problemwahrnehmungen durch Moralisieren stets auch Abweichungen von der Norm hervorbringt (sie oftmals sogar selbst provoziert[10]), werden Deutungsmuster durch die **Reproduktion von Mythen**

---

9 Da der Mythos so immer schon auf bereits Bestehendes aufbaut, bezeichnet Barthes ihn auch als "sekundäres semiologisches System".

10 Zu welchen Reaktionen das Moralisieren führt, kann bezüglich des Beispielproblems sehr gut nachgelesen werden im Buch von Katharina Rutschky "Erregte Aufklärung. Kindesmißbrauch: Fakten & Fiktionen" (Hamburg: KleinVerlag 1992)

unhinterfragbar gemacht. Den Menschen wird dabei die Fähigkeit genommen, soziale Phänomene anders wahrzunehmen als in der Form, den der Mythos (re-) präsentiert. Darüber hinaus stellt der Rekurs auf Mythen das Problemmuster in einen größeren Denkzusammenhang: Weil es sich auf als selbstverständlich Vorausgesetztes bezieht, erhöht das Muster die Wahrscheinlichkeit, ohne Nachfrage (und was noch wichtiger ist: ohne Nachdenken) als richtig und zutreffend anerkannt zu werden. Wie so - unmerklich für die Menschen - die Realität verwandelt wird, will ich an einem Exemplar dieser Gattung aufzeigen, das in viele Problemmuster integriert ist:

Der **Verbrecher-Mythos** be-deutet uns, daß es bei 'Kriminalität' um die Handlungen unverantwortlicher, gefährlicher und störender Personen geht, gegen die nur die Institutionen des Strafrechts einen wirksamen Schutz bieten. Das Verbrechen erscheint als das moralisch zu verurteilende 'Böse', seine Bekämpfung umgekehrt stets als 'das Gute'.[11] Das Gegensatzpaar wird personalisiert in dem Bild des Polizisten, der im Interesse aller guten Menschen die Bösen bekämpft, und dem des **Verbrechers,** der alle bösen Eigenschaften in sich vereint. Wie der konkrete Mensch auf 'den Verbrecher' reduziert wird, beschreibt Peter Strasser (1984: 10): "In dem Maße, in dem wir eine Handlung als verabscheuungswürdig empfinden, infiziert deren äußerster Teil - das Verhalten, das die böse Tat in Raum und Zeit vollendet und das uns als das augenfällig gewordene Böse schockiert - immer größere Bereiche der handelnden Person, bis zu dem Punkt, an dem diese sich in ein mythisches Wesen verwandelt: aus einer empirischen wird eine symbolische Gestalt, die als ganze das Böse repräsentiert. Die Person verdichtet sich zur **Totalität der Bestie**." Die Psychologie erklärt die Wirksamkeit dieses Mythos damit, daß er das 'verdrängte Böse' im Innern des Menschen anspricht und es dem Verfolger gestattet, es mit 'gutem Gewissen' auszuleben. Die empörte Verurteilung befreit durch Projektion von eigenen Wünschen, die, da sie von den Normen der Gesellschaft (und als deren internalisierte Form vom Gewissen) verurteilt werden, vom Individuum in offener Form nicht zugelassen werden können. (Hochheimer 1963: 92; Schorsch/Becker 1977: 16; Nitzschke 1989: 26)

Das Mißbrauchsmuster bedient sich zweier zu Beginn der Neuzeit entstandener Alltagsmythen.

1. Mythos: Mängelwesen Kind. *Kinder erscheinen als in kognitiver wie in moralischer Hinsicht defizitär: Weder können sie ihre Affekte beherrschen, noch sind sie in der Lage, die Folgen ihrer eigenen Aktivitäten abzuschätzen oder die Handlungen Erwachsener zu verstehen (vgl. dazu Kupffer 1977: 121). Ein Kind kann deshalb auch nicht selbst entscheiden, was gut und was schlecht für es selbst ist. Weil es seine Willensentscheidung außerdem nicht gegen seine Triebe*

11 Näheres dazu bei Cremer-Schäfer/Stehr 1990 b und Quensel 1986.

durchsetzen könnte, darf ihm auf als riskant identifiziertem Gebiet keine Handlungsfreiheit eingeräumt werden. Wie es so zum Wesen des Kindes gehört, Risiken zum Opfer zu fallen, ist es die 'natürliche Aufgabe' des Erwachsenen (hier: der Frauen), das Kind vor den Gefahren (der sexuellen Adressierung) und ihren Verursachern (den Männern) zu beschützen.

*2. **Mythos: Gefährliche Sexualität.** Sexualität gilt als hervorgerufen und gesteuert durch eine natürliche[12] (biologische) Triebkraft, die für den einzelnen Menschen wie für die Gesellschaft prinzipiell gefährlich ist - und deshalb streng kontrolliert werden muß. Die Unterdrückung dieses Triebes wird als überhistorische Notwendigkeit angesehen, die 'zivilisierte Verhältnisse' überhaupt erst möglich macht. Während beim älteren Muster Triebverbrechen die Gefährlichkeit der sexuellen Strebungen von 'Psychopathen' usw. im Mittelpunkt der Bedrohungswahrnehmung stand, ist es beim Mißbrauchsmuster der männliche Sexualtrieb überhaupt, der als Gefahr für alle Mädchen (und Frauen) erscheint.*

5.4 Alternativdeutungen und Gegendiskurse

"Öffentlichkeit ist in liberaldemokratischen Gesellschaften (...) ein Konkurrenzsystem in dem Sinne, daß Akteure, die spezifische Themen und Meinungen als öffentliche Themen definieren wollen, meist nicht allein und nicht unangefochten bleiben (...). Meist gibt es Protagonisten, die einen anderen Standpunkt vertreten und mit möglicherweise eindrucksvollen Argumenten die Priorität anderer Themen oder zum gleichen Thema das Gegenteil behaupten." (Gerhards/Neidhardt 1991: 76 - vgl. Leisering 1993: 489) So ist es die Ausnahme, wenn ein Problemmuster allein im öffentlichen Diskurs präsent ist; meist konkurrieren mehrere Deutungen um die gesellschaftliche Anerkennung. Sie alle sind von bestimmbaren Akteuren entwickelt worden und werden mit ähnlichen Diskurstrategien durchzusetzen versucht. Die soziologische Frage ist dabei nicht, ob eine Deutung 'richtig' oder 'falsch' ist, sondern von wem sie eingebracht wurde und wessen Interessen sie dient. Akteure produzieren und soziale Gruppen favorisieren Deutungsmuster, die ihren Interessen entsprechen - und sie versuchen, diese Deutun-

12 "Der Mythos leugnet nicht die Dinge, seine Funktion besteht im Gegenteil darin, von ihnen zu sprechen. Er reinigt sie nur einfach, er macht zu unschuldig, er gründet sie als Natur und Ewigkeit," (Barthes 1964: 131)

gen bei anderen durchzusetzen, z.B. in dem sie ihnen in der Öffentlichkeit (dem Markt, auf dem Deutungen zirkulieren und konkurrieren) Geltung verschaffen.[13]

Zu unterscheiden ist bei der Analyse von Problemkarrieren zwischen Alternativdeutung und Gegendiskurs.

Alternativdeutung heißt, daß andere Akteure denselben Sachverhalt ebenfalls als soziales Problem definieren, jedoch mit Hilfe eines Problemmusters, dessen Inhalte sich wesentlich von denen des ersten Akteurs unterscheiden. Unterschiedliche Problemmuster führen stets zu divergierenden Problemwahrnehmungen. Für die gesellschaftliche Anerkennung eines Problems ist es allerdings nicht nötig, daß eine dieser Wahrnehmungsweisen dominiert, es reicht aus, wenn die konkurrierenden Deutungen in der Kernfrage übereinstimmen: der Deutung-als-Problem mit den im ersten Kapitel genannten vier Kriterien. Alle anderen Fragen, wie die Zahl der Betroffenen, die Ursachen des Problems oder die richtigen Bekämpfungsstrategien, können durchaus strittig sein. Für die öffentliche Aufmerksamkeit kann es zeitweilig sogar vorteilhaft sein, wenn Einzelfragen der Problemwahrnehmung zweifelhaft sind. Langfristig können die Differenzen jedoch dann zu Desinteresse und/oder Handlungsunfähigkeit der Gesellschaft führen, wenn aufgrund sich widersprechender Ursachenbehauptungen eine Einigung über erfolgversprechende Handlungsstrategien unmöglich ist. Deshalb werden die Akteure, die die divergierenden Deutungen vertreten, sich schließlich in ihren Positionen annähern, was in erster Linie bedeutet, sich bezüglich der Bekämpfungsmaßnahmen auf einen oder wenige (parallel zu beschreitende) Wege zu einigen.

Möglich ist auch, daß es einer Gruppe von Akteuren schließlich gelingt, ihre Sichtweise durchzusetzen und die anderen Problemwahrnehmungen so zu marginalisieren, daß sie nur noch von einzelnen Splittergruppen vertreten werden. Diese gesellschaftliche **Hegemonie** einer Problemwahrnehmung kann niemals ein einzelner Akteur erreichen, sei er auch noch so mächtig. Dies gelingt nur im Zusammenwirken einer ganzen Reihe von Akteuren und auch dann nur aufgrund besonderer Deutungsmacht und sehr effektiver Diskursstrategien. Wenn eine Problemwahrnehmung gesellschaftliche Hegemonie erlangt hat, entsteht ein Wahrnehmungskokon, der auch mit wissenschaftlichen Mitteln kaum noch zu

---

13 Soziale Gruppen verfügen in unterschiedlichem Maße über die Fähigkeit zur Produktion und Durchsetzung von Deutungen. Deshalb werden wir immer wieder Deutungen finden, die einer sozialen Gruppe von deutungsmächtigeren Akteuren aufoktroyiert wurde, obwohl sie gar nicht deren Interessen entspricht. Solche in diesem Sinne 'falschen', weil interessenwidrigen Deutungen, bezeichnete und kritisierte die Soziologie früher als 'Ideologie' - bis ihr die Schwierigkeit bewußt wurde, festzustellen, was denn das 'objektive Interesse' einer Gruppe oder Klasse sei, zu dem die Deutung im Widerspruch stünde. Fatalerweise (für die soziologische Analyse) ist die Frage, wer darüber entscheidet, welches die Interessen einer sozialen Gruppe sind, selbst wiederum Gegenstand konkurrierender Deutungsmuster.

durchdringen ist[14], weil das ganze gesellschaftliche Denken über 'das Problem' in den Begriffen und Kontexten der einen Deutung erfolgt. Ihre Problemwahrnehmung verhüllt den sozialen Sachverhalt vollständig.

Um den Sachverhalt von diesem Wahrnehmungskokon zu befreien, bedarf es dann einer neuartigen (bisher nicht vertretenen) Alternativdeutung oder eines Gegendiskurses. **Gegendiskurse** stellen nicht nur die herrschende Deutung in Frage, sondern den Problemcharakter selbst - indem sie eines oder mehrere Kriterien der Deutung-als-Problem negieren[15]. Es treten also Akteure z.B. mit der Behauptung auf, daß der Sachverhalt gar nicht gegen die von der Gesellschaft postulierten Werte verstößt oder daß das 'Problem' im Rahmen der bestehenden Ordnung niemals gelöst werden kann. (vgl. Hilgartner/Bosk 1988: 62; Gamson 1988: 167-169) Die Folgerung eines Gegendiskurses (und entsprechend: die Forderung seiner Akteure) an die Gesellschaft kann z.B. sein, alle Bekämpfungsmaßnahmen einzustellen und sich anderen Fragen zuzuwenden. Typischer Akteur eines Gegendiskurses ist die 'Gegenbewegung', also eine soziale Bewegung "die zu einer bereits bestehenden Bewegung in Opposition steht" (Rucht 1991: 11). Solche Gegendiskurse können auch als soziale Probleme 'zweiten Grades' betrachtet werden, also Probleme, deren Bezugspunkt nicht soziale Sachverhalte, sondern (andere) Problemwahrnehmungen sind. Sie behaupten z.B., das wirkliche Problem sei nicht die große Verbreitung von Übergewichtigkeit, sondern die gesellschaftliche Diskriminierung von 'Dicken' (wie sie sich z.B. in Gesundheitskampagnen äußere), oder: viel gefährlicher als die Kriminalität selbst sei die immer stärkere Verbreitung der Kriminalitätsfurcht in der Bevölkerung[16]. Diese Probleme zweiten Grades verlaufen in den gleichen Karriereformen und bedienen sich derselben Strategien, wie die Problemwahrnehmungen, die sie problematisieren.

Generell gilt: je stärker eine Problemwahrnehmung dominiert, desto schwieriger ist es für neuartige Alternativdeutungen oder einen Gegendiskurs, den Wahrnehmungskokon 'aufzubrechen'. Dies hängt damit zusammen, daß in jede Problemwahrnehmung Emotionen inkorporiert sind. VertreterInnen abweichender Mei-

---

14 Auf diese Schwierigkeit werde ich im achten Kapitel genauer eingehen.

15 Eine besondere Form von Gegendiskursen sind Deutungsmuster, die die Sachverhalte so beschreiben, daß ausschließlich private Bekämpfungsstrategien sinnvoll erscheinen. Gegen den durch die Arbeitsbedingungen hervorgerufenen degenerativen Verschleiß der Wirbelsäule hilft dann z.B. der Kauf besonderer Matratzen, die die Auswirkungen der chronischen Erkrankung mindern. Solche 'privaten Lösungen' werden z.B. von Unternehmen favorisiert, die mit den entsprechenden Produkten Geld verdienen und deshalb kein Interesse an der Bekämpfung der Ursachen haben können. Solange diese private Abhilfe der Mehrzahl der Betroffenen möglich ist und ihnen zumutbar erscheint, wird sich kein soziales Problem 'arbeitsbedingte Rückenschäden' durchsetzen.

16 Das letztgenannte Problem untersucht ausführlich die Arbeit von Boers 1991

nungen müssen - je nach Art des Akteurstypus - Verlust ihrer wissenschaftlichen Reputation, moralische Verurteilungen in der Öffentlichkeit oder gar persönliche Angriffe fürchten, wenn sie Widerspruch zu einer dominierenden Problemwahrnehmung anmelden und das bisher sicher Gewußte (soll heißen: Geglaubte) in Frage stellen.

Solche Widerstände haben auch KritikerInnen der Problemwahrnehmung 'sexueller Mißbrauch', die zu Beginn der neunziger Jahre in der Bundesrepublik gesellschaftliche Hegemonie erlangt hatte, zu spüren bekommen - teilweise am eigenen Leib[17]*. Einspruch gegen die Problemwahrnehmung kommt seither in der Bundesrepublik fast nur noch von zwei Gruppen: einige KinderpsychiaterInnen und GerichtsgutachterInnen kritisieren die Art und Weise der Identifizierung von Mißbrauchsopfern, Familienhelfer und -therapeuten den ausschließlich kindzentrierten Ansatz der Behandlung der Opfer und deren (vorschnelle) Entfernung aus dem Elternhaus. In beiden Fällen handelt es sich nicht um Gegendiskurse, sondern um Vorstufen zur Entwicklung einer Alternativdeutung, bei denen es primär um professionsspezifische Interessen bzw. professionsinterne Auseinandersetzungen geht: Vertreter der klassischen Psychologie und Psychiatrie auf der einen und der familienhilfeorientierten Richtung des Kinderschutzes auf der anderen Seite streiten mit den Vertreterinnen der ideologisch dem primären Akteur nahestehenden Hilfeeinrichtungen um Definitionsmacht und Zuständigkeit. Sie machen damit ihre Ansprüche auf eine angemessene Beteiligung an der Identifikation und Behandlung der Opfer geltend.*

Bei einer hegemonialen Problemwahrnehmung haben Alternativdeutungen oder Gegendiskurse allerdings meist erst dann eine Durchsetzungschance, wenn das Problem den Zenit des öffentlichen Interesses bereits überschritten hat. Dies liegt daran, daß ein Wahrnehmungskokon zwar mit andauernder gesellschaftlicher Praxis (also der ideellen und faktischen Reproduktion der Problemwahrnehmung) tendenziell 'dichter' wird, sich an der Erfolglosigkeit der ergriffenen Maßnahmen jedoch auch zeigt, daß Prämissen der Bekämpfung - z.B. Kausalbehauptungen über die Verursachung - nicht zutreffen. Dies kann bei (zumindest den nicht selbst interessengeleiteten) Trägern des bisher dominierenden Problemmusters zu dem Schluß führen, daß die Problemwahrnehmung insgesamt nicht 'realitätsgerecht' ist. An solche Mißerfolge in der Bekämpfung können sowohl Alternativdeutungen wie auch Gegendiskurse anschließen.

Wie zahlreiche Problemkarrieren (von der Onaniegefahr bis zum Drogenproblem) zeigen, stellt die Erfolglosigkeit von Bekämpfungsmaßnahmen die Gültigkeit der Problemwahrnehmung jedoch nicht in Frage, solange eine ausreichende Zahl deutungsmächtiger Akteure oder große Teile der Bevölkerung zu

17 So die Publizistin Katharina Rutschky, die auf dem Berliner Kongreß "Theorie-Praxis-Forum "Sexueller Mißbrauch - Evaluation der Praxis und Forschung" 1994 von mehren Vertreterinnen von Selbsthilfeeinrichtungen körperlich angegriffen wurde.

'ihrem' Deutungsmuster stehen. Die Beharrlichkeit der Akteure kann z.B. damit zusammenhängen, daß im Zentrum ihres Interesses von Anfang an nicht die Milderung oder gar Lösung des Problems, sondern die Aufrechterhaltung der Problemwahrnehmung stand. Die (erwarteten) Mißerfolge der Bekämpfung führen dann zur (erhofften) Nachfrage der Gesellschaft nach neuen Lösungsvorschlägen, von deren Implementierung diese Akteure profitieren. Eine andere Möglichkeit ist, daß die Problemwahrnehmung zum Bestandteil der Weltanschauung von Teilen der Bevölkerung geworden ist. Dies ist z.B. dann der Fall, wenn eine Problemwahrnehmung in den 'leviathanischen Diskurs' einer Gesellschaft inkorporiert ist, also den Korpus von Wissensbeständen, der in einer Kultur hegemoniale Deutungsherrschaft für weite Bereiche des Lebens besitzt[18]. Als solche leviathanischen Diskurse, in die mehrere Problemwahrnehmungen eingebunden waren, können in der Geschichte neben der Onaniegefahr im 19. Jahrhundert z.B. das Hexenmuster am Beginn der Moderne und die Rassenhygiene im 'Dritten Reich' gelten. Die Hegemonie einer Problemwahrnehmung endet in diesem Fall frühestens mit dem Untergang des leviathanischen Diskurses, in den sie eingebunden ist - sie kann diesen jedoch als Teildeutung der Welt auch lange überdauern.

5.5 Diskursstrategien in der Fachöffentlichkeit

Der Durchsetzung der Wahrnehmungs- und Handlungspriorität bei den Individuen entspricht auf der Makroebene der Erfolg des Themas in der Öffentlichkeit, wo es sich bei begrenzter Kapazität der Aufmerksamkeit gegen andere Probleme und weitere Themen durchsetzen muß. "Thematisierungsstrategien werden eingesetzt, um Aufmerksamkeit für bestimmte Themen zu erzielen und damit ein Publikum für diese Themen überhaupt erst zu konstituieren. Sie dienen dem 'agenda setting'. ... In einer Kommunikationssituation aber, in der um die Aufmerksamkeit des Publikums konkurriert wird, weil diese gleichzeitig knapp und wertvoll ist, in einer Situation, in der dem Publikum ständig eine gar nicht faßbare Zahl von Reizen kommuniziert wird, bedarf es der Vermittlung starker Be-

18 Der leviathanische Diskurs liefert moralisierende Erklärungen u.a. für (fast) alle individuellen und sozialen Probleme einer Zeit; jede(r) muß sich, um sozialer Ächtung zu entgehen, seiner Sprache bedienen; zahllose PriesterInnen (heute: ExpertInnen) leben dafür und davon, seine 'ewige Wahrheit' zu verkünden.

troffenheitssuggestionen und drastischer Differenzbehauptungen um vom Publikum überhaupt wahrgenommen zu werden." (Neidhardt 1994: 18)[19]

Die Bedeutung solcher Diskursstrategien für die Thematisierung sozialer Problemen in den **Massenmedien** ist in zahlreichen empirischen Studien analysiert worden (Näheres dazu bei: Schmitt-Beck 1990); bereits in den sechziger und siebziger Jahren galt der empirische Nachweis solcher Techniken als Beleg für die manipulative Verzerrung der Wirklichkeit in der Massenkommunikation.[20] Die oben behandelten Beispiele stammten jedoch durchgehend gerade nicht aus den Massenmedien, sondern aus von mir untersuchten Fachzeitschriften und Fachbüchern mit wissenschaftlichem Anspruch. Festzustellen ist also, daß solche Durchsetzungs- und Absicherungstechniken von wissenschaftlich ausgebildeten ExpertInnen in gleicher Weise eingesetzt werden, wie von allen anderen Akteuren auch. Warum ist dieser Sachverhalt es wert, besonders hervorgehoben zu werden?

Zunächst einmal schon deshalb, weil bislang kaum systematisch untersucht worden ist[21], wie üblich die Verwendung solcher Strategien in der Fachöffentlichkeit ist. Primär schenke ich dieser Frage jedoch wegen der beiden Gründe Aufmerksamkeit, aus denen die Diskursstrategien in den Massenmedien wirksam sind: Erstens unterliegen die Personen, die in den Medien über die Themensetzung entscheiden, denselben psychischen Mechanismen wie andere Individuen auch. Zweitens ist (auf rationaler Ebene) die mediale Aufmerksamkeit eine Funktion des antizipierten Konsumenteninteresses; hohen Nachrichtenwert hat und gute Absatzchancen verspricht, was für die erwünschten RezipientInnen Wahrnehmungs- und Handlungspriorität besitzen könnte.

---

19 Bereits im Jahre 1942 schrieb der östereichisch-amerikanische Nationalökonom Joseph A. Schumpeter: "Die Art und Weise, in der Probleme und der Volkswille in bezug auf diese Probleme fabriziert werden, ist völlig analog zur Art und Weise der kommerziellen Reklametechnik. Wir finden die gleichen Versuche, an das Unterbewußtsein heranzukommen. Wir finden die gleiche Technik der Schaffung günstiger oder ungünstiger Assoziationen, die um so wirksamer sind, je weniger rational sie sind. Wir sehen, daß das gleiche vermieden, das gleiche verschwiegen wird, und wir finden den gleichen Trick, durch wiederholte Behauptungen eine Meinung zu schaffen ..." (Schumpeter 1980: 418 - Orig. 1942)

20 Neben den Arbeiten von Müller 1968, Hinz 1969 und Nuissl 1975 sind hier die Sammelbände von Brokmeier (1969) und Zoll (1971) zu nennen, die viele Beiträgen zu dieser Frage enthalten. Eine entsprechende Kritik in den achtziger Jahren findet sich bezüglich der Darstellung sozialer Probleme bei Giesen (1983: 223):"Die medienvermittelte öffentliche Diskussion nimmt dabei die Stelle eines vernunftgeleiteten Diskurses der Gesellschaftsmitglieder über politische Entscheidungen ein, wobei die institutionalisierte Aktualität der Medienberichterstattung dem demokratie-theoretischen Ideal des offenen, vernünftigen und gemeinwohlorientierten Diskurses nur in sehr verzerrter Weise entspricht."

21 Eine Ausnahme stellt Lamnek (1987) mit seiner Arbeit über die 'Kriminalitätsberichterstattung' in zwei Fachzeitschriften dar.

Auf den ersten Blick scheinen die letzten beiden Gründe für mit wissenschaftlichem Anspruch auftretende Medien nicht zuzutreffen: Fachwissenschaftliche Publikationen richten sich an zahlenmäßig begrenzte Zielgruppen, von denen angenommen wird, daß sie besondere formale wie inhaltliche Qualitätsansprüche an die vom Medium vermittelte berufliche Kommunikation stellen (Lamnek 1987: 224). Aus diesen Merkmalen kann gefolgert werden, daß erstens die Redakteure zumindest die Verwendung der offensichtlichsten Durchsetzungs- und Absicherungstechniken unterbinden müßten[22] und zweitens die Zeitschriften zumindest nicht unmittelbar dem Mechanismus der Absatzsteigerung durch Skandalisierung unterworfen sind.

Übersehen wird dabei jedoch das (in Kapitel 3 ausführlich untersuchte) spezifische Interesse gerade der Experten an der Konstituierung sozialer Probleme. In der Konkurrenz der verschiedenen Disziplinen um die Definitionsmacht und die Zuständigkeit für ein neues Problem sind die Fachzeitschriften der beteiligten Fächer das zentrale Forum, in dem das Engagement der eigenen Profession für das Problem durchgesetzt und gleichzeitig den Nachbarprofessionen und den Instanzen sozialer Kontrolle die Kompetenz in der Problemanalyse und -bearbeitung vorgeführt wird. Auch hier geht es deshalb darum, bestimmte Problemmuster als allein zutreffend (und damit auch: zulässig) durchzusetzen.

Dieser Mechanismus erklärt nicht nur, warum sich die Diskurse in der Fachöffentlichkeit nicht immer nur auf Basis 'wissenschaftlich abgesicherter Ergebnisse' entfalten, sondern auch, wieso es kaum Kontrolle durch die Mitglieder der eigenen Disziplin gibt. VertreterInnen abweichender Meinungen müssen hier zwar nur selten moralische Verurteilung, aber um so häufiger einen Verlust von Ansehen und Beliebtheit bei den KollegInnen fürchten, wenn sie Widerspruch zu einem Problem anmelden, das ihre Profession gerade zu konstituieren oder sich anzueignen versucht. Der Nachweis, daß in der Fachöffentlichkeit dieselben Diskursstrategien wie in den Massenmedien verwendet werden, zeigt, daß die Behauptung, hier würden ausschließlich mit wissenschaftlichen Methoden gewonnene Erkenntnisse diskutiert und verbreitet, wahrscheinlich selbst nichts als ein Mythos[23] ist. Entsprechend kommt Lamnek (1987: 227) bei seinem Vergleich der Inhalte von Massenmedien und Fachzeitschriften auch zu dem - manche von uns vielleicht ernüchternden - Fazit: "Vorwürfe der Wissenschaftler an die Jour-

---

22 Weil sie überwiegend den Standards wissenschaftlicher Kommunikation (z.B. dem Verbot der Sanktionierung abweichender Meinungen) widersprechen.

23 Dabei darf nicht vergessen werden, daß auch die vom Beispielfall berichteten beiden Mythen heute zwar Bestandteil des Alltagswissens, historisch betrachtet jedoch wissenschaftlichen Ursprungs sind: der Mythos vom Mängelwesen Kind entstammt der Pädagogik des 18. Jahrhunderts, der Mythos der gefährlichen Sexualität der Sexualwissenschaft des 19ten.

nalisten sind jedenfalls nicht angebracht, denn beide verhalten sich gleichgerichtet und produzieren ähnlich gelagerte Konsequenzen."

Gerade wenn wir bei der Betrachtung von Problemkarrieren mit solchen Strategien zur Erzeugung von Aufmerksamkeits- und Handlungsprioritäten konfrontiert sind, müssen wir uns bewußt machen, worum es in der soziologischen Analyse sozialer Probleme geht. Ihre Aufgabe ist es, zunächst zu verstehen und anschließend aufzuzeigen, wie Problemwahrnehmungen verbreitet werden, was ihren Erfolg ausmacht, woher ihre Stabilität in der Zeit kommt - und vielleicht auch, warum es so schwierig ist, rational gegen Problemmuster zu argumentieren. Eine moralische Verurteilung solcher Strategien als 'manipulativ' o.ä. würde die Soziologie dagegen selbst zu einem Moralunternehmer machen, der andere Moralunternehmer zu desavouieren versucht. Auch außerhalb dieser eher wissenschaftsethischen Überlegung gibt es gute Gründe, es dabei bewenden zu lassen, den Sachverhalt lediglich zu konstatieren[24]:

Erstens zeigt die Analyse der Karrieren verschiedenster sozialer Probleme, daß eine Problemwahrnehmung sich ohne die geschilderten diskursiven Strategien und ihre zahlreichen 'Verwandten' nicht durchsetzen kann. Moralisieren, Dramatisieren und Mythenreproduktion sind (im Sinne der Häufigkeit ihres Auftretens) **normale** Durchsetzungs- und Absicherungsstrategien gesellschaftlicher Thematisierungen. Der Mangel an solchen Techniken könnte einer der Gründe dafür sein, warum manche Sachverhalte als "abgetriebene Probleme" enden.

Zur moralisierenden Betrachtung solcher Strategien gibt es **zweitens** keinen Grund, weil kollektive Akteure aus Individuen bestehen, die die von ihnen verbreiteten Muster in aller Regel selbst inkorporiert haben - und zwar mit allen geschilderten bewußten und unbewußten Bestandteilen. Was sie zu verbreiten suchen, ist nicht mehr und nicht weniger als die Realität, von der sie selbst überzeugt sind. Und selbst diejenigen, denen 'im Hinterkopf' klar ist, daß sie z.B. Statistiken manipulieren, tun dies zwar nicht nach bestem Wissen, aber doch zumeist mit bestem Gewissen - haben doch die Opfer nur bei Anerkennung des Problems eine Chance auf Abhilfe. Und die Entscheidung ob der (hier einfach einmal als 'gut' unterstellte) Zweck alle Mittel heiligt, basiert auf einer ethischen Grundentscheidung, die zu treffen keinem Menschen abgenommen werden kann.

Diese Feststellung führt **drittens** zu der (soziologisch zu beantwortenden) Frage, welche politischen und psycho-sozialen Strukturen es sind, die die Öffentlichkeit

---

24 Eher kritisch gegenüber solchen emotionalisierenden Techniken ist allerdings Nedelmann (1986: 404): "Hoch emotionalisierte Konflikte begünstigen die Tendenz zur Entdifferenzierung; sind Konfliktobjekte gering differenziert, so fordern sie dazu heraus, die emotionale Intensität zu steigern; beide Tendenzen fördern die Herausbildung strikter moralischer Vorstellungen und verschärfen die Erwartungen zur Verhaltenskonformität."

Notlagen von Menschen erst wahrnehmen lassen, wenn sie erfolgreich einen Prozeß der Dramatisierung durchlaufen haben - und die Gesellschaft erst handeln lassen, wenn keine Alternative mehr denkbar ist. Antworten darauf sollen die beiden nächsten Kapitel liefern, in denen es zum einen (Kapitel 6) um die Organisation der massenmedialen Öffentlichkeit und zum anderen (Kapitel 7) um die Institutionalisierung von Problemwahrnehmungen im Wohlfahrtsstaat geht. Dazu vorab vier Thesen zu den Konsequenzen, die diese strukturell verursachte Notwendigkeit, mit Diskurstechniken die Wahrnehmungs- und Handlungspriorität zu 'manipulieren', auf die 'Veröffentlichung' und Institutionalisierung sozialer Probleme hat:

1. Luhmanns Annahme vom Anfang der siebziger Jahre, ein Thema würde an öffentlicher Aufmerksamkeit verlieren, wenn das ihm zugrundeliegende Problem entweder gelöst ist oder sich als in der bestehenden Gesellschaft unlösbar erwiesen hat, ist m.E. nicht - zumindest aber: nicht mehr - richtig. Das Verschwinden von Problemwahrnehmungen aus der Öffentlichkeit ist heute weitgehend unabhängig davon, wie erfolgreich oder erfolglos die Bekämpfungsstrategien sind - und auch wie der eingehüllte soziale Sachverhalt sich entwickelt. Problematisierungen werden vielmehr durch neue Themen abgelöst, wenn diese die psychischen Bedürfnisse des Publikums auch nur annähernd gleich gut zu befriedigen versprechen: aufgrund ihres größeren Neuigkeitswertes haben sie eine erhöhte Chance, Aufmerksamkeitspriorität zu erzeugen.

2. Die Chance einer Problemwahrnehmung anerkannt zu werden, hängt weniger vom Ausmaß der Notlage oder von der Qualität ihrer Konsequenzen für die Betroffenen als vielmehr davon ab, wie gut sie sich zur Skandalisierung usw. eignet. Diese Tauglichkeit resultiert nicht ausschließlich aus dem verwendeten Problemmuster, sondern ist manchmal auch der Struktur des sozialen Sachverhalts geschuldet. So haben z.B. Probleme, deren Ursachen sich nur schwer personalisieren lassen, eine geringere Chance, Aufmerksamkeit zu finden. (Dies trifft besonders Sachverhalte, die - wie z.B. Arbeitslosigkeit - eng mit der sozio-ökonomischen Grundstruktur der Gesellschaft zusammenhängen.) Ähnliches gilt für Notlagen, die zwar eine große Zahl von Menschen betreffen, sich aber nicht in Form von spektakulären Einzelfällen ins Bild setzen lassen.

3. Mit Zunahme der Zahl der Betroffenen wachsen zwar die öffentliche Aufmerksamkeit und der Druck auf die für die Bekämpfung zuständigen Instanzen, gleichzeitig erscheint - wegen der bereitzustellenden Ressourcen - die Lösung des Problems immer schwieriger. Dies kann bis zur Annahme führen, es sei unmöglich, mit den Mitteln der bestehenden Gesellschaft Abhilfe zu schaffen[25]. Die

25 Eine Annahme, die - trotz aller definitorischer Einschränkungen - bei einigen der heute als soziale Probleme behandelten Sachverhalten durchaus realistisch sein könnte.

erfolgreiche Behauptung einer epidemieartigen Verbreitung kann deshalb (besonders beim politisch-administrativen System) auch die Tendenz erzeugen, die Notlage umgekehrt als endemisch zu bewerten. Eine Verschiebung des Bewertungsmaßstabes macht dann aus dem Problem einen Normalzustand, der keiner Abhilfe bedarf.

4. Wenn nach Abflauen der öffentlichen Aufmerksamkeit die emotionale Anbindung nachläßt, werden die Subjekte für rationale Kritik an der Problemwahrnehmung zugänglicher. Falls sich nun mehrere der Grundannahmen des Problemmusters (z.B. die Daten über Betroffenenzahlen) als unhaltbar herausstellen, kann dies dazu führen, daß der unterliegende soziale Sachverhalt selbst nicht mehr ernst genommen wird. Interesse für diesen Sachverhalt zu wecken, ist dann für einen längeren Zeitraum nicht nur unmöglich, weil niemand mehr vom Thema hören mag, sondern auch, weil viele Menschen sich getäuscht fühlen. Und: je gläubiger die Zuwendung vorher war, desto emotionaler wird die Ablehnung sein, in die sie dann umschlägt.

6 Öffentlichkeit: Wechselspiel zwischen Massenmedien und Bevölkerung

Über Erfolg oder Mißerfolg einer Problemwahrnehmung wird letztlich in der massenmedial beherrschten **Öffentlichkeit** entschieden. "Publizität durch Präsenz in der Berichterstattung der Massenmedien" (Schmitt-Beck 1990: 642) ist für jedes Thema die entscheidende Voraussetzung, um politisch wirksam zu werden. Der große Einfluß der Massenmedien[1] resultiert aus ihrer - im folgenden genauer zu bestimmenden - doppelten Rolle bei der Karriere sozialer Probleme: erstens sind sie die Institution, die Problemmuster an die Bevölkerung und staatliche Instanzen weitergibt (das heißt: sie **verbreitet**), zweitens sind sie der 'Flaschenhals' der öffentlichen Aufmerksamkeit, in dem die Problemwahrnehmungen sich - in Konkurrenz mit anderen Themen - bewähren müssen. (In funktionalistischer Betrachtungsweise würde man eine Transfer- und eine Selektionsfunktion unterscheiden.)

Die Bedeutung von Massenmedien für die Karriere sozialer Probleme muß also von zwei Seiten aus betrachtet werden:

1. Ausgehend von der These 'Die Massenmedien bestimmen die öffentliche Meinung', klärt der erste Abschnitt, in welchem Maße die Wahrnehmungen und Auffassungen von Bevölkerung sowie der staatlichen Instanzen von der massenmedialen Berichterstattung abhängig sind.

2. Auf die Frage, welche Probleme in welcher Form überhaupt eine Chance haben, von den Massenmedien aufgegriffen zu werden, antwortet die Gegenthese des zweiten Abschnitts: 'Die Interessen der Bevölkerung bestimmen die Themen der Medien'. Hier geht es z.B. um die Kriterien, die Medien für die Auswahl ihrer Themen haben.

Aus den 'Konsequenzen des Wechselspiels zwischen Medien und Bevölkerung' - so die Synthese im dritten Abschnitt - bestimmt sich schließlich die Eigendynamik von Problemwahrnehmungen, wenn sie erst einmal der Verfügungsgewalt des primären Akteurs entzogen sind und in der Öffentlichkeit flottieren.

6.1 Massenmedien bestimmen die öffentliche Meinung

Öffentliche Meinung als **herrschende** Meinung, von der die Subjekte (aber auch gesellschaftliche und staatliche Instanzen) nicht abweichen können, ohne mit

---

1 Für unseren Zweck ausreichend bestimmt sind Massenmedien als redaktionell gestaltete Medien, die ein allgemeines (und nicht ein Fach-)Publikum mit Informationen und Wertungen zu aktuellen Themen versorgen. (vgl. H.P. Peters 1994: 168)

Widerspruch oder gar Widerstand rechnen zu müssen, wird heute durch Massenmedien hervorgebracht und dominiert. "In Gegenwartsgesellschaften konstituiert sich öffentliche Meinung ... in erster Linie durch massenmediale Öffentlichkeit. Auch die auf den anderen Ebenen der Öffentlichkeit artikulierten Themen und Meinungen erreichen erst eine allgemeine Wahrnehmung, wenn sie von den Massenmedien aufgegriffen, berichtet und verstärkt werden: Veranstaltungen und das Rumoren an den Stammtischen werden erst allgemein bedeutsam, wenn es die Massenmedien aufgreifen und zum Thema machen." (Gerhards/Neidhardt 1991: 54-55; entspr.: Jarren/Altmeppen/Schulz 1993: 122; H.P. Peters 1994: 168)

Auf der individuellen Ebene handelt es sich bei 'öffentlicher Meinung' um kollektiv geteilte Wissensbestände, Bewertungen und Regeln, die beachten muß, wer im Alltag sich konform verhalten will. Für staatliche Instanzen hat sie in dem Maße Bedeutung, wie diese von der Zustimmung der Bevölkerung abhängig sind. Die öffentliche Meinung ist hier sowohl Sensor als auch Instrument für die Legitimation von Herrschaft: In der parlamentarischen Demokratie signalisiert öffentliche Meinung - am deutlichsten wird dies in den sog. Meinungsumfragen - Politikern und Parteien, wie beliebt sie und ihre Entscheidungen beim Wahlvolk (und entsprechend: wie große ihre Chancen beim nächsten Votum) sind. Gleichzeitig ist sie das wichtigste Mittel zur Durchsetzung und langfristigen Absicherung politischer Herrschaft: "Seit es Massenkommunikationsmittel gibt, versuchen Regierungen - und andere Akteure -, diese für ihre gesellschaftspolitischen Ziele zu **instrumentalisieren** ... Das genaue Ziel ist dabei letztlich das Erwirken bestimmter Publikumszustände, kognitive wie affektive, durch ein entsprechendes Medienangebot, die die Kompetenz und Bereitschaft der Bevölkerung zur Erreichung dieser Regierungsziele erhöhen." (Saxer 1989: 85; entspr.: Frank 1989: 180; Jarren/Grothe/Rybarczyk 1993: 13)

Der grundsätzlich in der Kommunikations- und Politikwissenschaft nicht bezweifelte Tatbestand, daß die (kollektive) Meinung der Bevölkerung von den in den Massenmedien verbreiteten Auffassungen abhängig ist, wurde in den letzten fünfzig Jahren von der Medienwirkungsforschung immer wieder empirisch zu konkretisieren versucht. Seit der Arbeit von McCombs und Shaw (1972) scheint man sich dabei weitgehend einig darüber, "daß die Medien nicht beeinflussen, was die Rezipienten denken, sondern worüber sie nachdenken, also welche Themen sie für wichtig bzw. welche Probleme sie für lösungsbedürftig halten" (Brosius 1994: 270; entspr.: Schulz 1989: 139). Dieser bis heute dominierende, sog. Agenda-Setting-Ansatz "behauptete ursprünglich einen in der Tendenz monokausalen Einfluß der Themenselektion der Medien auf die Bedeutung, die diese Themen in der Bevölkerung erlangen" (Funk/Weiß 1995: 21). Durch die Forschungsergebnisse der letzten zwanzig Jahre ist diese einfache Beziehung jedoch erheblich differenziert worden. Betont wird inzwischen die Rolle der sozialen Kontexte und der interpersonalen Kommunikation im 'persönlichen Netzwerk' für die Übernahme der Themen in die persönliche Agenda (Schenk/ Rössler 1994; Funk/Weiß 1995).

Demgegenüber zeigen empirische Untersuchungen, daß die - von der Agenda-Setting-Forschung weitgehend ausgeblendete - **Deutung und Bewertung** sozialer Sachverhalte durch die Bevölkerung weitgehend von der Medienberichterstattung abhängig ist (ein Überblick findet sich bei Kepplinger 1989: 59-60). Im Gegensatz zu früheren Jahrhunderten werden kollektive Deutungsmuster heute primär von den Massenmedien verbreitet und aktualisiert. Dies ermöglicht u.a. einen schnelleren Wechsel der gesellschaftlich dominierenden Deutungsmuster. (vgl. Schetsche 1992: 58) Für die Beurteilung von Sachverhalten ist dabei die Bedeutung der Medien um so größer, je geringer die eigene Betroffenheit ist, also je ferner das Problem von der Lebenswelt des Individuums ist (Zhu u.a. 1993, Coleman 1993).

Heute erreichen **neue** Deutungen die Öffentlichkeit (und damit das Bewußtsein der Individuen wie der gesellschaftlichen Instanzen) fast ausschließlich über die Massenmedien.[2] Diese bestimmen "mehr als jede andere Instanz" (Flöhl 1990: 137), was überhaupt öffentlich diskutiert werden **kann**. Dabei existiert in der Öffentlichkeit eine Wahrnehmungsschwelle: "Nur Themen, bei denen die Intensität der Berichterstattung diese Schwelle überschreitet, rücken in das öffentliche Interesse. ... Oft ist es ein besonders drastischer Bericht, der das Thema dann schlagartig in den Mittelpunkt des Interesses rückt. Andere Medien greifen das Thema auf, und plötzlich zeigt sich auch die Bevölkerung beeindruckt." (Brosius 1994: 272-275) Demgegenüber bleiben Sachverhalte, denen die Medien keine Publizität verleihen, politisch wirkungslos (Jarren/Grothe/Rybarczyk 1993: 14), eine "Problemfokussierung" ohne Vermittlung der Medien kann es nicht geben (Erbring 1989: 303, ähnlich Gamson 1988: 170).

Verschiedene Autoren haben aus dieser Rolle der Massenmedien für die Konstituierung öffentlicher Themen die Bedingungen für den Erfolg **sozialer Probleme** theoretisch näher zu bestimmen versucht. Nach Strodthoff u.a. (1985: 135-136) erfolgt die öffentliche Teilkarriere sozialer Probleme in drei zeitlich aufeinander folgenden Stufen:

1. wird eine Problemwahrnehmung in der Berichterstattung definiert und von anderen Sachverhalten unterschieden ("disambiguation");

2 In der Terminologie des Agenda-Setting-Ansatzes formuliert: "In der Entstehungsphase eines neuen Themas dürfte die Berichterstattung der Medien einen starken Einfluß auf die Rezipientenagenda besitzen. Je älter ein Thema wird und je routinemäßiger die Berichterstattung verläuft, desto schwächer dürften Agenda-Setting-Effekte werden." (Brosius 1994: 277)

2. erkennen diejenigen, die über die Inhalte eines Mediums bestimmen, an, daß die Besorgnis dem sozialen Sachverhalt gegenüber ein legitimer Teil der Berichterstattung ihres Mediums ist ("legitimation");

3. erhält das Problem einen regelmäßigen Platz und feste (zeitliche und personelle) Ressourcen im Rahmen der Berichterstattung ("routinization").

In den allgemeinen Massenmedien erfolgt die Thematisierung dabei jedoch erst, wenn das Problemmuster bereits in einer Teilöffentlichkeit (z.B. in der Fachpresse) - die Rolle der Fach- und Bewegungsöffentlichkeiten für die Formulierung von Problemmustern hatten wir bereits im zweiten Kapitel kennengelernt - hinreichend ausformuliert und spezifiziert worden ist. **Bestimmtheit** ist ein zentrales Selektionskriterium der Massenmedien für Problemwahrnehmungen. (137-138)

Ausgangspunkt der sehr differenzierten und innovativen Überlegungen von Hilgartner und Bosk (1988) ist die - im Prinzip wohl richtige[3] - Feststellung, daß öffentliche Aufmerksamkeit ein **knappes Gut** ist, um das Problemwahrnehmungen mit anderen Themen konkurrieren müssen. Wie sich soziale Probleme in der massenmedialen Öffentlichkeit durchsetzen und behaupten, beschreiben sie in einem 'Modell der öffentlichen Arenen'. Es ist von fünf Zusammenhängen[4] geprägt:

1. In dem dynamischen Prozeß der Konkurrenz zwischen verschiedenen Akteuren um öffentliche Aufmerksamkeit kann stets nur eine kleine Anzahl von "potentiellen" oder "vermeintlichen" Problemen den Status allgemeiner Bekanntheit erlangen. Um die anderen werden sich immer nur wenige Spezialisten kümmern oder - das ist das häufigste Schicksal - sie bleiben von der Öffentlichkeit gänzlich unbeachtet.

2. Die kollektive Definition von Problemen findet in - im Einzelfall genau bestimmbaren - Teilöffentlichkeiten statt; hier erhalten sie ihren Rahmen und beginnen zu wachsen ("are framed and grow").

3. Die Zahl der zur selben Zeit thematisierten Probleme wird nicht von der Zahl der schädlichen und gefährlichen Situationen und Bedingungen bestimmt

---

3 Auf die m.E. nötige Einschränkung der These des knappen Gutes werde ich im dritten Abschnitt noch zu sprechen kommen.

4 Ein sechster Zusammenhang - die Verbindungen zwischen besonderen Spezialistengruppen in verschiedenen Arenen - ist für unsere Fragen von geringerem Interesse.

("determined"), sondern ausschließlich von der Bearbeitungskapazität der öffentlichen Arenen.[5]

4. Jede Teilöffentlichkeit hat eigene institutionelle, politische und kulturelle Selektionsprinzipien, nach denen die dort behandelten Probleme ausgewählt werden.

5. Die Teilöffentlichkeiten beeinflussen sich wechselseitig in Form positiver Rückkopplungskreisläufe: ein Problem, das in einer Arena Karriere zu machen beginnt, hat gute Chancen, auch in anderen beachtet zu werden.

Daß in einer Gesellschaft (These eins und drei) stets nur eine bestimmte Anzahl von Themen - von denen wiederum nur einige soziale Probleme sind - zur selben Zeit öffentlich diskutiert und 'bearbeitet' werden kann, erklärt nicht nur die Konkurrenz[6] der Akteure verschiedener Probleme, sondern auch die Notwendigkeit der systematischen Verwendung von **Diskursstrategien**. Mit ihnen wird der Kampf der Themen um Aufmerksamkeit - bei den Medien wie bei deren RezipientInnen - ausgetragen. Wirksamstes Mittel ist die emotionale Adressierung der Individuen: "Die Verwendung dramatisierender Elemente in einem Beitrag, z.B. einer emotionalen Sprache oder emotionalisierender Bilder, führt dazu, daß das dargestellte Thema für wichtiger bzw. lösungsbedürftiger erachtet wird." (Brosius 1994: 283; vgl. Weiß 1989: 477) Nur ein emotionalisiertes und emotionalisierendes Problem hat Chancen, bei der Bevölkerung Wahrnehmungs- und Handlungspriorität zu erlangen - und zum Thema staatlicher Problempolitik zu werden. Dies liegt u.a. daran, daß die Einflußnahme der Medien kein einseitiger Vorgang ist, die Rezipienten die Inhalte der Medienberichterstattung vielmehr aktiv aufnehmen und in ihre eigene Meinung zum Thema 'einbauen' müssen, wenn diese wirksam werden sollen (Gamson 1988: 165, 171). Und diese Bereitschaft zur aktiven Auseinandersetzung wird durch die Emotionalisierung des Gegenstandes erhöht.

Die zweite These deckt sich mit der von mir im zweiten Kapitel vertretenen Auffassung, daß soziale Probleme ihre Karriere nicht in der allgemeinen Öffentlichkeit beginnen, sondern in speziellen Teilöffentlichkeiten - seien es Fachzeitschriften, Fachöffentlichkeit oder die Spezialmedien sozialer Bewegungen (vgl.

---

5 Zu Recht weist Brosius (1994: 282) darauf hin, daß Gleiches auch für die Aufnahmefähigkeit der Individuen gilt: "Auch in den Köpfen der Rezipienten findet ein ähnlicher Verdrängungsmechanismus statt. Sowohl Nachrichtenauswahl als auch Nachrichtenrezeption sind also durch den Kampf der Themen um Platz bzw. Aufmerksamkeit geprägt."

6 "Unter Konkurrenzdruck versuchen die Öffentlichkeitsakteure, die von ihren Interessen her bestimmten Beiträge bei einem großen Publikum ... erfolgreich abzusetzen. Sie müssen im Hinblick darauf mit ihren Beiträgen sowohl interessanter und wichtiger als auch kompetenter und glaubwürdiger erscheinen als ihre Mitkonkurrenten." (Neidhardt 1994: 17)

Gamson 1988: 165). Der Begriff der Rahmung weist darauf hin, daß in diesen Spezialöffentlichkeiten die primären Definitionsprozesse stattfinden und die Deutungsmuster, die die Problemwahrnehmung bestimmen, bereits weitgehend 'fertig' in die Massenmedien gelangen. Bei Strodthoff u.a. (1985) war dies als 'hinreichende Bestimmtheit' charakterisiert.

Der Definitionsprozeß ist (These vier) von den jeweils spezifischen Bedingungen der Teilöffentlichkeit geprägt, in denen er stattfindet. Dies gilt für die Inhalte der einzelnen Bestandteile des verwendeten Problemmusters, den Umfang, in dem sie ausformuliert werden, sowie für die Art ihrer Verknüpfung. Eine Problemwahrnehmung, die aus einer wissenschaftlichen Teilöffentlichkeit kommt, wird so z.B. durch eine versachlichte Fachsprache und das aktuell herrschende Paradigma (mit seinen typischen Erklärungszusammenhängen) geprägt sein. Das aus einer sozialen Bewegung stammende Problemmuster bedient sich hingegen vielleicht eher politisch-aktionistischer Begrifflichkeiten und fokussiert auf die Mobilisierungsfunktion von Lösungsvorschlägen. Eine systematische Zusammenstellung solcher Merkmale, die - besonders zu Beginn der empirischen Rekonstruktion einer Problemkarriere - Aufschluß über die 'Herkunft' eines Problemmusters geben könnten, gibt es m.W. bislang jedoch noch nicht.

Die fünfte These geht davon aus, daß es neben diesen spezifischen Selektionsprinzipien auch solche gibt, die allen (oder doch vielen) Teilöffentlichkeiten gemeinsam sind. Postuliert wird ein gemeinsamer Korpus von Regeln und/oder Interessen, der dazu führt, daß den jeweils erfolgreichsten Themen einer Teilöffentlichkeit mit einer gewissen Wahrscheinlichkeit der Sprung in andere Öffentlichkeiten gelingen wird. Entscheidendes Erfolgskriterium ist hier die 'Übernahme' durch auch nur einige wenige andere Teilöffentlichkeiten: Wenn diese Passage geglückt ist, sorgt ein Mechanismus der positiven Rückkopplung dafür, daß viele andere Medien nachziehen.

Was in den Ausführungen von Hilgartner und Bosk fehlt, ist die Angabe dieses gemeinsamen Interesses, das Teilöffentlichkeiten gleichsam zwingt, sich eines Themas (hier: eines sozialen Problems) anzunehmen, wenn es bereits in mehreren anderen be- und verhandelt wird. Das fehlende Movens für diesen Prozeß ist, wie ich meine, nichts anderes als der gemeinsame Kampf aller Medien um die Gunst der RezipientInnen.

6.2 Die Interessen der Bevölkerung bestimmen die Themen der Medien

Warum diese Gunst so wichtig ist, zeigt ein kurzer Blick auf die ökonomisch-rechtliche Verfaßtheit der Massenmedien, die heute die Öffentlichkeit beherrschen. Die überwiegende Zahl der für die Karriere sozialer Probleme wichtigen Massenmedien (die 'elektronischen' Hörfunk und Fernsehen, sowie die 'Printmedien' Zeitungen und Zeitschriften)[7] sind in der Bundesrepublik der neunziger Jahre Wirtschaftsunternehmen. Oberstes Ziel jedes Unternehmens aber ist es, Gewinne für seine Kapitalgeber zu erwirtschaften. Diese Bestimmung der Massenmedien als Kapitale wie andere auch (Zohlnhöfer 1989: 37) gilt für die Presse seit Entstehung der Bundesrepublik[8], für den Rundfunk seit Ende der achtziger Jahre.[9] Die "systemeigenen Wettbewerbsbedingungen" (Jarren/Altmeppen/Schulz 1993: 119) sind dabei für die beiden Mediengruppen partiell unterschiedlich. Aus Gründen der Vereinfachung werde ich mich in den folgenden Darstellungen auf Zeitungen einerseits und das Fernsehen andererseits konzentrieren (das Geschilderte gilt jedoch in ähnlicher Form auch für Zeitschriften und den Hörfunk).

Presseverlage erzielen Einnahmen sowohl durch den Verkauf der Zeitungen als auch durch die in ihnen geschalteten Anzeigen. Bei Tageszeitungen erbringt im Durchschnitt ein Drittel der Einnahmen der Verkauf, die anderen zwei Drittel sind Werbeerlöse (Weischenberg 1990: 49)[10]. Der von den Anzeigenkunden bezahlte Preis für eine Anzeige bestimmter Größe hängt primär von der Auflagenhöhe des einzelnen Blattes ab: Je mehr Menschen eine Zeitung regelmäßig lesen, desto mehr Geld kann von einem Anzeigenkunden für die Werbung verlangt werden - und desto höher sind also die Einnahmen pro Anzeigenseite. Gleichzeitig sinkt jedoch mit der Auflagenhöhe der sog. Tausenderpreis, also die Summe die ein Kunde pro tausend produzierten Zeitungen zahlen muß, stark ab. Dies gilt als wichtigste Ursache der Pressekonzentration.[11] Die einzige Möglichkeit neben der Auflagensteigerung, die Einnahmen aus dieser Quelle zu vermehren, ist die Erhöhung des Anteils der Werbung am Gesamtumfang eines Blattes.

---

7 Andere elektronische (wie Btx) oder Printmedien (wie Anzeigenblätter) spielen für unseren Zusammenhang heute so gut wie keine Rolle.

8 In der Weimarer Republik hatte die Parteipresse eine ungleich stärkere Bedeutung; im Dritten Reich galten aufgrund der 'Gleichschaltung' aller Medien gänzlich andere 'Gesetzmäßigkeiten'. Wie Habermas (1980: 221-220) zeigte, begann die allgemeine Entwicklung der Presse zu Erwerbsunternehmen jedoch bereits in der Mitte des 19. Jahrhunderts.

9 Während beim Hörfunk in der Mitte der neunziger Jahre noch die öffentlich-rechtlichen Sender dominieren, sieht dies beim Fernsehen ganz anders aus. 1993 konkurrierten im durchschnittlichen Kabelhaushalt 23, im durchschnittlichen Satellitenhaushalt 33 Sender um die Gunst des Publikums (Debus 1994: 296), davon waren nur noch sechs bis sieben (ARD, ZDF, 3Sat, der deutsch-französische Gemeinschaftssender Arte und zwei bis drei 'Dritte Programme') öffentlich-rechtlich organisiert.

10 Dieses Verhältnis ist in den letzten zehn Jahren weitgehend stabil geblieben (Zohlnhöfer 1989: 47).

11 Ein entsprechender Mechanismus auf Basis eines "Tausendkontaktpreises" wirkt auch bei den elektronischen Medien.

Die privatwirtschaftlich organisierten **Fernsehsender** verfügen dagegen nur über eine Finanzierungsquelle: die Werbeeinnahmen.[12] Selbst die von ihrem Anteil am Gesamtmedium Fernsehen immer unbedeutender werdenden öffentlich-rechtlichen Rundfunkanstalten können heute ihren Sendebetrieb ohne Einnahmen aus der Werbung nicht mehr aufrechterhalten.[13] Im Gegensatz zur Werbung in der Presse, bei der es nur eine geringe Binnendifferenzierung der Anzeigenpreise nach Ort des Abdruckes gibt (besonders teuer sind z.B. die äußeren Rückseiten von Zeitschriften), ist beim Rundfunk der Sendeplatz die entscheidende Determinante für den Preis einer Werbesekunde. Besondere Unternehmen (in der Bundesrepublik heute dominierend: die Gesellschaft für Konsum- und Marktforschung - GfK) erheben permanent die sog. Einschaltquoten aller Fernsehsender. Dazu wird aufgrund einer (behaupteten) repräsentativen Auswahl von potentiellen RezipientInnen hochgerechnet, wie viele Haushalte und Personen - differenziert nach sozialstrukturellen, besonders aber als konsumwirksam angenommenen Kriterien - einen Sender zu einem bestimmten Zeitpunkt eingeschaltet haben. Nach dem Ergebnis dieser Erhebung bestimmt sich - unabhängig davon, ob die verwendeten Modelle und Methoden korrekt sind - der Preis für die Werbungseinblendungen. Im Gegensatz zu Zeitungen und Zeitschriften bei denen nur die pauschale Auflagenhöhe von Bedeutung ist - wird hier die 'Reichweite' differenziert für einzelne Sendeeinheiten bestimmt. Dies ermöglicht den Fernsehsendern u.a., sehr schnell auf Änderungen bei der Aufmerksamkeit für einzelne Sendungen zu reagieren.

Wenn wir einmal vom öffentlich-rechtlichen Rundfunk absehen, ist für alle wichtigen Massenmedien die **Werbung** die einzige (private Fernseh- und Hörfunkprogramme) oder die dominierende (Zeitungen und Zeitschriften) Einnahmequelle. Der entscheidende Faktor für den wirtschaftlichen Erfolg eines Mediums ist entsprechend ausschließlich die Zahl der regelmäßigen RezipientInnen. Dieser ökonomische Zusammenhang ist es, der heute[14] weitgehend die Inhalte der Medien bestimmt. "Die ökonomische Funktionslogik werbefinanzierten Rundfunks [entsprechendes gilt für das Fernsehen und die Printmedien] gründet sich darauf, daß es sich um die gemeinsame Erstellung zweier Güter handelt, die

---

12 Die Netto-Werbeumsätze betrugen 1993 bei RTL 1,84 Mrd., bei SAT1 1,28 Mrd. und bei Pro7 670 Mill. DM, demgegenüber beim ZDF 370 Mill. und bei der ARD 445 Mill. DM. Dabei erlitten ARD und ZDF gegenüber den Vorjahren erhebliche Umsatzverluste; der Anteil der öffentlich-rechtlichen Sender an den Fernsehwerbeumsätzen betrug 1993 nur noch 16,8 Prozent. (Debus 1994: 288-289)

13 1992 betrugen das gemeinsame Gebührenaufkommen von ARD und ZDF 8,23 Mrd., die Werbeeinahmen (noch) 1,75 Mrd. DM. (Meyn 1994: 170)

14 Im Gegensatz zur sog. Medienkritik der siebziger Jahren (Hennig 1971: 28; Nuissl 1975:75; Zoll 1971: 15) wird eine direkte Einflußnahme von Werbekunden auf die redaktionellen Inhalte von Presse und Rundfunk heute nur noch in Ausnahmefällen als bedeutsam angesehen. (vgl. Kruse 1989: 87, Meyn 1994: 86)

ganz unterschiedlichen Interessenten angeboten werden, aber in ihrer Existenz voneinander abhängen, nämlich (1) das Gut 'Programm' für die Zuschauer und (2) das Gut 'Publizität' für Werbetreibende. ... Eine Zahlungsbereitschaft der Werbetreibenden besteht jedoch nur in dem Maße, in dem das Programm Zuschauer anzieht und damit Publizität erzeugt. Das Gut Programm wieder ist nur in dem Maße produzierbar, in dem das Gut Publizität effektiv Erlöse erzielt. Für kommerzielle Rundfunkveranstalter ist also das Programm nur das Mittel zum Zweck der Produktion von Publizität." (Kruse 1989: 86; entspr.: Schenk 1989: 9)

Die gesendeten bzw. gedruckten redaktionellen Inhalte dienen demnach **ausschließlich** dazu, die Zahl der KonsumentInnen und damit die Höhe der Werbeeinnahmen zu maximieren. Nach dieser allein auf die Zahl der RezipientInnen bezogenen ökonomischen Verwertungslogik sind Medien gezwungen, über Themen zu berichten und Präsentationsformen zu benutzen, von denen die zuständigen Redakteure **annehmen**[15], daß sie bei der Bevölkerung, zumindest aber bei der anvisierten Zielgruppe, auf größeres Interesse stoßen, als die Angebote der Konkurrenz. "Unter dem Zwang, auf die Publikumsbedürfnisse und -gewohnheiten einzugehen, werden Themen danach ausgewählt und präsentiert, ob sie 'interessant' sind ... Das wichtigste Kriterium bei redaktionellen Entscheidungen ist heute der Publikumsgeschmack ..." (Donsbach 1993: 247-248; vgl. Flöhl 1990: 137).

Für die aktuelle und zeitkritische Berichterstattung sind aufgrund kollektiver journalistischer Erfahrung Kriterien für den sog. Nachrichtenwert von Themen entwickelt worden, nach denen das potentielle Interesse der Bevölkerung **abgeschätzt** wird:

"- Überraschung und Aktualität des Ereignisses,
- Vertrautheit des thematischen Bezugsrahmens,
- Einfluß und Prominenz der Akteure,
- Konflikt, Schaden oder Normverletzung,
- geographische und kulturelle Nähe." (Erbring 1989: 303)

Je mehr dieser Kriterien zutreffen, desto größer ist die Wahrscheinlichkeit, daß über das Thema oder Ereignis berichtet wird.

15 "Da die Attraktivität ex ante nur schwer zu prognostizieren ist, beinhaltet die Produktion als irreversible Investition in die jeweilige Software erhebliche Risiken." (Kruse 1989: 82)

Soziale Probleme sind für Massenmedien Themen wie andere auch. Sie gelten zunächst einmal ganz generell als berichtenswert[16], weil sie stets Verletzungen der sozialen Wertordnung und die Schädlichkeit für eine große Anzahl Betroffener behaupten (vgl. Schmitt-Beck 1990: 650). Bei ihnen ist in jedem Fall das vierte Kriterium von Erbring ("Konflikt, Schaden, Normverletzung") vollständig erfüllt. Die Orientierung der Medien an den Wünschen des Publikums bringt darüber hinaus eine ganze Reihe spezifischer Kriterien hervor, die es wahrscheinlicher machen, daß eine Problemwahrnehmung massenmedial prozessiert wird. Solche **Publizitätsfaktoren** sind:

1. Der Anschluß der Problemwahrnehmung an Alltagsmythen und von der gesamten Bevölkerung geteilte Werte: aufgrund von Wiedererkennungseffekten fällt es den RezipientInnen leichter, die Inhalte des Problemmusters aufzunehmen und in das eigene Weltbild einzubauen. Hierdurch werden auch kognitive Dissonanzen, die bei der Konfrontation mit sozialen Anomien stets drohen, wenn auch nicht vermieden, so doch zumindest abgeschwächt.

2. Die Individualisierbarkeit und Personalisierbarkeit des Problems und seiner schädlichen Folgen: Der Bericht über einzelne 'Opfer' gestattet es den RezipientInnen, sich innerlich mit den Betroffenen zu identifizieren; das 'Mitleid' befriedigt emotionale Bedürfnisse (was ein zentraler Gebrauchswert der Massenmedien - insbesondere des Fernsehens - ist).

3. Die Identifizierung von Schuldigen: individuell oder kollektiv zurechenbaren Verantwortlichkeiten schaffen Subjekte, auf die sich die ausgelöste Empörung richten und an denen sich die Emotionen entladen können. Das Publikumsinteresse folgt hier - ähnlich wie beim vorher genannten Faktor - eher fiktionaler 'Dramaturgie'. Vorgeführt werden Schurken und Bösewichter.

4. Die personale Nähe zu den RezipientInnen: Sowohl die eigene potentielle Betroffenheit (jede/r wird einmal alt oder kann Opfer eines Verbrechens werden) als auch die persönliche Kenntnis eines 'Falles' (in Familie, Bekannten- oder Kollegenkreis) erhöhen das Interesse an der Berichterstattung, wie auch die Bereitschaft, das zu verbreitende Problemmuster aufzunehmen und im Alltagshandeln zu reproduzieren.

5. Bei Fernsehen und Zeitschriften schließlich die gute Visualisierbarkeit des Problems, der Betroffenen und ihres Schicksals: Bilder transportieren nicht nur stärker als die meisten Worte die emotionalen Botschaften des Problemmusters, sondern sie umgehen auch weitgehend die kognitiven Prüfmechanismen, die mit Textverständnis stets verbunden sind. Denn: Bilder

---

16 "Die Inhalte der Medienprodukte bestehen aus 'unerwarteten Ereignissen', 'Neuigkeiten', 'Sensationellem', 'Abweichungen', 'Skandalösem'. Es ist 'problematische Realität', nicht die 'erbauliche Realität'." (Cremer-Schäfer 1993: 100)

(besonders die bewegten) 'leuchten' immer ein, erscheinen nie als 'unlogisch' und sie - dies ist ein weit verbreiteter Irrtum - 'lügen nicht'.

Leicht(er) haben es in den Massenmedien Problemwahrnehmungen, bei denen etliche dieser Publizitätsfaktoren zutreffen: sexueller Mißbrauch, Kriminalität, politische Gewalttaten oder auch satanische Kulte. Schwer(er) ist Aufmerksamkeit hingegen für diejenigen zu erringen, die nur wenige oder keine dieser Kriterien vorzuweisen haben, zu nennen sind hier z.B. Selbstmord, Nichtseßhaftigkeit und psychische Behinderungen. Daß auch die letztgenannten heute - wenn auch mit weit geringerem öffentlichen Interesse - anerkannte soziale Probleme sind, zeigt, daß es nicht unmöglich ist, Publizität für eine Problemwahrnehmung zu erhalten, der diese Faktoren weitgehend fehlen. Ein solcher Mangel bedeutet für die Karriere eines sozialen Problems allerdings, daß die Akteure selbst ein höheres Maß an diskursiver Energie aufwenden müssen, um die Problemwahrnehmung in den Massenmedien (für Teilöffentlichkeiten gelten andere Faktoren) zu installieren. Hier bedarf es oftmals besonderer Anlässe (wie der Bekanntgabe neuer 'alarmierender' statistischer Daten) oder einer persönlichen Färbung (z.B. dem Freitod eines verzweifelten Betroffenen), um kurzfristig Publizität zu erlangen.

Aufgrund ihrer stärkeren Abhängigkeit von den Werbeeinnahmen fokussieren beim Fernsehen die Privatsender - verglichen mit den öffentlich-rechtlichen Anstalten - ihre Berichterstattung auch bei sozialen Problemen stärker auf die Themen, bei der eine hohe Erwartungssicherheit bezüglich des RezipientInnen-Interesses besteht. Als besonders zuverlässig gelten - und dies wäre ein weiterer Publizitätsfaktor, der jedoch nicht nur für Problemwahrnehmungen gilt - hier die Inhalte 'Sexualität' und 'Gewalt' (in der klassischen Medieninhaltsforschung zusammengefaßt als 'Sex-and-Crime-Berichterstattung'). Einzelne Themen sind hier "einerseits Gewalt, Gesetzesverletzungen, Skandale, Drogen, Angst, Bedrohung und andererseits Sex, Prostitution und diverse Pervertierungen" (Krüger 1995: 86).

Nichts bewegt die moderne Öffentlichkeit so nachhaltig und unbegrenzt wie 'Sexualität': "Sexuelle Gefahr ist ein beständiger Favorit für die Medien ... 'Sexualpaniken' beschäftigen Journalisten und 'Infotainer' ebenso wie die Sex-Skandale der Berühmten - und aus dem selben Grund: Kitzel, Klatsch, Erziehung und Moralisieren. Jedes dieser Themen mobilisiert öffentliches Interesse und Kontroversen ..." (Tiefer 1994: 365; entspr. Wakefield/Underwager 1988: 413; Gusfield 1989: 433). 'Gewalt' ist vielleicht das wichtigste Verdichtungssymbol unserer Gesellschaft überhaupt. Alles was mit Gewalt zu tun hat (oder richtiger: so bezeichnet wird), läßt Gefahr, Bedrohung und gesellschaftliche Unordnung assoziieren. Als immer auch moralische Kategorie[17] läßt 'Gewalt' keinerlei Nachfragen über die Ursachen und die Bewertung einer Handlung zu.

Als Ideal im Sinne des antizipierten RezipientInnen-Interesses gilt die Verbindung beider Themenkomplexe, die Problemen wie 'Pornographie', 'sexuelle Belästigung am Arbeitsplatz' und 'Vergewaltigung in der Ehe' einen Wettbewerbsvorteil gegenüber den meisten anderen Problemwahrnehmungen verschafft. Dieser Nexus 'Sexualität und Gewalt' war es auch, der dem sexuellen Mißbrauch seit Mitte der achtziger Jahre in der Bundesrepublik - in den USA begann dies einige Jahre vorher - sehr große (und bis heute andauernde) Publizität verschafft hat. Bei diesem Problem kommt hinzu, daß die Medien den RezipientInnen (entsprechend des o.g. Publizitätsfaktors) aufregendes Bildmaterial liefern können. Dabei spielt es keine Rolle, ob der primäre Reiz der spärlich geschwärzten oder riskant geschnittenen Bilder der für die Herstellung von Kinderpornographie mißbrauchten Minderjährigen, die in zahlreichen Illustrierten und Fernsehmagazinen zu sehen sind, in der sexuellen Erregung oder im tiefen Abscheu liegt. Wohliger wie gruseliger Anreiz stellen an die Medien gerichtete Bedürfnisse dar, die erfüllt werden wollen. "Eine stets vorhandene Nachfrage prüft die verfügbaren Sexualthemen darauf, ob sie sich nicht für die Phantasmagorie eigenen. Tribunale gegen sexuelle Gewalt liefern nur zu reiche Anschauung und locken ein Publikum an, das mehr genießt, als sich erschüttern zu lassen. Die Protodramen der Verfolgung schlimmer Taten können als pornographischer Text gelesen werden." (Lautmann 1995: 188)

Beim sexuellen Mißbrauch sind 'Sexualität' und 'Gewalt' außerdem noch mit der in unserer Gesellschaft dominierenden Vorstellung des Kindes als unschuldigem und hilflosem - was auch heißt: zu beschützendem - Wesen verbunden (ein weiterer der o.g. Faktoren). Dies gilt in besonderem Maße für die beim Problem Mißbrauch in erster Linie gemeinten weiblichen Opfer: Nach dem herrschenden Rollenklischee sind Mädchen passiv und ängstlich, sie können sich 'von Natur aus' gegen Übergriffe nicht wehren. Aufgrund dieser Verknüpfung der drei Themen 'Sexualität', 'Gewalt' und 'Kindheit' entstand fast unmittelbar nach Beginn der Medienberichterstattung ein weitgehender öffentlicher Konsens, aufgrund dessen es sich keine Partei erlauben konnte, das Problem politisch zu ignorieren (oder gar eine skeptische Haltung dem Problemmuster gegenüber einzunehmen). Wie schnell in diesem Themendreieck allgemeiner Volkszorn und kollektive Strafphantasien die öffentliche Meinung beherrschen, war überdies noch aus der Vergangenheit (typisch der 'Fall' Jürgen Bartsch - dazu: Kaiser 1982: 194 und Adorno 1963) bekannt.

Die Massenmedien konnten deshalb mit fast absoluter Sicherheit davon ausgehen, daß dieses Problem die ZuschauerInnen und LeserInnen auf Dauer zum Einschalten bzw. Lesen würde motivieren können. Dies erklärt ihre große Bereitschaft, kontinuierlich und in den verschiedensten Formen - von aktuellen

---

17 Eine ausführliche Diskussion zur Bedeutung des Gewaltbegriffs für die öffentliche Skandalisierung von Problemen findet sich bei Honig 1992: 369-375 und Cremer-Schäfer 1992: passim.

Reportagen und Hintergrundberichten bis hin zu Problem- und Kriminalfilmen - über sexuellen Mißbrauch zu berichten. Die von den Fachleuten bescheinigte Seriosität des Themas ermöglicht es hier selbst den öffentlich-rechtlichen Medien, am sonst als degoutant Empfundenen zu partizipieren.

Durchgängig alle Problemwahrnehmungen werden bei ihrem Weg durch die öffentlichen Arenen zusätzlich in den typischen medialen Darstellungsmodus versetzt. Zu ihm gehört z.B., Informationen stets so mit Bewertungen zu verknüpfen, daß "ständig auch an Einstellungen und Affekte des Medienpublikums appelliert" wird (Weiß 1989: 477). Diese Emotionalisierung sowie die Verwendung der im vorigen Kapitel geschilderten Diskursstrategien ist nicht nur Folge der Konkurrenz einer Vielzahl von Themen um öffentliche Aufmerksamkeit, sondern auch des Kampfes der einzelnen Medien um die Gunst der RezipientInnen. Spätestens in diesem Kampf schreibt sich die **mediale Skandalform**[18] den prozessierten Problemwahrnehmungen unweigerlich ein; ohne sie kann kein soziales Problem Karriere machen.

6.3 Konsequenzen des Wechselspiels zwischen Medien und Bevölkerung

Wenn sowohl die deutungsbestimmende Rolle der Medien in der öffentlichen Meinung als auch die Ausrichtung der Medienberichterstattung an Publikumswünschen Realität sind, ergibt sich für die Durchsetzung von Problemwahrnehmungen in der Öffentlichkeit folgender typischer Verlauf: Massenmedien nehmen aus der Fachöffentlichkeit und aus den Aktionen der sozialen Bewegungen die Problemwahrnehmungen auf, für die sie sich Interesse beim Publikum versprechen. Unpassende Teile des Problemmusters werden dabei entsprechend der medialen Anforderungen umformuliert oder entfallen. Die Chance eines Problemmusters ist um so größer, je stärker es bereits vom primären Akteur bzw. in den vorgeschalteten Spezialöffentlichkeiten an die Indikatoren hoher Aufmerksamkeitsvermutung (z.B. eine große Zahl Betroffener, die Schädlichkeit, persönliche Vorwerfbarkeit) angepaßt worden ist. Mit anderen Worten: Je näher eine Problemwahrnehmung der medialen Skandalform ist, desto größer ist die Wahrscheinlichkeit, daß sie die Aufmerksamkeit der Medien erregt und von ihnen verbreitet wird. Wenn die Einschätzung der Redakteure usw. richtig war und die Problemwahrnehmungen auf Interesse bei den RezipientInnen stoßen, werden sie zum Gegenstand regelmäßiger Berichterstattung. In diesem Fall erhalten alle

18 Im Gegensatz zu Kontroversen, bei denen mindestens zwei Lager "mit ähnlichem Gewicht diskussionswürdige Positionen vertreten" sind Skandale publizistisch angeprangerte Normverstöße, bei denen es "nur noch eine legitime Position [gibt]. Dabei sind auch die Konsequenzen klar. Sie bestehen in der Verurteilung der Schuldigen."(Kepplinger 1994: 214)

Beteiligten das, nach dem ihnen jeweils verlangt: die Akteure Publizität für 'ihr' Problem, die Bevölkerung 'interessante' Medienberichterstattung und die Medien hohe Werbeeinnahmen aufgrund großer Einschaltquoten bzw. Auflagen. Durch die regelmäßige Verbreitung werden die Problemmuster bei Bevölkerung und staatlichen Instanzen wirksam. Die Individuen deuten ihre Umwelt im Sinne des Problemmusters und befolgen dessen Handlungsanleitungen; die politischen und staatlichen Instanzen nehmen das Problem in ihren Aufgabenkatalog auf und entwickeln Bekämpfungsmaßnahmen, die wiederum der Bevölkerung und den Problemakteuren signalisieren, daß 'etwas geschieht'.

Die Anpassung von Problemwahrnehmungen an die massenmediale Skandalform hat in dem geschilderten Prozeß zwei Bedeutungen: erstens vergrößert sie bei der Nachrichtenauswahl die Chance, von den zuständigen Redakteuren als potentiell interessantes Thema wahrgenommen zu werden und zweitens verringert sie den Aufwand für die mediengerechte Bearbeitung der Problemwahrnehmung. In der Praxis der Problemkonstituierung bedeutet dies, daß Akteure, die eine Problemwahrnehmung in den Massenmedien durchsetzen wollen, bereits bei der 'Konstruktion' des Problemmusters die Eigengesetzlichkeiten des Mediensystems (primär: das Unterhaltungsinteresse der durchschnittlichen RezipientInnen) beachten sollten. "Die Eigenheiten der politischen Massenkommunikation bilden somit eine wesentliche Randbedingung im Mobilisierungsprozeß sozialer Bewegungen und stellen wichtige Determinanten ihrer Mobilisierungs- und Einflußchancen dar ... Die Anpassung an die Gesetzmäßigkeiten der Informationsauswahl- und Themenstrukturierungsprozesse, welche die Gestalt der Medienrealität steuern, wird somit zu einer wichtigen Funktion der Bewegungsunternehmer." (Schmitt-Beck 1990: 647)

Wenn ein Problem erst einmal in der Öffentlichkeit konstituiert ist, erzeugt es - zumindest für einige Zeit - selbständig kontinuierliches Interesse an weiterer Berichterstattung, weil es in der Wahrnehmung der Bevölkerung wie der staatlichen Instanzen zu einem positiven (sich also wechselseitig verstärkenden) Rückkopplungseffekt kommt: "Einerseits ist es wahrscheinlich, daß die Beachtung der Medienberichterstattung über ein bestimmtes politisches Problem dazu führt, dieses Problem als öffentlich bedeutsam einzustufen. Andererseits dürfte das geschärfte Bewußtsein für ein bestimmtes politisches Problem zur Folge haben, daß die Medienberichterstattung über dieses Problem besonders aufmerksam verfolgt wird." (Funk/Weiß 1995: 22; entspr. Hansen 1991: 448-449) Allerdings wächst mit der Verweildauer eines Problems in der öffentlichen Arena auch die Chance der Übersättigung der RezipientInnen, z.B. aufgrund eines unaufhörlichen 'Bombardements' mit weitgehend identischen Einzelschicksalen. Dies ist allerdings für eine Problemkarriere nicht als negativ anzusehen, solange nur die Aufnahme der geforderten Bekämpfungsmaßnahmen in den Katalog staatlichen Handelns erfolgt, bevor der 'Stern' des Problems 'am Medienhimmel' zu sinken beginnt. Anschließend kann es allerdings - dies vermuten zumindest Hilgartner/Bosk (1988: 71) - für Probleme mit ähnlichen Merkmalen eine Zeit lang schwieriger sein, Aufmerksamkeit bei Medien und Publikum zu erringen.

Wie Deutungen - z.B. in Form von Problemmustern - von den Massenmedien verbreitet werden, ist bislang systematisch kaum erforscht worden. In der Literatur (auf die wichtigsten Veröffentlichungen wurde im ersten Teil dieses Kapitel hingewiesen) wird, ohne daß dem empirische Daten zugrunde lägen, einfach angenommen, daß die öffentliche Meinung zu politischen und sozialen Problemen primär durch Nachrichtensendungen, politische Reportagen u.ä. beeinflußt wird. Dabei erscheint es als negative Entwicklung[19], daß sich seit Mitte der achtziger Jahre - beim Fernsehen aufgrund der Zulassung privater Sender - die Unterscheidung zwischen Information und Unterhaltung immer mehr verwischt. Konstatiert wird eine Tendenz hin zum 'Infotainment'[20] (Meyn 1994: 143; Ruhrmann 1991: 146), die aus einem zunehmenden Erwerbskampf resultiert: "Medien wie das Fernsehen müssen angesichts der immer härteren Konkurrenz ihrer Informationssendungen mit attraktiven Filmen und Shows auf eine puristische Darstellung von Informationen verzichten, wollen sie mit diesen Leistungsangeboten nicht auf kleine Zielgruppen und geringe Einschaltquoten zurückfallen." (Mast 1989: 107) Angenommen wird, daß bei der großen Mehrheit der RezipientInnen das Interesse an entspannender Unterhaltung dominiert - das z.B. im Eingespanntsein der Individuen "in die strengen rationalen, hohe Disziplin fordernden Verhaltensstrukturen des Arbeitslebens" seine Ursachen hat, das zu einem starken Bedürfnis nach "Zerstreuung und Gehenlassen in der Freizeit" führt (Ronneberger 1987: 155).

Dabei scheint jedoch unklar, ob - gerade auch, aber nicht nur beim Fernsehen - eine klare Trennung von Information und Unterhaltung wissenschaftlich überhaupt möglich und sinnvoll ist, da "das Fernsehen imstande und begierig ist, alles von ihm Vermittelte in Formen der Unterhaltung umzugießen (und weil es das, was sich nicht umgießen läßt, aus seiner Vermittlung ausschließt)" (Roegele 1989: 147). Dies gilt auch für soziale Probleme, die für die meisten Nichtbetroffenen auch bei ihrer Behandlung z.B. in Form 'ernsthafter' Reportagen nichts weiter sind, als ein Stück "Massenunterhaltung, eine Form von Spaß" (Gusfield 1989: 433).[21]

---

19 Typisch z.B. Oberreuter (1989: 37): "Die dramaturgischen Notwendigkeiten - Spannung, Verkürzung, Simplifizierung - lassen Kontinuität und Rationalität auf der Strecke."

20 Gebildet aus den beiden englischen Begriffen 'information' und 'entertainment'- am typischsten für diese Form sind sicherlich Talkshows.

21 Der Unterhaltungswert ergibt sich dabei nicht zuletzt gerade auch aus den spektakulären Aktionen, zu denen sich zu Beginn der Karriere eines Problems soziale Bewegungen oftmals genötigt sehen, um die Massenmedien auf ihr Anliegen aufmerksam zu machen. (Hansen 1991: 451)

Ebenso wie Nachrichten und Reportagen unterhalten, übermitteln auch fiktionale Sendungen Informationen, Be-Deutungen und Muster für soziales Handeln. "Vermutlich spielen sie durch ihre verdeckt 'informierende' Tendenz eine ebenso große Rolle wie Informationsangebote, die sich in diesem Sinne ausdrücklich an den Bürger wenden." (Mast 1989: 106) Für eine gewichtige Rolle der - bisher in der Forschung meist ignorierten - fiktionalen Sendungen bei der Weitergabe und Bestätigung von Deutungsmustern, sprechen zwei Gründe: Erstens wirkt die Darstellung eines Problems in fiktionaler Gestalt nachhaltiger als die Nachricht oder Reportage, weil hier kognitive Prüfmechanismen ausgeschaltet werden, die Nachrichten auf Glaubwürdigkeit hin überprüfen. Zweitens ist bei Spielfilmen[22] usw. die Aufnahmebereitschaft für affektuelle Bestandteile grundsätzlich größer, weil diese ohnehin den primären Gebrauchswert von Unterhaltungssendungen ausmachen. Daraus ließe sich folgern, daß die Durchsetzung einer Wahrnehmungs- und Handlungspriorität - für die diese Effekte von besonderer Bedeutung sind - eher bei der fiktionalen Thematisierung eines Problems wahrscheinlich ist.

Wenn die Vermittlung von Problemmustern heute tatsächlich - zumindest im Fernsehen - nicht mehr primär in den (klassischen) Informationssendungen, sondern auch über die immer beliebter werdenden Formen des Infotainments und sogar in scheinbar reinen Unterhaltungssendungen erfolgte, ergäben sich für die Karriere sozialer Probleme drei (empirisch zu überprüfende) Konsequenzen:

1. Die Konkurrenz unter verschiedenen Problemen stellt - im Gegensatz zur Prämisse von Hilgartner und Bosk - kein Nullsummenspiel dar: Wenn eine strikte Trennung zwischen Information und Entertainment nicht (mehr) existiert, kann, zumindest für Probleme, die - z.B. weil sie 'Sexualität' und/oder 'Gewalt' behandeln - mehr als nur den üblichen Unterhaltungswert besitzen, Sendezeit in einer Infotainment-Sendung gefunden werden. Um Berücksichtigung konkurrieren sie hier nicht nur mit anderen Problemwahrnehmungen oder politischen Streitfragen, sondern mit allen massenmedial vermittelbaren Themen überhaupt (seien es nun Mode, Sport oder intime Bekenntnisse Prominenter und Unbekannter). Auch bei gleichbleibendem oder gar fallendem Anteil von Informationssendungen am Gesamtsendeumfang, kann die Zahl der behandelten sozialen Probleme steigen. (So wäre erst noch zu zeigen, ob die öffentlich-rechtlichen Anstalten mit ihrem erheblich höheren Anteil an klassischen Informationsendungen[23], tatsächlich einen größeren Beitrag zur Verbreitung von Problemwahrnehmungen leisten, als die Privatsender.)

---

22 Hier dürften auch die bislang nicht erwähnten Medien 'Kinofilm' und 'Videokassette' ihre Bedeutung haben.

23 Krüger (1995) gibt für den Anteil der Programmart "Information" an der Gesamtsendezeit für das Jahr 1994 an: ARD 38,4 %, ZDF 45,0 %, RTL 20,0 %, SAT1 16,1 % und PRO7 5,0 %.

2. Die Behandlung sozialer Probleme in fiktionaler Form sichert langfristig die Kontinuität in der Reproduktion von Problemwahrnehmungen: Aufgrund der erheblich längeren Vorlauf- und Produktionszeiten von Fernsehserien und Spielfilmen dürften Problemwahrnehmungen in ihnen erst viel später auftauchen, als in aktuellen Magazinen oder Talkshows. Diese Zeitverschiebung würde sie jedoch dort auch noch 'nachhallen' lassen, wenn die Sättigungsschwelle in den anderen Bereichen bereits überschritten ist. Dieser Echo-Effekt könnte noch dadurch verstärkt werden, daß im fiktionalen Bereich - wie z.B. die Verweildauer mancher Fernsehserien und vielfache Spielfilm-Fortsetzungen nahelegen - die Abnutzung von Themen deutlich langsamer einsetzt. Die fiktionale Aufbereitung erlaubt es außerdem, die behandelten Probleme in vielfältiger Weise zu variieren und zu modifizieren, weil gar nicht beansprucht wird, irgendeine soziale Wirklichkeit korrekt abzubilden. Die exakte Reproduktion des ursprünglichen Problemmusters ist jedoch auch gar nicht nötig, um das Problembewußtsein bei den Nichtbetroffenen wach zu halten.

3. Die Durchsetzung einer Problemwahrnehmung könnte am Übergang von der Behandlung als Nachricht oder Reportage zur Behandlung in fiktionaler Form ablesbar sein: Gerade auch wegen der mit der künstlerischen Be- und Verarbeitung von Problemwahrnehmungen verbundenen 'Ungenauigkeiten' in der Reproduktion des Problemmusters setzt die fiktionale Form die Verbreitung der ursprünglichen Deutung bei den RezipientInnen voraus. Das Spielen mit und das Anspielen auf soziale Probleme führt zum Wieder-er-kennen nur beim Publikum, das die Sache selbst bereits kennt. Dies gilt besonders dann, wenn das Problem nicht (wie im Beispielfall in zahlreichen Spielfilmen und Folgen von Kriminalserien) im Mittelpunkt der gezeigten Handlung steht, sondern nur am Rande gestreift wird. Die (fast) beiläufige Erwähnung signalisiert dem Publikum, daß es sich hier ja wohl um eine allgemein bekannte und anerkannte Problemlage handelt - und belegt damit gleichzeitig (für den wissenschaftlichen Rekonstrukteur), daß dies genauso ist. Meine These lautet also: **Eine Problemwahrnehmung ist dann in der Öffentlichkeit durchgesetzt, wenn sie regelmäßig integraler Bestandteil von fiktionalen Sendungen ist.** Ihre Verbreitung in der expliziten Form eines von sozialen Akteuren getragenen Problemdiskurses ist dann nicht mehr nötig.

7 Der Wohlfahrtsstaat: Anerkennung und Institutionalisierung sozialer Probleme

7.1 Der Wohlfahrtsstaat als Problemlöser

Die Feststellung, daß die Bundesrepublik Deutschland ein 'Wohlfahrtsstaat' ist, bedeutet für unseren Zusammenhang, daß staatliche Instanzen die **Erstzuständigkeit** für die Bekämpfung und Lösung sozialer Probleme besitzen. Diese Aufgabe wird 'dem Staat'[1] nicht nur von Öffentlichkeit wie kollektiven Akteuren zugewiesen, sondern er erkennt seine Verantwortung für soziale Probleme **grundsätzlich** auch an. (Was nicht heißt, daß dies in jedem Einzelfall so sein muß - wir werden uns diesen Punkt auf den nächsten Seiten noch genauer ansehen.) Die Rolle des Staates als 'großer Problemlöser' ist Ergebnis eines historischen Prozesses[2], an dessen Ende überall dort, "wo wirtschaftliche und soziale Entwicklungen zum Problem werden" (Heyder 1993: 531), staatliche Politik gefragt ist: "Mit zunehmender Sozialstaatsentwicklung gerät das politische System und speziell die Regierung in das Zentrum des öffentlichen Drucks, etwas zu tun." (Gerhards/Neidhardt 1991: 74) Selbst von den - sich oftmals explizit staatsfern gebärdenden - neuen sozialen Bewegungen wird der Staat als wichtigster Adressat von Forderungen angesehen (so Halfmann 1984: 296 und Rucht 1994: 347).

Warum dies so ist, wird verständlich, wenn man sich anschaut, von wem und mit welchen Mitteln soziale Probleme überhaupt angegangen werden können. In ihrer Evaluation sozialpolitischer Trägersysteme kommen Deimer u.a. (1987) zu dem Ergebnis, daß für die Problembekämpfung heute überhaupt nur drei Gruppen von

1 Auf dieser abstrakten Ebene ist 'Staat' der Sammelbegriff für alle institutionellen und rechtlich legitimierten Instanzen, Organe und Einrichtungen, die politische Herrschaft ausüben oder kanalisieren. Hierzu gehören neben den Entscheidungs- und Ausführungsgremien des Bundes, der Länder und der Kommunen auch die von ihnen abhängigen Körperschaften des öffentlichen Rechts sowie die Parteien, die - auf welcher Ebene auch immer - Regierungsverantwortung tragen oder die parlamentarische Opposition bilden.

2 Dieser Prozeß ist in verschiedenen Monographien umfassend beschriebenen worden; die einschlägige Literatur ist nachgewiesen bei Rieger 1992.

Leistungsanbietern in Frage kommen: staatliche Stellen, intermediäre Instanzen[3] - speziell die Wohlfahrtsverbände - und Selbsthilfegruppen. Sie stellen in unterschiedlichem Maße sechs Arten von **Ressourcen** zur Verfügung: Geld, Güter, Dienstleistungen, Zuneigung, Status sowie Informationen. Staatliche Stellen liefern dabei primär Informationen und Geld; intermediäre Instanzen sind in erster Linie für Dienstleistungen zuständig, erbringen (in Abhängigkeit vom Problem und vom jeweiligen Träger) jedoch auch andere Ressourcen; Selbsthilfegruppen schließlich vermögen in erster Linie Zuneigung und Status zu vermitteln.

Wenn wir die bei Deimer u.a. angelegte Tabelle umformen, dabei Güter den Geldleistungen zuschlagen, Zuwendung und Status als 'persönliche Zuwendung' zusammenfassen, sowie 'Recht' als weitere (in ihrer Untersuchung nicht berücksichtigte) Ressource einfügen, ergibt sich das folgende Bild:

3 Unter '**intermediären Instanzen**' werden in der Literatur i.d.R. Wohlfahrtsverbände und Sozialversicherungsträger, gelegentlich auch noch die Kommunen verstanden. Für die Analyse der Ressourcen ist es jedoch sinnvoller (ich stimme hier mit Deimer u.a. überein) sowohl die Kommunen als auch die auf gesetzlicher Grundlage geschaffenen Sozialversicherungsträger als - formal externalisierte - staatliche Instanzen anzusehen. Übrig bleiben dann als potente Leistungsträger ausschließlich die fünf großen Wohlfahrtsverbände: Caritasverband und Diakonisches Werk (diese beiden kirchlichen Verbände sind mit Abstand die größten), Arbeiterwohlfahrt, Deutsches Rotes Kreuz und Deutscher Paritätischer Wohlfahrtsverband. Sie sind zusammen mit der "Zentralwohlfahrtsstelle der Juden in Deutschland" in der "Bundesarbeitsgemeinschaft der Freien Wohlfahrtspflege" zusammengeschlossen, die der wichtigste sozialpolitische Verhandlungspartner bundesstaatlicher Instanzen ist.

Tabelle 3: Problembekämpfung - Leistungsanbieter und ihre Ressourcen

Anbieter Ressource	Staatliche Stellen	Wohlfahrtsverb.	Selbsthilfegruppen
Geld	++	+	o
Recht	++	-	-
Informationen	++	+	+
Dienstleistungen	o	++	+
pers. Zuwendung	-	+	++

Zeichenerklärung:		
	++	= Leistungen in hohem Umfang
	+	= Leistungen in unterschiedlichem Ausmaß
	o	= Leistungen geringen Umfangs
	-	= keine Leistung

Die Tabelle macht deutlich, daß die Rolle der sog. **Selbsthilfebewegung** bei der Problemlösung vielfach - besonders in der Literatur der achtziger Jahre - überschätzt worden ist. Selbsthilfegruppen erbringen lediglich zu den professionellen Angeboten komplementäre Leistungen (wie persönliche Interaktionen, Trost, Ermutigung, Hilfe bei der Bewältigung von Alltagsaufgaben), sind jedoch nicht in der Lage, Defizite sozialpolitischer Leistungssysteme zu kompensieren. "Die unter dem Stichwort 'Selbsthilfe' und verwandten Begriffen thematisierten Leistungen stellen also in sozialpolitischer Sicht partielle Äquivalente lediglich zu den Dienstleistungen oder der personenbezogenen Interventionsform dar, während die Notwendigkeit staatlich regulierter rechtlicher, ökonomischer und ökologischer Interventionen davon auch im Grundsatz kaum berührt wird", resümiert Kaufmann (1987: 38) die Ergebnisse von Deimer u.a.[4] Die von den Selbsthilfegruppen primär erbrachte Leistung der 'persönlichen Zuwendung' ist außerdem i.d.R. gerade kein Gegenstand der Bekämpfungsvorschläge von Akteuren, erstens, weil diese Ressource noch am ehesten vom sozialen Umfeld selbst erbracht

4 Diese Begrenztheit der Selbsthilfe schlägt sich auch in ihrer quantitativen Bedeutung nieder. Selbst im Gesundheitsbereich, wo die Bedeutung von Selbsthilfegruppen gesellschaftlich weitgehend anerkannt ist, waren Mitte der achtziger Jahre lediglich 2 bis 4 Prozent der chronisch Kranken an solchen Gruppen beteiligt (Franz 1987: 307).

werden kann, und zweitens, weil diese 'Bearbeitungsform' weitgehend unabhängig von der gesellschaftlichen Anerkennung des Problems ist.

Die **Wohlfahrtsverbände** sind der wichtigste Anbieter von Dienstleistungen, stellen aber - in sehr unterschiedlichem Maße - auch die anderen Ressourcen zur Verfügung. Zur Finanzierung ihrer Tätigkeiten sind sie auf direkte und indirekte staatliche Transferleistungen angewiesen. Zwar nehmen sie auch Spenden ein, der überwiegende Teil der Mittel zur Problembearbeitung (1986 ca. 46,6 Mrd. DM) stammt jedoch aus Leistungsentgelten (knapp achtzig Prozent)[5] und öffentlichen Zuwendungen (etwa elf Prozent). Hierbei ist zu berücksichtigen, daß auch die Leistungsentgelte größtenteils von staatlichen Stellen und Sozialversicherungsträgern stammen - also im weiteren Sinne 'öffentliche' Mittel sind (Goll 1991: 308). Die Arbeitsteilung zwischen staatlichen Stellen (im o.g. weiteren Sinne) und Wohlfahrtsverbänden, bei der erstere die Gelder zur Verfügung stellen mit denen letztere Leistungen für die Betroffenen erbringen, hat sich historisch bei vielen klassischen Problemlagen herausgebildet.

Zumindest die fünf große Wohlfahrtsverbände in der Bundesrepublik sind aufgrund dieser Arbeitsteilung nicht nur Anbieter 'sozialer Dienstleistungen' zur Problembekämpfung, sondern auch machtvolle sozialpolitische Akteure (vgl. Kaufmann 1987: 32). Dabei vertreten sie prinzipiell nicht nur die Interessen der von ihnen betreuten Adressaten sozialer Arbeit, sondern auch ihr Verbandsinteresse an staatlichen Subventionen zur Aufrechterhaltung ihrer Dienstleistungsinstitutionen (Merchel 1989: 53-54). Nach den beiden in der Wohlfahrtsverbändeforschung konkurrierenden Paradigmen[6] **dominiert hierbei das Eigeninteresse stets die Interessen der Klientel**. Entsprechend werden z.B. eher die Lösungsvorschläge und Bekämpfungsmaßnahmen in das politische System transportiert, "die mit den Dienstleistungen der Verbände befriedigt werden können" (Aust 1993: 574; entspr. Winter 1992: 410).

Aufgrund ihrer Abhängigkeit von öffentlicher Finanzierung und der Einbindung in sozialpolitische Programme kann die Arbeit der Verbände als Implementation staatlicher Sozialpolitik betrachtet werden - was den Staat jedoch umgekehrt für

---

5 Mindestens die Hälfte dieser Einnahmen wird von den Krankenhäusern erzielt, die die Wohlfahrtsverbände unterhalten (Goll 1986: 290).

6 Nach dem Ende der siebziger von Rudolph Bauer enwickelten funktionalistischen Ansatz ist es die Funktion der Wohlfahrtsverbände, Ansprüche vom Staat fernzuhalten und sozialpolitischen Wandel zu blockieren; nach der Korporatismustheorie von Heinze und Olk vom Anfang der achtziger Jahre wurden die Wohlfahrtsverbände wegen ihrer zunehmend unverzichtbaren Dienstleistungen im Sozialbereich in den Wohlfahrtsstaat inkorporiert. (Eine Zusammenfassung und kritische Würdigung beider Ansätze findet sich bei Aust 1993).

die Ausführung seiner Programme auch von ihrer Arbeit abhängig macht.[7] Die Beziehung zwischen Staat und Wohlfahrtsverbänden ist infolgedessen nicht primär durch Konflikte, sondern durch wechselseitige Abhängigkeiten geprägt. Dies führt dazu, daß die Verbände als sozialpolitische Akteure "auf den verschiedenen staatlichen Ebenen eingebunden [sind] in die Aushandlung sozialpolitischer Handlungsprogramme ... Der gesellschaftliche Status der Wohlfahrtsverbände zeigt sich u.a. daran, daß ein Teil der sozialpolitischen Reformabsichten ohne eine enge Kooperation mit den Verbänden und ohne eine Berücksichtigung ihrer Vorstellungen und ihrer Strukturen im Implementationsprozeß nicht realisierbar ist ..." (Aust 1993: 43) Bei zusammen mit staatlichen Stellen etablierten neuen Problemwahrnehmungen besitzen sie aufgrund ihrer personellen, fachlichen und finanziellen Kapazitäten besondere Gestaltungsmacht: "Als Organisationen, die elementar wichtige Dienstleistungen für den Sozialstaat erbringen, verfügen die Wohlfahrtsverbände über ein außerordentlich hohes Leistungsverweigerungspotential. Die daraus resultierende Macht mußte jedoch kaum in Druck oder Drohgebärden umgesetzt werden, weil die Wohlfahrtsverbände von vornherein und in weitgehendem Maße in die sozialpolitischen Willensbildungsprozesse einbezogen waren." (Winter 1992: 422; entspr.: Windhoff-Héritier 1989: 115)

Aufgrund der mangelnden quantitativen wie qualitativen Bedeutung der Selbsthilfegruppen und der geschilderten finanziellen wie institutionellen Abhängigkeit der Wohlfahrtsverbände ist bei allen Problemen, die nach der dominierenden Problemdeutung entweder unmittelbar durch Geld oder durch Geldmittel voraussetzende Ressourcen (dies sind sowohl Dienstleistungen wie auch Informationen) zu lindern oder zu bekämpfen sind, der Staat tatsächlich die einzige Instanz, die Abhilfe bringen **kann**. Da er außerdem als einziger die - wie wir unten noch sehen werden, immer bedeutsamer werdende - Ressource 'Recht' zur Verfügung zu stellen vermag, ist es nur realitätsgerecht, wenn er von den kollektiven Akteuren als wichtigster Problemlöser angesehen wird.

Zu beobachten ist außerdem, daß bei allen nicht bloß lokalen oder regionalen Problemlagen (und das sind soziale Probleme selten) vorrangig der Bund zum Adressaten von Forderungen gemacht wird.[8] Daß viele Akteure Bundesinstitutionen mit 'dem Staat' gleichsetzen, hat mehrere gute Gründe. Diese Identifizierung ist nicht nur ideeller Reflex auf das grundgesetzlich festgeschriebene Staatsziel der Einheitlichkeit der Lebensbedingungen, sondern - und diese Ursache dominiert m.E. - auch der Anerkennung der tatsächlichen Machtverhält-

---

7 "Der Staat ist daran interessiert, daß die Verbände soziale Einrichtungen und Dienste zur Verfügung stellen, die er ansonsten selbst anbieten müßte." (Windhoff-Héritier 1989: 115-116)

8 Dies hindert jedoch lokale und regionale Akteure nicht daran, **zusätzlich** Länder und Kommunen anzusprechen.

nisse und faktischen Möglichkeiten zur Abhilfe geschuldet. Im folgenden werde ich mich deshalb auf die Rolle bundesstaatlicher Institutionen bei der Problembekämpfung konzentrieren. Die meisten Ausführungen gelten jedoch in ähnlicher Weise auch für Länder und Kommunen. Bei anderen Körperschaften (wie Sozialversicherungsträgern) ist demgegenüber zu berücksichtigen, daß sie - zumindest de facto - in deutlich geringerem Umfang demokratisch legitimiert sind und auch weniger der unmittelbaren Kontrolle der Öffentlichkeit unterliegen; Entscheidungsprozesse verlaufen dort oftmals nach anderen als den unten geschilderten Regeln.

7.2 Reaktionen des Staates auf Problemwahrnehmungen

Auf die Aufforderung von Akteuren zu Bekämpfung bzw. Lösung eines sozialen Problems kann der Wohlfahrtsstaat grundsätzlich auf drei Weisen reagieren. Er kann

1. die Problemwahrnehmung zurückweisen[9];
2. die Problemwahrnehmung anerkennen, jedoch seine Zuständigkeit verneinen;
3. sowohl die Problemwahrnehmung als auch seine Zuständigkeit anerkennen.

Negiert wird die Existenz eines Problems auf zwei Arten: Entweder behaupten staatliche Instanzen, daß der problematisierte Sachverhalt der gesellschaftlichen Wertordnung nicht widerspräche (die kritisierte Lebenslage sei vielmehr 'normal') - oder sie bezweifeln, daß es sich um ein soziales Problem handele, weil Abhilfe durch soziales Handeln (grundsätzlich oder zumindest heute) nicht möglich sei. In beiden Fällen ist die Konsequenz dieselbe: es besteht kein staatlicher Handlungsbedarf.

Auch wenn der Wohlfahrtsstaat die Problemwahrnehmung anerkennt, kann er (und dies ist die zweite Reaktion) doch seine Erstzuständigkeit für das Problem zurückweisen. Dies geschieht z.B. durch die Feststellung[10], die Folgen der Problemlage müßten zunächst in der häuslichen Gemeinschaft bzw. durch Nachbar-

---

9 In der Zurückweisung von Problemwahrnehmungen und -deutungen kann der Staat Koalitionen mit Gegenbewegungen eingehen oder sogar deren Entstehung fördern. Der Staat steht dann mit 'seiner' Gegenbewegung gegen die Akteure, die die Problematisierung betreiben. (Die Konstellationen des dann entstehenden Kräftefeldes von Staat, Bewegung und Gegenbewegung analysiert Rucht 1991: 12-13.)

10 Begründet werden kann dies z.B. mit einem Verweis auf das aus der katholischen Soziallehre stammenden Subsidiaritätsprinzip.

schaftshilfe oder karitative Verbände[11] aufgefangen und gelindert werden (Vgl. Nedelmann 1986a: 25; Czada/Lehmbruch 1990: 75). Erst wenn sich erweisen sollte, daß deren Mittel unwirksam oder nicht ausreichend seien, könne der Staat in Zukunft möglicherweise (!) einspringen. Diese Strategie übersieht bewußt, daß soziale Sachverhalte ohnehin erst dann zu Problemen erklärt werden, wenn sich die familiäre, häusliche oder nachbarschaftliche Gemeinschaft nicht mehr zu helfen weiß bzw. sich unangemessen belastet fühlt. Deren Hilfeanliegen zurückzuweisen bedeutet deshalb, dem monierten Sachverhalt indirekt den Status eines sozialen Problems abzusprechen - was zumindest für die Gegenwart dieselben Konsequenzen hat wie die Wahl der ersten Alternative.

Die letzte Möglichkeit schließlich ist, daß sich der Wohlfahrtsstaat des Problems annimmt und aktiv wird. Wie er dann handeln kann und wie er vermutlich handeln wird, werden wir uns weiter unten genauer ansehen.

Vorher ist jedoch zu fragen, ob sich allgemeine Kriterien dafür finden lassen, wann der Wohlfahrtsstaat eine Problemwahrnehmung (mit oder ohne Zuständigkeitsvermutung) annehmen und wann er sie zurückweisen wird. Da 'der Staat' bisher als eine Art Konglomerat aus verschiedensten Organen, Instanzen und Einrichtungen angesehen wurde, ist dafür zunächst zu klären, wer denn überhaupt handelt, wer also regelmäßig die Entscheidung darüber trifft, ob ein Problem staatliche Anerkennung erlangt oder nicht. Die hier beteiligten Entscheidungsgremien wurden politiksoziologisch in den letzten zwei Jahrzehnten meist im 'politisch-administrativen System' zusammengefaßt. Es umfaßt sowohl verschiedene Verfassungsorgane und demokratisch legitimierte Gremien als auch Instanzen, die in der Staatstheorie gar nicht vorkommen: Parlament und Regierung, Regierungs- und manchmal auch Oppositionsparteien, politische Beamte und bürokratische Führungszirkel, Berater und Expertengremien. Entsprechend der Machtverteilung in föderalistischen Staaten ist dieses politisch-administrative System vertikal und horizontal vervielfacht. Über die meisten Ressourcen und die größte politische Macht verfügen in der Bundesrepublik die Instanzen des Bundes. Wie bereits erwähnt, kommt ihnen deshalb auch bei der Bekämpfung sozialer Probleme die wichtigste Rolle zu. Die letzte Entscheidung über die staatliche Reaktion auf öffentliche Problemwahrnehmungen liegt (bei aller Übermacht exekutiv-bürokratischen Wissens) bei Regierung und Parlament. Sie legen auch fest, wie die verschiedenen Ressourcen (Geld, Recht und Information) zur Problembekämpfung eingesetzt werden. Weil sich in ihnen die als **legitim anerkannte politische Herrschaft** konzentriert, sind diese beiden Instanzen von den sozialen Akteuren in erster Linie gemeint, wenn der Staat als Problemlöser gefragt ist.

---

11 Wobei die Zuweisung der Zuständigkeit an die karitativen Verbände in letzter Konsequenz i.d.R. doch auf eine staatliche Finanzierung der Bekämpfungsmaßnahmen hinausläuft.

Wir hatten im letzten Kapitel gesehen, daß die Verbreitung des Problemmusters durch die Massenmedien eine öffentliche Problemwahrnehmung erzeugt. Da jede Bekämpfung eines sozialen Problems Ressourcen verlangt, steht das politisch-administrative System regelmäßig vor einem Dilemma, wenn ein Problem die Öffentlichkeit erreicht hat: Die Zurückweisung der Ansprüche der Akteure und/oder der Zuständigkeitsvermutung läßt zwar Ressourcen sparen, kann jedoch, da Aufgabe des politischen Systems u.a. die Problemlösung ist, zu einem Legitimitätsverlust führen. Weil politische Herrschaft in der Demokratie nur auf Zeit vergeben wird, kann letzteres langfristig sogar den Machtverlust zur Folge haben.

Wenn man - wie ich im folgenden - von der Grundthese ausgeht, daß das politisch-administrative System grundsätzlich rational, intentional und nach politischen Opportunitätsgründen entscheidet[12], muß man sich genauer ansehen, wie politische Herrschaft in der Demokratie[13] vergeben bzw. errungen wird, um zu verstehen, welche Gründe Regierung und Parlament dafür haben, sich eines Problems anzunehmen, ein anderes aber zurückzuweisen oder zu ignorieren.[14] Am besten zur Erklärung staatliche Reaktionen auf Problemwahrnehmungen geeignet ist m.E. ein nutzentheoretisches[15] Wahlmodell, wie es bereits in den vierziger Jahren von dem bekannten Nationalökonomen Joseph A. Schumpeter (1950, Orig. 1942) skizziert worden ist. Nach seinen Überlegungen[16] ist es das dominie-

12 "Die Intentionalität des Handelns ist hier eine systematische Bedingung für die Teilnahme an politischen oder ökonomischen Praktiken: wer sich nicht intentional, also zweckorientiert und folgenbezogen verhalten will, muß aus diesem System ausscheiden. ... Staatliches Handeln läßt sich ... als intentionales Handeln mit institutionalisierter Folgeabschätzung interpretieren." (Halfmann 1984: 299)

13 Nur in demokratischen Staaten, in denen die politisch Herrschenden von der Legitimierung durch die Beherrschten abhängig sind, können soziale Bewegungen und andere Akteure überhaupt mit **regelmäßiger und kalkulierbarer** Erfolgschance das politisch-administrative System zwingen, sich den von ihnen konstatierten Probleme zuzuwenden. "Der Einfluß öffentlicher Meinung auf politische Entscheidungen setzt vor allem anderen voraus, daß das politische System, das für die Gesellschaft kollektiv verbindliche Entscheidungen erzeugt, hinreichend demokratisiert ist, um die Meinungen der Bürgerschaft ernst nehmen zu müssen, die von öffentlichen Meinungsbildungsprozessen als Publikum direkt oder über das Publikum indirekt erreicht wird." (Neidhardt 1994: 30)

14 Hier ist darauf hinzuweisen, daß der Entscheidungsprozeß im folgenden auf der abstraktesten Ebene analysiert wird. Bei konkreten Problemen werden verschiedene Modifikationen, z.B. aufgrund von Sonderinteressen verschiedener Fraktionen oder Institutionen des politisch-administrativen Systems auftreten, die in jedem Einzelfall empirisch zu rekonstruieren sind.

15 Jede nutzentheoretische Analyse geht davon aus, daß Individuen wie Kollektive Vor- und Nachteile alternativer Handlungen rational abwägen und schließlich so handeln, daß der eigene Nutzen maximiert wird (Eigennutz- und Rationalitätsaxiom) - vgl. Bartel 1993: 618.

16 Systematisch ausgeführt und erweitert ist seine Theorieskizze in der Arbeit von Fluhrer (1994, bes. S. 119-171), der ich wesentliche Anregungen für die folgenden Überlegungen verdanke.

rende Interesse aller Politiker, in der nächsten Wahlperiode (wieder-)gewählt zu werden, und das der Parteien, die Regierung zu stellen. Da die Wähler wiederum die Politiker als Regierung wählen, die ihnen in der kommenden Wahlperiode **voraussichtlich** den größten Nutzen bringen werden, sind alle Handlungen der Politiker darauf ausgerichtet, die Wähler zu überzeugen, daß die Politik ihrer Partei ihnen in Zukunft die meisten Vor- und die geringsten Nachteile bringen wird. Entsprechend sind politische Absichtsäußerungen, Programme und Maßnahmen in erster Linie ein Instrument der Stimmenmaximierung: "... das systemspezifische Ziel der Parteien, durch Gewinnung der Wählermehrheit die politische Macht auf Zeit zu erobern oder zu erhalten, d.h. das Ziel der Stimmenmaximierung, veranlaßt Parteien, Maßnahmen zu vermeiden, durch die eine ins Gewicht fallende Wählergruppe, (wie die Mitglieder und die Klientel potenter Verbände) veranlaßt werden könnten, der Partei die Stimme zu entziehen oder zu versagen" (Lampert/Bossert 1992: 111-112; entspr. Bartel 1993: 618).

Dies bedeutet in unserem Fall, daß Regierung und Parlament über die Annahme oder Zurückweisung einer Problemwahrnehmung wie der staatlichen Zuständigkeit vorrangig danach entscheiden, ob die (potentiellen) WählerInnen ihr jeweiliges Handeln bei der nächsten Abstimmung **vermutlich** honorieren werden. Sie müssen also überlegen, wie verschiedene Gruppen des festen Wählerstammes, aber auch Schichten, deren Stimmen sie bei der nächsten Wahl gewinnen möchten, auf die drei Entscheidungsalternativen reagieren könnten. Das Mittel hierzu ist die Beobachtung der Wählermeinungen: "Zustimmung zur Politik ist gefragt und wird erfragt. Die Ergebnisse von Meinungsbefragungen werden Politikern entgegengehalten, und sie gehen in ihre Kalküle und Handlungen ein." (Haferkamp 1987a: 528; entspr. Frank 1989: 180) Die Bedeutsamkeit der Entscheidung im Einzelfall (also hier: bezüglich einer Problemwahrnehmung) wird jedoch durch eine Reihe von Zusammenhängen relativiert:

1. nicht jede Bevölkerungsgruppe ist von jedem Problem in gleicher Weise a) de facto und b) ideell-moralisch betroffen;
2. große Bevölkerungsgruppen sind politisch-ideologisch dauerhaft an eine Partei gebunden, so daß die Überlegungen der Parteien vorrangig auf die sog. Wechselwähler abzielen;
3. WählerInnen haben eine ganze Reihe von Interessen, die Auswirkungen auf die Wahlentscheidung haben könnten;
4. die Persönlichkeit der KandidatInnen ist oftmals wichtiger als Entscheidungen und Absichtserklärungen;
5. kann die Entscheidung für die Bekämpfung eines Problem zum Abzug von Ressourcen in anderen Bereichen führen, was den Unwillen der dort bisher begünstigten Gruppen erregen wird;

6. trotz aller Meinungsumfragen usw. läßt sich (bis heute) letztlich weder vor noch nach einer Wahl empirisch exakt klären, aufgrund welcher Themen die Wahl einer Partei erfolgt.

Trotzdem bleibt im politischen Kalkül - gerade auch wegen der Unbestimmtheit der Entscheidungsgründe - ein Rest der Abhängigkeit von der voraussichtlichen (Nicht-)Honorierung einzelner Entscheidungen durch die WählerInnen. Diese Bindung erhöht nochmals die Bedeutung der Massenmedien für die Problemdurchsetzung, weil sie die wichtigste (oftmals: einzige) Vermittlungsinstanz zwischen den Nutzenentscheidungen von Politikern und Wahlvolk sind. Die Stimmenmaximierung erfolgt über die Öffentlichkeit, weil die Wähler ihre Stimmabgabe "vom medialen Erscheinungsbild, der Kompetenz und der argumentativen Überzeugungskraft eines Kandidaten bzw. einer Partei abhängig" (Plasser 1989: 215) machen. Diese "strukturelle Verkopplung des politischen Systems mit dem Öffentlichkeitssystem" (Gerhards/Neidhardt 1991: 69) bietet jedoch Akteuren auch die Möglichkeit, über die Mobilisierung der öffentlichen Meinung Druck auf das politische System auszuüben und es zu 'zwingen' sich eines Problems anzunehmen. Ob dies gelingt, ist sowohl von der Art des Problems als auch von der politischen Stärke der jeweiligen Akteure abhängig (vgl. Rucht 1991: 13-14).[17] Zur Entscheidungskompetenz des politisch-administrativen Systems gehört es nämlich auch, einmal getroffene Entscheidungen (z.B. über die Abweisung einer Problemwahrnehmung) zu einem späteren Zeitpunkt zu revidieren.

Einfluß üben die Akteure dabei meist zunächst über eine der oder alle **Oppositionsparteien** aus. Dies hängt damit zusammen, daß das politische Kalkül der Opposition sich in einigen Punkten stark von den Überlegungen der Regierung(sparteien) unterscheidet. Nur die Regierung kann überhaupt ein Interesse daran haben, eine Problemwahrnehmung zurückzuweisen, weil dadurch Ressourcen für andere Handlungsfelder frei bleiben. Aus der Sichtweise der Opposition bürdet jedes anerkannte Problem der Regierung weitere Lasten auf, erzeugt ein Aktivitätsfeld, auf dem sie möglicherweise des politischen Versagens bezichtigt werden kann. Wenn die Regierung Problemwahrnehmung wie Zuständigkeit anerkennt, muß sie unmittelbar oder doch in der nächsten Zeit Handlungsvorschläge vorlegen, die später an ihrem Erfolg gemessen werden. Im Gegensatz

---

17 Umgekehrt kann jedoch auch die politische Bedeutung eines Akteurs von den Reaktionen des Staates auf sein Problemmuster abhängig sein: Während bei Experten der Einfluß ihrer Profession mit der Aufmerksamkeit des politisch-administrativen Systems für ihre Vorschläge usw. steigt, wird die Institutionalisierung der Problemwahrnehmung bei sozialen Bewegungen eher negative Auswirkungen haben. "Soziale Bewegungen verlieren an innerer Kraft und Dynamik, wie ihre Anliegen innerhalb des bestehenden Institutionensystems Berücksichtigung finden. Dies kann dadurch geschehen, daß sie ganz oder teilweise übernommen oder partiell auch nur symbolisch integriert werden." (Stöss 1987: 297; vgl. Beyme 1992: 380)

dazu muß die Opposition weder die Ressourcen für Maßnahmen aufbringen, noch ist sie der Überprüfung ihrer Bekämpfungsvorschläge unterworfen. Die von ihr vorgeschlagenen Maßnahmen können deshalb sehr kostenintensiv und von beliebiger potentieller Effektivität sein. Den Vorschlägen der Opposition sind lediglich dadurch Grenzen gesetzt, daß sie sich in der nächsten Wahlperiode in der Regierung wiederfinden kann und dann - zumindest theoretisch - die Tauglichkeit ihrer Vorschläge beweisen muß. 'Glücklicherweise' haben die WählerInnen jedoch ein eher kurzes Gedächtnis und viele Sorgen, so daß die als Opposition geforderten keineswegs mit den später als Regierung ergriffenen Maßnahmen übereinstimmen müssen. Nicht einmal eine durchgehende Einschätzung der Problemwahrnehmung wird von der Öffentlichkeit verlangt.

Es spricht also auf Seiten der Opposition alles dafür, jede von sozialen Akteuren aufgegriffene Problemlage zum Gegenstand ihrer Politik zu machen - und von der Regierung deren Bekämpfung zu verlangen. **Problempolitik stellt eine zentrale Strategie oppositionellen Handelns dar.** Weil die Chance der Übernahme ihres Problemmusters dort größer ist, werden Akteure also zunächst versuchen, eine Problemwahrnehmung über eine der im Parlament vertretenen Oppositionsparteien in der politischen Arena thematisieren zu lassen. Diese Strategie dient jedoch stets nur dazu, den politischen Druck auf die Regierung zu erhöhen, die allein dafür sorgen kann, daß staatliche Ressourcen zur Problembekämpfung eingesetzt werden. Trotzdem kann man nicht von einer Funktionalisierung der Opposition sprechen, weil diese selbst ein Interesse daran hat, die Regierung in Zugzwang zu bringen und sie ggf. der Ignoranz oder des Versagens bei der Problemlösung zu bezichtigen. Aufgrund ihrer wechselseitigen Interessen sind Problemakteure und Oppositionsparteien stets 'natürliche' Verbündete.

7.3 Ressourcen und Opportunität der Problembekämpfung

In den letzten Jahrzehnten sind immer mehr Problemlagen an den Staat herangetragen worden - eine Tendenz, die sich aufgrund des technisch-wissenschaftlichen Fortschritts voraussichtlich auch in Zukunft fortsetzen wird: "Verwissenschaftlichung und Technisierung haben ... die Folge, daß der Bereich und die Zahl der lösbaren Lebensprobleme und damit die Handlungs- und Lebensziele sich **erhöhen**. Der Zielbestand ändert sich in dem Maße, in dem die wissenschaftliche und technische Entwicklung immer mehr **machbar** macht und damit mehr Ziele ermöglicht." (Haferkamp 1987a: 524; entspr. Heyder 1993: 531) Es erscheinen also immer mehr negativ empfundene Sachverhalte als 'lösbar' und können entsprechend als soziale Probleme formuliert werden. Gleichzeitig schafft die technische Umgestaltung und 'Modernisierung' der Gesellschaft auch neue soziale Sachverhalte, die problematisiert werden können - sei es durch die Schließung ganzer Industriezweige oder durch die Zerstörung der natürlichen

Lebensgrundlagen. Entsprechend steigt die Zahl der Problemfelder, auf die staatliche Ressourcen verteilt werden müssen (oder richtiger: müßten).

Die Lage wäre aus Sicht des politisch-administrativen Systems geradezu hoffnungslos, wenn alle zur Problembekämpfung theoretisch geeigneten Ressourcen in gleicher Weise begrenzt wären wie die finanziellen. Daß dies nicht der Fall ist, wird deutlich, wenn wir uns einmal etwas genauer die Mittel ansehen, die zum Einsatz kommen (können), wenn Regierung oder Parlament entschieden haben, daß die Forderungen der Akteure legitim und staatliche Instanzen zuständig sind. Die oben genannten drei Klassen von Ressourcen, die der Staat primär zur Verfügung stellt, können in neun Typen differenziert werden:

Beim **Geld** sind zu unterscheiden

1. Unmittelbare staatliche Transferleistungen,
2. Anreizprogramme und Prämiensysteme,
3. Infrastrukturmaßnahmen.

Bei den **'Informationen'** ist zu differenzieren nach

4. rein symbolischen Akten (Absichtserklärungen, Appelle oder die Verkündung von moralischen Standards),
5. der Erzeugung von Wissen,
6. der Verbreitung von Wissensbeständen ('Aufklärung').

Beim **Recht** finden sich

7. Normen, die nur dazu dienen, Leistungen anderer Art positiv-rechtlich zu regeln,
8. Normen, die zu kostenneutralen Umverteilungen führen,
9. Strafnormen.

Die Auswahl der Bekämpfungsmaßnahmen unter dieser Vielzahl von Möglichkeiten erfolgt anhand zweier Fragen: Welche Maßnahmen könnten überhaupt wirksam sein und welche belasten die Ressourcen am geringsten? Die erste Frage wird dabei eher von den Akteuren mit der Formulierung der Problemwahrnehmung entschieden, die zweite vom politisch-administrativen System, das selbst die Auswahl unter den nach Aussagen des Problemmusters wirksamen Maßnahmen trifft.

Schauen wir uns zunächst den **ersten Gesichtspunkt** etwas näher an. Nach objektivistischer Position gibt es für jede Problemlage immer nur bestimmte Arten sinnvoller Bekämpfungsmaßnahmen. So läßt sich Obdachlosigkeit nicht mit der Aufklärung der Obdachlosen über die winterlichen Gefahren des Übernachtens im Freien bekämpfen, Alkoholismus nicht mir der Subventionierung alkoholfreier Getränke, Selbstmord nicht mit strengen Strafandrohungen. Daß letzteres bis heute in vielen Ländern (wenn meist auch nur indirekt - als Verbot der Beihilfe) versucht wird, würde die konstruktivistische Position als Beleg dafür nehmen, daß die Problemdefinierer beliebige, ihren Interessen entsprechende Bekämpfungsmaßnahmen in das Problemmuster einbauen können. Nach dieser Auffassung würden die Akteure 'natürlich' stets die Maßnahmen präferieren, die ihren Interessen entsprechen.

Die letzte Feststellung gilt zwar auch für das von mir vorgestellte Modell, hier sind die Akteure jedoch - da die Problemwahrnehmung auf einen außerhalb ihrer selbst liegenden Sachverhalt rekurriert - in der Formulierung von Lösungsvorschlägen an bestimmte Grenzen gebunden. Schranken sind zum einen der durchschnittliche Rationalitätsgrad öffentlicher Diskurse in der jeweiligen Gesellschaft, zum anderen die Weltanschauung bzw. das professionelle Paradigma, die oder das den Rahmen der Problemwahrnehmung bildet. So ist z.B. Armut durch direkte Finanzleistungen an die Betroffenen, Infrastrukturmaßnahmen (z.B. die Förderung preiswerten Wohnraums) oder die sozialpädagogische Betreuung der Betroffenen zu bekämpfen - nicht aber durch ein Verbot des Bettelns in der Öffentlichkeit. Die Grenzen für Vorschläge sind andererseits jedoch weiter, als gemeinhin angenommen wird, weil die Problemdefinition und -beschreibung vom primären Akteur nicht unabhängig von den Lösungsvorschlägen und erst recht nicht in dieser zeitlichen Abfolge formuliert werden: Während in der Praxis die Problembeschreibung (auch) **unter dem Gesichtspunkt der präferierten Bekämpfungsmaßnahmen formuliert wird**, erscheint es in der öffentlich verbreiteten Problemwahrnehmung später so, als ließe 'das Problem selbst' nur eine bestimmte Art der Bekämpfung zu.

Spätestens in der Phase der massenmedialen Verbreitung, wenn mehrere Akteure (und das ist die Regel) engagiert sind, wird eine bestimmte Anzahl sich ergänzender und tlw. auch widersprechender Bekämpfungsvorschläge kursieren und konkurrieren, die den im Detail modifizierten Problemwahrnehmungen - das heißt: den spezifischen Interessen - der jeweiligen Akteure entsprechen. Dies führt dazu, daß der öffentliche Diskurs selbst den adressierten staatlichen Stellen eine **Auswahl** unter den Bekämpfungsvorschlägen läßt: Sie können sich der Position eines der Akteure anschließen, mehrere Maßnahmen parallel durchführen oder sogar eigene Strategien entwickeln.

Damit wären wir beim **zweiten Gesichtspunkt**. Hier nehme ich an, daß staatliche Problembearbeitung unter den Bekämpfungsmaßnahmen, die nach dem vorliegenden Problemmuster wirksam sein **könnten**, diejenigen auswählen werden, die die ihnen zur Verfügung stehenden Ressourcen am geringsten belasten und gleichzeitig der Öffentlichkeit am deutlichsten klarmachen, daß 'der Staat' seiner selbst anerkannten Pflicht zur Bekämpfung des Problems nachkommt. Die entscheidende Differenz zwischen den genannten Arten von Ressourcen besteht unter diesem Aspekt der Auswahl darin, daß sie in unterschiedlichem Maße begrenzt sind.

Geld

Wie alle individuellen und kollektiven Akteure wissen, kann Geld in fast beliebigen Mengen ausgegeben werden, ist aber, wie wir schon im 3. Kapitel gesehen hatten, stets knapp - dies betrifft alle drei geldförmigen Leistungen in ähnlicher Weise.

Unmittelbare Transferleistungen (Finanzmittel werden für Geldzahlungen, Sachgüter oder Dienstleistungen ausgegeben) richten sich an die Betroffenen oder die Verursacher eines Problems. Für die Linderung ökonomischer Not sind sie am effektivsten und haben den Vorteil, in ihrer Höhe und Entwicklung relativ gut prognostizierbar zu sein. Die Finanzmittel kommen allerdings nicht im ganzen Umfang den Betroffenen zu gute, stets wird ein größerer oder kleinerer Teil zum Unterhalt der Einrichtungen aufzuwenden sein, die die Verteilung übernehmen. Hier ist zu unterscheiden zwischen Geld und Gütern, die unmittelbar von staatlichen Instanzen geleistet werden (typisch: die 'Sozialhilfe') und Sach- und Dienstleistungen, die von Dritten (z.B. den Wohlfahrtsverbänden) auf Kosten des Staates erbracht werden. Diese Differenzierung ist weniger von Bedeutung für die Effektivität der Verteilungsorganisation (also den Anteil der Transferkosten an den Gesamtaufwendungen) - diese Frage kann im Einzelfall empirisch entschieden werden - als bezüglich der Interessen der Distributoren. Während die mit der Verteilung beschäftigten Beamten wie Angestellten aller Hierarchien i.d.R. weder mit dem Problem verbundene Sonderinteressen, besitzen noch als Akteure aktiv werden können[18], treten bei nicht-staatlichen Transfereinrichtungen organisatorische Eigeninteressen (Fortbestehen und Sicherung der Arbeitsplätze, Aufgabenzuwachs und personelle Expansion) regelmäßig in den Vordergrund. Wohlfahrtsverbände usw. sind nicht nur gezwungen, um ihre Zuständigkeit für die Problembearbeitung zu kämpfen, sondern sie müssen auch entscheiden, ob sie Problemlösungen präferieren, die finanziell eher (wie Sachleistungen) ihren Klienten oder (wie die Beratung) ihnen selbst zugute kommen.

Anreizprogramme sind verhaltensabhängige Subventionen, die die Handlungen der Subjekte durch Belohnung beeinflussen sollen (wie Prämien für den Einbau eines Abgaskatalysators in Kraftfahrzeuge). Denkbar sind sowohl Maßnahmen,

---

18 Sie sind (und die Theorie scheint hier tendenziell wirklichkeitsgerecht) unkündbare Mitglieder eines umfassenden 'Staatsapparates', die ihre wechselnden Aufgaben pflichtgemäß erfüllen - ob sie nun Hilfe zum Lebensunterhalt auszahlen oder die Abendkasse des städtischen Theaters abrechnen, ist für sie einerlei. Die strikte Trennung zwischen exekutiven und legislativen Funktionen schließt darüber hinaus weitgehend aus, daß diese 'Staatsdiener' selbst als Akteure auftreten.

die der Begrenzung der Schäden (z.B. Linderung der Not), als auch solche, die langfristig der Lösung des Problems dienen sollen. Adressaten sind hier primär Verursacher oder potentielle Verursacher des Problems (Betroffene brauchen i.d.R. keine finanziellen Anreize, um etwas gegen ihr Problem zu tun). Maßnahmen dieser Art sind budgetpolitisch riskant, weil - besonders am Beginn der Problembekämpfung - kaum abzuschätzen ist, in welchem Umfang Finanzmittel in Anspruch genommen werden. Gewagt sind sie außerdem, weil sie die Existenz klarer Kausalbeziehungen zwischen dem (zu beeinflussenden) Handeln und der Problementstehung voraussetzen. Solche Zusammenhänge werden zwar in den meisten Problemmustern behauptet, bewahrheiten sich aber (aus den verschiedensten Gründen) zum Leidwesen der politischen Planungsinstanzen in der Praxis nur selten. Der primäre Erfolg solcher Programme liegt deshalb in erster Linie darin, daß sie möglichst genau im geplanten Umfang von der Bevölkerung 'angenommen' werden.

Infrastrukturmaßnahmen zielen entweder auf eine Lösung des Problems oder eine grundlegende Verringerung seiner Auswirkungen. Sie haben den Vorteil, daß die Höhe der Aufwendungen vorab festgelegt wird. Allerdings führen einige von ihnen zu Folgekosten, die die Staatshaushalte langfristig belasten und auch nicht genau prognostizierbar sind. Ein weiterer Nachteil besteht darin, daß sie erst mit erheblicher zeitlicher Verzögerung (sie kann, z.B. bei Maßnahmen im Bildungssystem, bis zu mehrere Jahrzehnte betragen) wirken - wenn überhaupt. Das im vorigen Absatz über die Bewährung von Kausalbehauptungen Gesagte gilt hier in noch größerem Umfang. Hinzu kommt, daß gerade Infrastrukturmaßnahmen fast immer mit (allerdings mehr oder weniger erheblichen) nichtintentionalen Nebenfolgen verbunden sind. (Darauf soll das in der Literatur kursierende Beispiel der Abschrägung von Bürgersteigen an Straßenkreuzungen aufmerksam machen: Sie erhöht zwar die Beweglichkeit von Rollstuhlfahrern erheblich, führt aber gleichzeitig zur Zunahme von Verkehrsunfällen mit Sehbehinderten, denen die Orientierungskanten für ihre Blindenstöcke fehlen.)

Staatliche Stellen werden deshalb, falls finanzielle Leistungen aufgrund der Art des Problems unabdingbar sind, eher die Typen eins oder drei (bzw. eine Kombination von beiden) vorziehen, und zwar in einer Reihenfolge, die davon abhängig ist, in welchem Zeitrahmen die jeweilige Politik gerade plant. Direkte Transferleistungen, die dazu dienen, kurzfristig die Not zu lindern, können innerhalb einer Wahlperiode ihre Wirkungen entfalten, Infrastrukturmaßnahmen, die langfristig zur Lösung des Problems beitragen sollen, benötigen meist eine oder gar mehrere Wahlzyklen, bis sie greifen.

Informationen

Im Gegensatz zu Geld können Informationen fast in beliebiger Menge erzeugt, jedoch nur in begrenztem Umfang wirksam distributiert werden. (Die limitierte

Kapazität der massenmedialen Öffentlichkeit für Problemwahrnehmungen hatten wir im vorigen Kapitel bereits kennengelernt.) Selbst wenn Wege der Informationsverbreitung benutzt werden, die (wie Flugblätter oder Postwurfsendungen) nicht auf die üblichen Kanäle angewiesen sind, so ist doch auch die Aufnahmekapazität und -bereitschaft der Bevölkerung (auch und vielleicht gerade für staatliche) Mitteilungen begrenzt. Im Gegensatz zu den anderen beiden Klassen von Bekämpfungsmaßnahmen ist hier in der Praxis eine typische Regelmäßigkeit in der zeitlichen Abfolge zu beobachten.

Zunächst wird der Öffentlichkeit durch **symbolische Akte** signalisiert, daß 'die Politik' das Problem zur Kenntnis genommen hat. In Parlamentsdebatten, Wahlreden und Fernsehansprachen verkündet 'der Staat seinen Bürgern' durch den Mund verantwortlicher PolitikerInnen (Staatsoberhäupter, Regierungsmitglieder, Fraktions- und ParteiführerInnen usw.), daß das Problem den anerkannten Werten der Gesellschaft widerspricht und daß sofort gehandelt werden muß. Dabei werden gleichzeitig plakativ die moralischen Standards verkündet, an die die Gesellschaftsmitglieder sich nach Auffassung der Politiker gebunden fühlen sollen. Durch einen Appell an Betroffene oder die Verursacher kann gleichzeitig deutlich gemacht werden, daß für die Abhilfe oder Lösung des Problems jeder Einzelne (mit-)verantwortlich ist. Dies kann die Ankündigung beinhalten, daß den Moralstandards zu einem späteren Zeitpunkt notfalls mit normativen Mitteln Geltung verschafft wird (falls sich das Verhalten nicht grundlegend ändern sollte). Die Drohung mit der Rechtsnorm ist dabei eine Sonderform der Absichtserklärungen - mit ihr wird stets eingeräumt, daß der Staat in der Pflicht steht und in irgendeiner Weise aktiv werden muß. Versprechen, daß in naher Zukunft etwas unternommen werden wird, sind in jedem Fall ein schnelles und finanziell fast kostenloses Mittel. Sie können jedoch mit politischen Kosten belastet sein oder diese hervorrufen, wenn z.B. die sog. Glaubwürdigkeit der Politiker Schaden nimmt, weil den Ankündigungen keine Taten folgen.[19]

Die **Erzeugung von Wissen**, z.B. durch die Einsetzung von Experten- und Enquetekommissionen oder die Finanzierung von Forschungsvorhaben, ist die Stufe staatlicher Reaktion, die regelmäßig auf ein Handlungsversprechen folgt. Sie kostet vergleichsweise wenig Geld, 'beweist' aber, daß das Problem ernst genommen und gründlich 'bearbeitet' wird. Da die Wissensproduktion stets längere Zeiträume in Anspruch nimmt (keine Kommission und kein Forschungsprojekt gibt sich mit weniger als einem Jahr Zeit zufrieden, die Regel dürften eher zwei bis fünf Jahre sein), ist das Argument, es lägen noch zu wenig Daten für eine erfolgversprechende Bekämpfung des Problems vor, die sicherste Möglichkeit, um

---

19 Diese politischen Kosten sinken jedoch tendenziell gegen Null, wenn beispielsweise eine Regierung ohnehin nur (noch) über eine geringe Glaubwürdigkeit bei den Akteuren und in der Öffentlichkeit verfügt.

teurere Maßnahmen hinaus zu zögern. Das Musterbeispiel für diese Strategie ist das sog. Waldsterben, bei dem seit Anfang der achtziger Jahre bis heute von Bund und Ländern ein Forschungsprojekt nach dem anderen generiert wird, um z.B. die exakten kausalen Wirkungsmechanismen einzelner Schadstoffe zu ermitteln - was effektive Maßnahmen zur Reduzierung dieser Schadstoffe (aus Sicht der zuständigen Ministerien) bisher weitgehend überflüssig gemacht hat.

Schließlich folgt die Durchführung systematischer **Aufklärungskampagnen**, bei denen einerseits eine grundsätzlicher Zuständigkeit des Staates anerkannt, gleichzeitig aber auch festgestellt wird, daß die Lösung in der Hand der Betroffenen selbst bzw. der ganzen Bevölkerung liegt. Neben einzelne, zeitlich begrenzte Kampagnen tritt bei Problemen, die als schwerwiegend oder kurzfristig nicht lösbar angesehen werden, die Einrichtung spezieller Institutionen (wie der Bundeszentrale für gesundheitliche Aufklärung oder spezieller Abteilungen bei anderen Einrichtungen - z.B. das Referat 'Aufklärung der Öffentlichkeit in Umweltfragen' beim Umweltbundesamt), die langfristig für die Verbreitung von Informationen zuständig sind. Zu finden ist diese Art der Institutionalisierung nur bei Problemen, von denen angenommen wird, daß sie auch langfristig nicht zu lösen sein werden. Solche Einrichtungen dienen primär der Verringerung der negativen Auswirkungen der Problemlagen, bestenfalls der Reduzierung der Zahl der Betroffenen durch Prävention. Wie wir noch sehen werden, stellt diese Institutionalisierung den vorläufigen Endpunkt einer Problemkarriere dar, bei dem der Gipfel der öffentlichen Aufmerksamkeit bereits überschritten ist. Wenn das Problem weitgehend aus der allgemeinen Öffentlichkeit verschwunden ist, wird die Existenz dieser Einrichtungen hauptsächlich durch die aus dem 'Selbsterhaltungstrieb' der entstandenen bürokratischen Apparate folgenden Aktivitäten gesichert.

Auch der Einsatz dieser Klasse von Maßnahmen ist vom Wahlzyklus abhängig: Versprechen sind direkt vor einer Wahl am sinnvollsten, das Versprochene kann hinterher ohne großen Schaden 'vergessen' werden, weil weder das politische Gedächtnis der Öffentlichkeit noch die Hochkonjunktur der meisten Problemkarrieren eine ganze Wahlperiode umfassen. Ein Ankurbeln der Wissensproduktion ist nur dann sinnvoll, wenn bei Problemen, bei denen keine kurzfristige Besserung zu erwarten ist, politische Entscheidungen oder Aufwendungen für einige Jahre verschoben werden sollen, ohne daß öffentlich der Vorwurf der Ignoranz erhoben werden kann. Aufklärungskampagnen stellen temporäre Aktivitäten dar - ihre Institutionalisierung bedeutet, daß man sich mit der kurzfristigen (oder auch grundsätzlichen) Unlösbarkeit des Problems abgefunden hat.

Recht

Recht ist an allen Bekämpfungsmaßnahmen beteiligt, weil fast alles staatliche Handeln in dieser Form erfolgt oder darin zumindest ihren Rahmen findet. Die

Normen, die nur dazu dienen, die Ausschüttung von Finanzmitteln oder die Erzeugung und Distribution von Informationen zu regeln, müssen hier nicht gesondert untersucht werden.

Normen zur **kostenneutralen Umverteilung** lassen den Staatshaushalt unbelastet; sie erzeugen einen finanziellen Transfer innerhalb und zwischen anderen Subsystemen. Typisch sind hier das Renten- und Krankenversicherungsrecht, die Gelder zwischen sozialstrukurell unterscheidbaren Teilen der Bevölkerung (z.B. Altersklassen oder Einkommensschichten), Berufsgruppen (wie Ärzte und Apotheker) oder zwischen Lohnabhängigen und Unternehmen umverteilen. Politisch entschieden wird, ob und in welchem Umfang die Kosten zur Bekämpfung sozialer Problem 'sozialisiert', also der großen Mehrheit der Bevölkerung aufgebürdet bzw. in welchem Ausmaß Betroffene, Verursacher oder Gruppen unbeteiligter Dritter 'zur Kasse gebeten' werden. In diesem Bereich treten die klassischen, öffentlich verhandelten Verteilungskonflikte auf. Da es bei dieser Frage - entgegen der üblichen, ideologischen Zwecken dienenden Behauptung - i.d.R. keine sachrational eindeutig 'richtige' Entscheidung gibt, wird die Belastung der einzelnen Gruppen in einem politischen Machtkampf entschieden. Die Erfolgsaussichten der Beteiligten hängen dabei von ihrem Organisationsgrad, ihrer kollektiven Artikulationsfähigkeit und der realen Macht (z.B. der Fähigkeit, andere Seiten mit Aussicht auf Erfolg erpressen zu können) ab - weswegen Berufsgruppen wie ÄrztInnen oder ApothekerInnen regelmäßig besser abschneiden, als z.B. RentnerInnen oder chronisch Kranke. (Daran ändert auch die Zahl der Wahlstimmen nichts, die eine Gruppe in den Politikprozeß einbringen kann.)

Der letzte Typ von Maßnahmen schließlich ist das **Strafrecht**. Wichtig für die politischen Akteure ist seine Eigenschaft, in fast beliebiger Quantität gesetzt werden zu können; lediglich der Kapazität der für Anwendung und Kontrolle der Einhaltung zuständigen Organe sind Grenzen gesetzt[20]. Letzteres gilt allerdings nur dann, wenn seine Wirksamkeit tatsächlich von der Güte der Überwachung und der Wahrscheinlichkeit der Sanktionierung der Normverletzung abhängig sein sollte. Diese **direkte generalpräventive** Wirkung des Strafrechts wird allerdings seit mehr als zwanzig Jahren kriminologisch eher für unwahrscheinlich gehalten. Nach der heute dominierenden Auffassung[21] geht es bei der Setzung von Strafnormen primär um **symbolische** Wirkungen.

Symbolische Politik, wie sie zum erstenmal systematisch von Edelman (1976) untersucht worden ist, wird meist als politisches Handeln verstanden, dessen

---

20 Neue Strafnormen führen nur zu vergleichsweise geringfügigen finanziellen Belastungen (von Polizei und Justiz sowie im Justizvollzugssystem); wenn der Schwerpunkt der Sanktionierung bei Bußgeldern u.ä. liegt, kann hier sogar eine Finanzquelle erschlossen werden.

21 Die aktuelle Diskussion der verschiedenen Schulen ist zusammengefaßt bei Scheerer 1993.

Zweck weitgehend vom eigentlichen Handlungsfeld abgelöst ist und primär der Erzeugung von Massenloyalität dient. "Konkret bedeutet das, daß in all den Fällen, in denen politisches Handeln und politische Entscheidungen im Lichte der Öffentlichkeit vonstatten gehen, das zentrale Ziel darin besteht, daß diese Aktivitäten bei dem Massenpublikum den Eindruck erwecken, daß das politische System sich der Probleme der Gesellschaftsmitglieder verantwortlich, kompetent und interessenübergreifend annimmt und sich um die bestmögliche Lösung bemüht, daß die Parteien die Interessen ihrer Wählerschaft im politischen System zu realisieren versuchen etc." (Lehne 1994: 218) 'Symbolische Politik' bezeichnet also bezüglich sozialer Probleme die Produktion des Anscheins von Entschlossenheit und Aktivität bei gleichzeitigem Verzicht auf eine effektive Problembekämpfung.

Unabhängig von den prinzipiellen - und bis heute umstrittenen - Fragen, wie gut das Strafrecht überhaupt für einen effektiven Rechtsgüterschutz geeignet ist und ob es nicht stets primär symbolischen Charakter hat, müssen wir feststellen, daß das Strafrecht eine der wichtigsten Formen symbolischer Politik überhaupt ist. Dies liegt nicht nur daran, daß hier ein hoher Moral- und Symbolgehalt mit sehr geringer instrumenteller Effektivität zusammentrifft, sondern auch an seiner starken strukturellen Affinität zu Problemwahrnehmungen und Diskursstrategien. Strafrecht

- suggeriert einen moralischen Konsens darüber, daß bestimmte Verhaltensweisen zu unterlassen seien, womit der Bewertungsmaßstab des Problemmusters höchste staatliche Anerkennung erlangt;
- setzt auf individuelle Verantwortungs- und Schuldzuschreibung und fördert damit die eindeutige Kausalattributierung der Problemverursachung;
- unterstützt als Schuldstrafrecht die Funktion des Moralisierens und der Dichotomisierung von Schuld;
- erweckt den Anschein, das Problem wäre durch bewußt herbeigeführte Willensentscheidungen bei den Verursachern zu verringern.

Nach Auffassung von Lehne (1994)[22] kommt der symbolischen Funktion des Strafrechts seit Mitte der achtziger Jahre in der Bundesrepublik eine zunehmende Bedeutung als staatliche Reaktion auf soziale Probleme zu: "Es gibt ganz unzweifelhaft zunehmend das Phänomen, daß neue Strafrechtsbestimmungen für problemträchtige und regulationsbedürftige gesellschaftliche Felder erlassen werden, die zwar als problemadäquat dargestellt, gleichzeitig aber dem zu bearbeitenden Problem nicht gerecht werden können." (211-212) Diese Fälle seien gekenn-

22 Ähnlich argumentieren Scheerer 1993a: 82 und Cremer-Schäfer 1993: 93.

zeichnet durch eine "generelle Unangemessenheit und Ineffektivität strafrechtlicher Problembearbeitung" (212).

Ich will die Richtigkeit dieser Beobachtungen nicht bestreiten. Eine Kritik an der 'bloß symbolischen' Bekämpfung sozialer Problem durch Strafrecht übersieht jedoch zweierlei. **Erstens** dient symbolische Politik nicht nur der Sicherung von Massenloyalität. Gerade mit dem Strafrecht signalisiert 'der Staat' (unabhängig von der spezial- und generalpräventiven Wirksamkeit), wie er sich das Zusammenleben seiner Bürger vorstellt. Es werden Grenzen für das Handeln gezogen, an die der Einzelne sich zwar nicht halten muß, aber bei denen er weiß: was ich tue, wird in der Gesellschaft, in der ich lebe, als schweres Unrecht angesehen. Er selbst muß dann abwägen, ob er das Risiko einer Bestrafung eingehen will. Ob er sich aber an das Gesetz hält oder nicht - stets ist sein Verhalten an den vom Strafrecht gesetzten Grenzen orientiert: die Norm ist ihm bewußt auch (oder wohl eher: gerade dann), wenn er sie verletzt. **Zweitens** gilt die gegen das Strafrecht ins Feld geführte relative oder absolute Unwirksamkeit auch für viele andere der Bekämpfungsmaßnahmen, speziell für die aus der Klasse 'Informationen' stammenden. Selbst bei finanziellen Maßnahmen kann vor ihrem Einsatz i.d.R. niemand sagen, wie effektiv sie tatsächlich sein und welche nichtintentionalen Nebenfolgen sie hervorbringen werden. Dies liegt nicht zuletzt daran, daß alle Bekämpfungsmaßnahmen auf Kausalannahmen der Problemursachen usw. beruhen, die sich in der politischen Praxis überhaupt erst einmal bewähren müssen.

Trotz dieser Einwände bleibt viel Wahres an der Feststellung: Soll der Öffentlichkeit staatliches Engagement signalisiert werden, obwohl andere Interessen der Durchführung effektiver Maßnahmen entgegenstehen, ist Strafrecht das fast ideale Mittel. Wenn politisch leidlich aufgeklärte Akteure (und das sind z.B. akademikergesättigte soziale Bewegungen) vom politisch-administrativen System die Problembekämpfung mittels Strafrecht verlangen, kann deshalb vermutet werden, daß sie ganz andere Interessen als die Lösung des konkreten Problems verfolgen. Bestenfalls signalisiert der Ruf nach neuen Normen die eigene problempolitische Hilflosigkeit.

Strafnormen gegen sexueller Mißbrauch

Der primäre Akteur Frauenbewegung ließ das Problem 'Mißbrauch' bereits im Oktober 1984 - zu einer Zeit, als es z.B. in der Fachöffentlichkeit wie in den Massenmedien noch gar nicht beachtet wurde - durch den frauenbewegten Flügel der Bundestagsfraktion der GRÜNEN auf der parlamentarischen Bühne thematisieren. Wie die Großen Anfrage (1984) und der ergänzende Entschließungsentwurf (1985) zeigen, wurde das Problemmuster dabei von der (damals im Parlament neuen) Oppositionspartei vollständig aufgenommen und ohne eigene Zufügungen reproduziert. In dieser ersten Phase der parlamentarischen Behandlung fand die moralisierende Verurteilung der Kontakte allgemeine Zustimmung, ein Großteil der Axiome usw. des Problemmusters wurde jedoch von den anderen Parteien nicht zur Kenntnis genommen bzw. vehement zurückgewiesen. Die Debatte wurde von den Regierungsparteien statt dessen dazu benutzt, den (an der Abfassung des Antrages nicht beteiligten) sexuallibertären Flügel der GRÜNEN aufgrund des sog. Kindersexskandals im nordrheinwestfälischen Wahlkampf (vgl. Böllinger 1986) als "Sympathisanten der Kinderschänder" zu denunzieren. Die Problematisierung wurde also zunächst politisch gegen diejenigen gerichtet, die das Thema eingebracht hatten. In der Sache selbst geschah nichts.

In den folgenden Jahren kam es zu einer rapiden Verbreitung der Problemwahrnehmung sowohl in den zuständigen Fachöffentlichkeiten als auch bei den Massenmedien. Wenn man das Interesse der Öffentlichkeit als Indikator nimmt, machte das Thema wie kaum ein anderes Problem in den letzten Jahrzehnten die Menschen - unabhängig von ihrer sozialen Herkunft und politischen Anschauung - 'betroffen'. Zu Beginn der neunziger Jahre führte die Problemwahrnehmung deshalb zu einer ganzen Reihe von staatlichen Absichtserklärungen und Handlungsplänen - z.B. dem Beschluß der Jugendministerkonferenz zu Leitlinien der Kinderschutzarbeit vom 21.6.1991, bei der die Frage des sexuellen Mißbrauchs eine wesentliche Rolle spielte (vgl. v. Heyl 1991). Im Juni jenes Jahres brachten Abgeordnete ***aller Fraktionen*** *einen Entschließungsantrag in den Deutschen Bundestag ein, in dem umfangreiche gesetzliche Maßnahmen zur Bekämpfung der Kinderpornographie und des sexuellen Mißbrauchs gefordert wurden. Neben Erweiterungen von Straftatbeständen und Erhöhungen des Strafmaßes bei den Paragraphen 176 und 184 StGB wurden u.a. Möglichkeiten zum Eingriff in das Postgeheimnis und eine Anzeigepflicht für Ärzte angeregt (Entschließungsantrag 1991: 3-5). Sowohl der Antrag als auch die Plenardebatte (am 10.10.1991) zeigten einen deutlich höheren Grad der Übernahme des Problemmusters durch Abgeordnete auch der christlich-konservativen Parteien. Große Teile der Argumentationsstruktur (einschließlich der Väter-als-Täter-These) wurden nun auch von den Unions-RednerInnen verwendet - was zu dem Novum führte, daß Redebeiträge von CSU-Abgeordneten heftigen Beifall auch von den Fraktionen "Bündnis 90/Grüne" und "PDS" erhielten. Ähnliches war auch in anderen staatlichen Gremien zu beobachten.*

Die Forderungen des primären Akteurs hatten sich einerseits auf finanzielle Unterstützung zur Einrichtung bzw. dem Ausbau von Beratungs- und Hilfeeinrichtungen bezogen. In den Ländern und Kommunen ist es seit Ende der achtziger Jahre auch zur Finanzierung zahlreicher Projekte gekommen[23] *- auch wenn diese Einrichtungen, wie viele andere im psycho-sozialen Bereich, Jahr für Jahr um ihre Weiterfinanzierung kämpfen müssen. Andererseits waren Forderungen nach Bekämpfung der (im Problemmuster angenommenen) strukturellen Ursachen erhoben worden, so z.B.*

---

23 Am häufigsten ist hier die direkte oder indirekte staatlicher Finanzierung von Beratungsstellen und Mädchenhäusern, die von Vereinen ('Wildwasser', 'Schattenriß', 'KOBRA') getragen werden, deren Trägergruppen dem Umfeld des primären Akteurs zuzuordnen sind.

"- Daß die geschlechtsspezifische Arbeitsteilung hinterfragt wird,

- daß der Macht-Ungleichheit im Berufsleben mit Quotierung begegnet wird,

- daß eine Ausbildungspflicht für Mädchen besteht,

- daß das Sexualstrafrecht zugunsten von Frauen und Kindern verändert wird." (Kellermann-Klein 1990: 260)

Aus diesen und ähnlichen Forderungskatalogen sind bis Ende 1995 vom Gesetzgeber ausschließlich die (fast immer unter 'ferner liefen' rangierenden) Punkte aufgegriffen und umgesetzt worden, die sich auf ***Verschärfungen des Strafrechts*** *beziehen:*

- *auch der einfache Besitz von Kinderpornographie steht nunmehr unter Strafe,*
- *die Verjährungsfrist bei Kindesmißbrauch beginnt erst mit dem 18. Lebensjahr des Opfers zu laufen,*
- *der außerhalb des Geltungsbereiches des Grundgesetzes von Deutschen begangene sexuelle Mißbrauch ist strafbar,*
- *der Schutz Minderjähriger vor sexueller Adressierung ist - unabhängig von ihrem Geschlecht - bis zum vollendeten 16. Lebensjahr ausgedehnt.*

Ein Eingehen auf die eher ***strukturellen*** *Forderungen des primären Akteurs hätte möglicherweise einige der Säulen der patriarchalischen Ordnung der Gesellschaft rissig werden lassen, was weder den Interessen der gegenwärtigen Regierung entsprach, noch von den Wählern und Wählerinnen honoriert worden wäre. Mit den - wenn man die übliche Dauer der Diskussionen über Strafrechtsreformen berücksichtigt - zügig erfolgten Normierungen signalisierte man dagegen den Akteuren wie der Öffentlichkeit nicht nur, daß das Problem von Parlament und Regierung überaus ernst genommen, sondern auch, daß schnell und energisch gehandelt wird. Änderungen der Strafnormen lassen sich überdies erheblich öffentlichkeitswirksamer inszenieren als die (jährlich wechselnde) Zuteilung von Geldern an Hilfeeinrichtungen - und sind bei weitem kostengünstiger. Der große 'Erfolg' der Maßnahmen (das Thema ist seit der Verabschiedung der Gesetze von der parlamentarischen Bühne verschwunden) ist dabei völlig unabhängig von den direkten Auswirkungen auf den problematisierten Sachverhalt - die nach übereinstimmender Auffassung der juristischen und rechtssoziologischen Experten gegen Null gehen (vgl. dazu die Literatur bei Schetsche 1994).*

7.4 Folgen der Institutionalisierung

Die parlamentarische 'Bearbeitung' des Problems sexueller Mißbrauch illustriert in fast idealtypischer Weise die Transformationslogik politisch-administrativen

Handelns, wenn eine Problemwahrnehmung aus Opportunitätsgründen nicht zurückgewiesen werden kann, eine effektive Bekämpfung aber weder möglich noch gewollt ist. Generell läßt sich zeigen, daß Problemmuster im allgemeinen und Bekämpfungs- sowie Lösungsvorschläge im besonderen bei der Aufnahme eines Problems in die Regierungspolitik systematischen Veränderungen unterworfen sind.

In der theoretischen Literatur besteht große Einigkeit darüber, daß staatliche Instanzen "das Problem in spezifischer Weise umdefinieren, sich zu eigen machen und in die Bahnen administrativ vorgegebener Lösungsmuster lenken" (Dorenburg u.a. 1987: 200; entspr. Sachße/Tennstedt 1986: 11, Nedelmann 1986a: 26, Cremer-Schäfer 1992: 29, Rieger 1992: 171). Leider werden die Merkmale dieser Umarbeitung und die Struktur, in der soziale Probleme schließlich gegossen werden, nur selten näher bestimmt. Dorenburg u.a. (1987: 201) nennen lediglich die Monetarisierung der Leistung und die Individualisierung der Problemlage, die diese voraussetzt und befördert; Steinert (1981: 50-51) weist darauf hin, daß die Problembearbeitung stets in einer den bürokratischen Institutionen angemessenen Form[24] erfolgen wird.

Bis heute sind die Auswirkungen der politischen Anerkennung eines Problems auf die öffentliche Problemwahrnehmung, insbesondere aber die Problemdefinition und die Bekämpfungsstrategien, sowohl theoretisch wie empirisch ungeklärt. Um hier Klarheit zu schaffen, sind m.E. als erster Schritt Differenzierungen nach der Art der Reaktion des politisch-administrativen Systems sowie nach den von der Veränderung betroffenen Bestandteilen der Problemwahrnehmung nötig.

Institutionalisierung

Sowohl die Ablehnung der Problemwahrnehmung als auch deren Anerkennung bei gleichzeitiger Zurückweisung der Zuständigkeit beeinflussen die öffentliche Wahrnehmung des sozialen Sachverhalts in hohem Maße. Bei der Bestätigung der Problemwahrnehmung und der staatlichen Verantwortung kann und wird der Prozeß der Bearbeitung erhebliche Auswirkungen auf die Problemwahrnehmung haben. Diese Effekte sind in erster Linie vom Ausmaß der Institutionalisierung der Problembekämpfung abhängig. Hier lassen sich drei Grade unterscheiden:

---

24 "Wie es bürokratische Apparate so an sich haben, sind die Regeln des Zugangs zu ihnen mehr durch ihre eigenen Bedürfnisse und Handlungsfähigkeiten bestimmt, als durch die Probleme der Betroffenen - zumindest stellt sich dieser Zustand sehr leicht und aus angebbaren Gründen, die in der 'Politik der sozialen Probleme' liegen, ein. Be- und verarbeitbar sind dann Probleme nur in der Aufarbeitung, die den Kompetenzen des jeweiligen Apparates entspricht. Die Probleme erfahren damit eine adminstrative Umdefinierung, und was nicht in den Raster der vorgesehenen Lösungen paßt, fällt durch das 'soziale Netz'..." (Steinert 1981: 46-47)

1. Die **Bearbeitung-en-passant**: Das Problem wird von bestehenden Instanzen 'nebenher' bearbeitet. Sie wenden sich vom Thema ab, wenn die formal vorgesehenen Schritte (z.B. zur Verabschiedung eines Gesetzes) erledigt sind. Dies schließt nicht aus, daß sich dieselben Gremien in ein paar Jahren (oder auch: regelmäßig alle paar Jahre) mit dem Problem beschäftigen - z.B. um zu überprüfen, wie wirksam die einmal beschlossenen Maßnahmen gewesen sind. Eine nachgeordnete Stelle (z.B. das Referat eines Ministeriums) erhält gleichzeitig zusätzlich zu ihrer bisherigen Zuständigkeit die Aufgabe, die Problementwicklung zu beobachten und 'Alarm zu schlagen', wenn beispielsweise ein starkes Ansteigen der öffentlichen Aufmerksamkeit weitere Schritte erforderlich macht.

2. Die **temporäre Institutionalisierung**: Es werden zeitlich begrenzte Einrichtungen wie Expertengruppen, Sonderausschüsse oder Enquetekommissionen geschaffen, die Regierung bzw. Parlament nach einer festgelegten Zeitspanne ein- oder mehrmalig Bericht erstatten. Diese Kommissionen usw. bestehen i.d.R. aus Personen, die primär in anderen Bereichen tätig sind (Abgeordnete, ProfessorInnen, VerbandsvertreterInnen). Sie beobachten die Problementwicklung oder arbeiten Bekämpfungsvorschläge aus. Dem Gremium wird meist ein fester bürokratischer Stab zugeordnet, der jedoch nach Abschluß der Tätigkeit des betreffenden Gremiums wieder aufgelöst wird. In einigen Fällen gelingt es diesem Stab jedoch, sich in verwandelter Form dauerhaft einzurichten.

3. Die **dauerhafte Institutionalisierung**: Zur langfristigen Bekämpfung des Problems wird eine neue Einrichtung geschaffen oder eine bestehende erweitert. Dies reicht von der Einrichtung spezieller Referate innerhalb von Bundesbehörden oder Ministerien (z.B. zur 'Aufklärung der Bevölkerung') bis zur Entstehung neuer Behörden oder ganzer Systeme von Leistungsträgern mit einer Vielzahl einzelner Dienststellen und Tausenden von Beschäftigten. Die Binnenstruktur dieser Einrichtungen, ebenso wie die Identität der hier Beschäftigten ist durch die Tatsache geprägt, daß diese Institutionen allein aufgrund einer spezifischen Problemwahrnehmung geschaffen worden sind - und bei deren Relativierung vom Untergang bedroht wären. Diese Form der Institutionalisierung macht nur einen Sinn, wenn die politischen Entscheidungsinstanzen nicht damit rechnen, daß das Problem auf absehbare Zeit gelöst werden kann und dauerhafte Maßnahmen (z.B. zur Verbesserung der Situation der Betroffenen) nötig sind.

Der staatliche Einfluß auf die Problemwahrnehmung dürfte grundsätzlich um so höher sein, je länger die entsprechenden Instanzen arbeiten und je größer die neuen Einrichtungen sind. Neben diesen quantitativen Dimensionen spielt eine Rolle, ob eine Personengruppe entsteht, deren politisches oder berufliches Schicksal mit der Entwicklung der Problemwahrnehmung verbunden ist (also ein neuer kollektiver Akteur). Während die Problembeobachtung oder -bekämpfung als zusätzliche, nebenher zu erledigende Aufgabe bestehender Institutionen eher zu Gleichgültigkeit bis Unwilligkeit führt, erzeugt die persönliche Abhängigkeit ein Engagement, das regelmäßig zur Weiterentwicklung der Problemwahrnehmung (z.B. zur Entdeckung neuer Betroffenengruppen oder Entwicklung neuer Bekämpfungsstrategien) führen wird. Dieses Engagement wiederum wirkt stark auf die Öffentlichkeit und andere Instanzen zurück, so daß ein positiver Regelkreis der Problemwahrnehmung entsteht: "Sind institutionelle Arenen zur Politisierung von Konflikten zugänglich, so erlauben sie nicht nur, öffentlich die Empörung darüber zum Ausdruck zu bringen, daß vordringliche Werte verletzt und Normen ignoriert worden sind, sondern sie verstärken auch - haben sie sich einmal als Institutionen etabliert - die soziale Sensibilität zur Wahrnehmung von Wertverletzungen und Normüberschreitungen. Diese erhöhte kulturelle Sensibilität festigt wiederum die institutionellen Einrichtungen." (Nedelmann 1986: 406) Als anderes Extrem vermeidet die Bearbeitung-en-passant jede weitere öffentliche Aufmerksamkeit für das Thema, da nach Abschluß der formalen Schritte vom politisch-administrativen System selbst keine weiteren Informationen erzeugt werden, die von den Massenmedien verbreitet werden könnten.

Beim sexuellen Mißbrauch entschied sich das politisch-administrative System für die Bearbeitung-en-passant und die anschließende 'Abgabe' des Themas an die ohnehin für die Kontrolle der Einhaltung von Strafnormen zuständigen polizeilichen und juristischen Instanzen, die das Problem nun in gewohnter Weise 'kleinarbeiten' können. Nach anfänglicher Weigerung, sich des Problems anzunehmen, wurden aus den vom primären Akteur geforderten Maßnahmen mit dem Strafrecht der Typ selektiert, der kaum Kosten hervorruft, von nachgeordneten Stellen in gewohnter Weise mit erledigt werden kann und die öffentliche Aufmerksamkeit für das Thema nicht weiter erhöht. Durch die weitgehende Übernahme des von der Frauenbewegung gelieferten Problemmusters wurde dieser schließlich die Grundlage für öffentliche Klagen entzogen: Regierung und Parlament waren mit dem primären Akteur einer Meinung und setzten das von Staatsrecht wie Öffentlichkeit (wie ich meine: zu unrecht) als schärfstes staatliches Instrument angesehene Mittel zur Bekämpfung des Mißstandes ein.

Transformation

Auf einer zweiten Analyseebene ist zu unterscheiden, welche Bestandteile einer Problemwahrnehmung weitgehend erhalten bleiben und welche mehr oder weniger verändert werden. Hier finden wir vier Stufen der zunehmenden Transformation durch staatliche Problembearbeitung:

1. **Akklamation**: Das Problemmuster bleibt unverändert, die in ihm enthaltenen Bekämpfungsvorschläge werden umzusetzen versucht. Auf dieser Stufe wird die Problemwahrnehmung durch das staatliche Handeln lediglich in der bereits vorliegenden Form reproduziert.

2. **Selektion**: Das Problemmuster bleibt weitgehend unverändert erhalten, aus den Bekämpfungsvorschlägen werden jedoch nur einer oder einige wenige ausgewählt. Damit werden die aus Sicht des politisch-administrativen Systems er-

folgversprechenden von den unsinnigen Vorschlägen unterschieden; den Akteuren wird gleichzeitig verdeutlicht, welcher Art die Maßnahmen sein sollen, die sie bei ähnlichen Problemlagen in Zukunft empfehlen sollten, wenn ihre Vorschläge erfolgreich sein sollen. In diesem Fall ist empirisch weiter zu untersuchen, welche Art von Bekämpfungsvorschlägen (z.B. nach dem oben vorgelegten Raster von neun Typen) regelmäßig bevorzugt werden und welche Gründe dies hat.

3. **Modifikation**: Es werden - bei grundsätzlicher Anerkennung der Problemlage - die bisherige Abgrenzung der Betroffenenpopulation und/oder einige der Ursachenvermutungen in Frage gestellt. Folge ist die Behauptung, daß das Problem einen anderen Umfang hat bzw. mit ganz anderen Mitteln bekämpft werden muß. Ein Sonderfall ist hier die Aufnahme der vorgeschlagenen Bekämpfungsstrategien mit anderen als den gelieferten Begründungen. In allen diesen Fällen wird die Problemwahrnehmung während ihrer Reproduktion gleichzeitig modifiziert, ohne daß sich am Kern der Problemdefinition etwas ändert. Die Modifikation kann z.B. dazu dienen, die 'erforderlichen' Maßnahmen an die in der für zuständig erklärten Institution üblichen Arbeitsweisen oder auch das Ausmaß des Problems an die zugestandenen finanziellen Mittel anzupassen. Veränderungen, die sich auf die Betroffenen beziehen, werden in der Regel deren Zahl reduzieren - es sei denn, daß durch die dauerhafte Institutionalisierung eine Einrichtung etabliert wurde, die ihre Existenz legitimieren muß oder expansionistische Ziele verfolgt.

4. **Transkription**: Das Problemmuster wird quasi neu geschrieben, wobei lediglich der Name und die emotionalen Bestandteile der bisherigen Problemwahrnehmung aufgegriffen werden, um die Zustimmung der Öffentlichkeit für die Maßnahmen zur Bekämpfung des 'neuen-alten' Problems sicherzustellen. Die Bekämpfungsmaßnahmen können sich hier auch gegen Gruppen richten, die im ursprünglichen Problem gar nicht gemeint waren - im Extremfall sogar gegen einen der an der Problematisierung beteiligten Akteure. In diesem Fall liegt die Vermutung (im Sinne einer Vorannahme mit hoher Anfangsplausibiltät) nahe, daß das Problem lediglich politisch funktionalisiert wird.

Unter Berücksichtigung dieser beiden Dimensionen ergibt sich für die Bearbeitung des Problems durch das politisch-administrative System ein Verlauf, wie ihn die Graphik auf der nächsten Seite zeigt.

Bei der empirischen Analyse auf beiden Ebenen ist zu berücksichtigen, daß an der Problembearbeitung stets mehrere, voneinander partiell unabhängige staatliche Instanzen mitwirken. Es kann vorkommen, daß sie verschiedene Interessen vertreten, und dann versuchen, in unterschiedliche 'Richtungen' Einfluß auf die Problemwahrnehmung zu nehmen: "Eine zusätzliche Komplexität entsteht, wenn sich staatliche Akteure stärker ausdifferenzieren (etwa entlang der Linie horizontaler Gewaltenteilung oder in Form einer Konkurrenz der Fachressorts) oder gar gegenläufige Positionen zueinander einnehmen." (Rucht 1991: 12)

Graphik 7: Staatliche Beeinflussung der Problemwahrnehmung

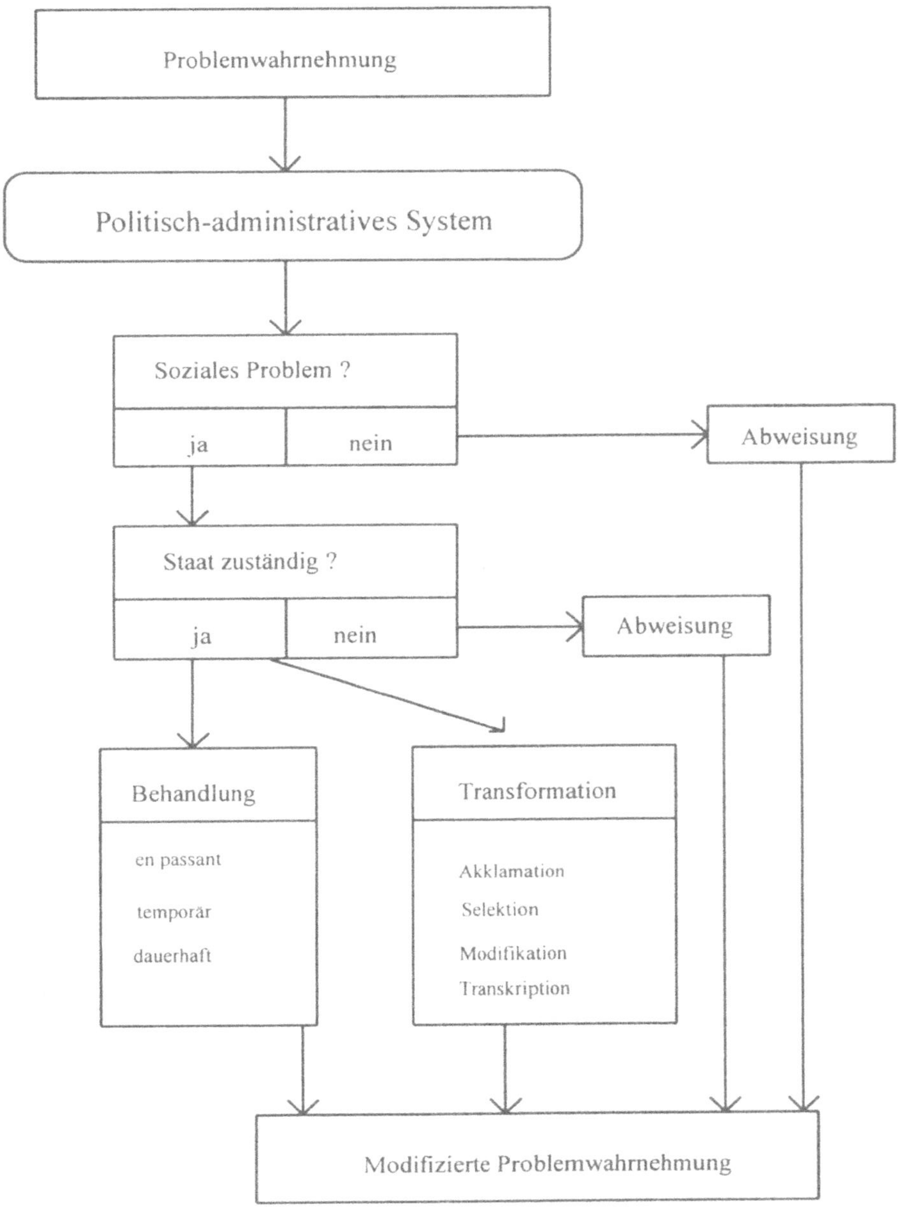

Den größten Einfluß besitzen dabei regelmäßig die politischen Akteure, die festlegen (dies sind i.d.R. die Regierung und die Parlamentsmehrheit), welche Institutionen kurz- oder langfristig mit seiner Beobachtung oder Bekämpfung beschäftigt sein werden - weil dies das zukünftige Ausmaß und die Art der Problemtransformation prädominiert. Das wichtigste Machtmittel der Opposition besteht demgegenüber darin, zu verhindern, daß das Thema schon zu einem sehr frühen Zeitpunkt in die - wenig öffentlichkeitswirksame - ministerielle oder subministerielle Ebene 'abgeschoben' wird.

Interessant ist hier die Frage, ob es eine regelmäßige Beziehung zwischen dem Typus des primären oder eines aktuell mächtigen Akteurs auf der einen und dem Grad der Transformation der Problemwahrnehmung sowie der Institutionalisierung auf der anderen Seiten gibt. Eine empirisch zu überprüfende Hypothese wäre hier z.B., daß Problemwahrnehmungen sozialer Bewegungen stärker verändert werden als solche professioneller Experten. (Günstig für exemplarische Untersuchungen wären hier Probleme, bei denen in ähnlicher Weise öffentlich in Erscheinung tretende Akteure ganz unterschiedliche Lösungsvorschläge vorgelegt haben.) Zu erwarten ist außerdem, daß die Regierung aus grundsätzlichen Erwägungen alle von der Opposition thematisierten Problemwahrnehmungen stets in bestimmtem Umfang im o.g. Sinne zumindest modifizieren wird. Die Tiefe der Institutionalisierung könnte einerseits von Erwartungen über die Stabilität der wichtigsten Akteure in der Zeit, andererseits aber gerade auch vom Interesse des politisch-administrativen Systems abhängen, z.B. auf soziale Bewegungen destabilisierend zu wirken (in dem deren Forderungen aufgegriffen und zu einem festen eigenen Handlungsfeld gemacht werden).

Insgesamt ist festzustellen, daß die primäre Zuständigkeit des Wohlfahrtsstaates für soziale Probleme nicht nur Verantwortlichkeiten und Ressourcenverbrauch mit sich bringt, sondern auch die öffentliche Problemwahrnehmung stark beeinflußt. Neben den bereits genannten Faktoren sind die Wirkungen auch davon abhängig, zu welchem Zeitpunkt der Problemkarriere staatliche Instanzen ihre Zuständigkeit anerkennen und selbst zu Akteuren der Problemkarriere werden. Da die Einflüsse auf die Problemwahrnehmung um so größer sind, je früher das politisch-administrative System sich einmischt, stellt sich die Frage, ob der Wohlfahrtsstaat nicht gelegentlich selbst als Problemdefinierer auftritt, um die öffentliche Wahrnehmung eines sozialen Sachverhalts von Anfang an zu kontrollieren. Tatsächlich sind diese Sonderfälle der staatlichen Problemkonstituierung mehrfach empirisch beschrieben worden.

7.5 Sonderfall: Der Staat als Problemdefinierer

In dem von mir postulierten **Standardmodell** wird der Wohlfahrtsstaat erst zum Akteur, wenn das Problemmuster von den Massenmedien bereits aufgegriffen und in der Bevölkerung disloziert wurde. Er wird aktiv, weil er öffentlich als Problemlöser adressiert worden ist - sei es, daß soziale Akteure ihn direkt für zuständig erklärt haben, sei es, daß aufgrund der Spezifik der Problemformulierung für eine Bekämpfung ohnehin nur staatliche Stellen in Frage kommen. In einzelnen Fällen kann der Staat jedoch auch von sich aus als Problemdefinierer auftreten und ein Problemmuster in die Öffentlichkeit bringen.

Den bis heute immer wieder zitierten Fall der Konstituierung eines sozialen Problems durch das politisch-adminstrative System (hier gleichzeitig mehrerer Staaten) schildert ausführlich Scheerer (1993) in seiner 'Geschichte des Drogenproblems'.[25] Weitere Beispiele wären die Pornographie am Ende des 19. Jahrhunderts oder der Terrorismus im sog. Deutschen Herbst. Auffällig ist, daß trotz einiger empirisch gut aufgearbeiteter Beispiele die Rolle des Staates als primärer Akteur in der Theorie bis heute stark unterbelichtet ist.

Wenn wir fragen, welches Interesse Regierungen und die sie tragenden Parteien an der Problemkonstituierung haben, finden wir in der Literatur zwei Erklärungen:

1. **Wahlkonkurrenz**: Nach einer Hypothese von Fluhrer (1994: 170; ähnlich argumentiert Winter 1992: 403) sind die PolitikerInnen um den Preis des politischen (Wahl-)Erfolgs bestrebt, "ständig neue Leistungen des Staates anzubieten und für neue Bereiche Verantwortlichkeiten zu übernehmen". Besonders eine am Wechselwähler ausgerichtete Parteienkonkurrenz verstärke die Ansprüche von Wählern und organisierten Interessen in den öffentlichkeitswirksamen Politikbereichen. Fluhrers These scheint mir in dieser Pauschalität in den Zeiten knapper öffentlicher Budgets zweifelhaft. Jedes neue Problem, das öffentliche Anerkennung verlangt, zwingt zu einer Umverteilung der Ressourcen und führt dazu, andere Aufgaben zu vernachlässigen. Staatliches Interesse dürfte deshalb ausschließlich an der Generierung von Problemen bestehen, die verglichen mit dem Zugewinn an Öffentlichkeitswirksamkeit der Problembekämpfung die vorhandenen Ressourcen nur gering belastet. Dies wären besonders Probleme, die primär durch die zwar endlichen, aber de facto unbegrenzten Ressourcen 'Information' und 'Recht' zu bekämpfen sind. (Und wie ich oben zu zeigen versucht habe, kann zumindest der Typ der Bekämpfungsmaßnahmen nicht unabhängig vom gemeinten sozialen Sachverhalt gesetzt werden, solange ein Akteur die Sachrationalität seiner Argumentation zu wahren bestrebt ist.)

Gerade diese Leistungen sind aber i.d.R. nicht von einer Art, die begeisterte Zustimmung bei potentiellen Wählern wird auslösen können. Hans Haferkamp (1987a: 530) hat darauf hingewiesen, daß die Herrschaftsunterworfenen immer

25 Zur 'Karriere des Drogenproblems in den USA' vgl. Selling 1989.

weniger bereit sind, sich normativen staatlichen Maßnahmen ohne weiteres unterzuordnen: "Welche Bedeutung hat denn der verbliebene Kontrollvorlauf, wenn am Ende relativ mehr Devianz akzeptiert und Sanktionsverzicht geübt wird? Das ist das **Neue** an der sozialen Kontrolle, die mehr zu einem **Wohlfahrtsstaat** paßt, dessen Eliten sich die Zustimmung der Massen erhalten müssen und deshalb den Massen gegenüber mehr auf Sozialpolitik als auf soziale Kontrolle setzen. Sie müssen daher auch zunehmende Devianz und insbesondere Kriminalität soweit hinnehmen, als Kontrollmaßnahmen die selbstbewußten, ihren Freiheitsraum entschieden verteidigenden Massen in ihrem Alltagsleben stören würden." Auch wegen dieses Zusammenhangs scheint mir die zweite Hypothese insgesamt einleuchtender.

2. **Kontrollbestrebungen**: Cremer-Schäfer (1992: 25) vertritt die Auffassung, daß es die "staatlichen Kontrollapparate" sind, die in bestimmten "Großprojekten" (Anti-Terrorismus-Kampagnen, Drogenbekämpfung, Kriminalitätsfurcht) das öffentliche Moralisieren (und, so füge ich hinzu: die Problemkonstituierung) betrieben haben. Die Problematisierung sozialer Sachverhalte diente dabei dazu, bestimmte soziale Gruppen und Subkulturen der Gesellschaft (etwa die Studenten oder die politische Linke) 'unter Kontrolle' zu bekommen - was primär bedeutet, ihr öffentliches Ansehen zu verringern und dadurch ihren Handlungsspielraum und die Chance, von anderen Bevölkerungsgruppen Unterstützung zu erhalten, einzuschränken. Der Staat handele dabei nicht als Wohlfahrtsstaat, sondern als Herrschafts- und Kontrollstaat. Dabei stellt sich jedoch die Frage, ob diese unmittelbaren, normativ durchgesetzten Kontrollmethoden noch dem am Ende des 20. Jahrhunderts dominierenden staatlichen Handlungsstil entsprechen. Tatsächlich stellt Cremer-Schäfer (1992: 26) auch fest: "Die 80er Jahre kennzeichnet, daß die 'großen' Kampagnen vorbei sind." Die Anfang der neunziger Jahre vom BKA begonnene Problematisierung des sog. organisierten Verbrechens und der von ihm ausgehenden Gefahren macht jedoch deutlich, daß Kontrollinteressen (hier gegenüber osteuropäischen Ausländern) auch am Ende des Jahrhunderts noch ein Motiv für staatliche Problemkonstitutierung sind.

Diese Annahme gewinnt zusätzliche Plausibilität, wenn man sich die strukturellen Besonderheiten der staatlichen Problemkonstituierung anschaut. Im Unterschied zum Standardmodell steht bei der Übergabe der Problemwahrnehmung an die Massenmedien hier bereits fest, welche Maßnahmen der Staat zur Problembekämpfung favorisiert. Die öffentliche Verbreitung des Problemmusters dient lediglich dazu, die geplanten Schritte in der Öffentlichkeit zu legitimieren. I.d.R. bleibt für den Betrachter ohne Insider-Wissen unklar, ob die Maßnahmen zur Bekämpfung der konstatierten Problemlage ergriffen werden, oder ob die Problematisierung lediglich Maßnahmen legitimiert, die aus ganz anderen Gründen nötig erscheinen. Wie Haferkamp im oben zitierten Vortrag deutlich gemacht hat, ist die Zustimmung der "Machtunterworfenen" zur Politik in den letzten Jahrzehnten immer wichtiger geworden. Die Feststellung des Vorliegens eines sozialen Problems erscheint hier als ideale Methode zur Legitimierung staatlicher Kontrollmaßnahmen, die mit spürbaren Einschränkungen für die Bürger verbunden sind.

Aufgrund seiner umfassenden Machtmittel ist der Staat dabei im Gegensatz zu anderen Akteuren in deutlich geringerem Umfang auf die Mithilfe anderer Akteure angewiesen. Durch eine Vermehrung der Akteure wird allerdings der Akzeptanzgrad der Problemwahrnehmung in der Bevölkerung schneller ansteigen. Dies ist besonders dann von Bedeutung, wenn das Problemmuster neben den staatlichen Maßnahmen auch dispositives Handeln einzelner Gruppen oder der gesamten Bevölkerung verlangt. Von den Massenmedien werden regierungsamtliche Stellungnahmen in jedem Falle aufgegriffen und verbreitet, wenn sie nur durch den formalen Rahmen ihrer Verkündigung als 'wichtig' markiert sind (z.B. durch die Behandlung vor der Bundespressekonferenz).[26] Der Realitätskokon 'soziales Problem' kann aber letztlich selbst dann zustande kommen, wenn Massenmedien und Bevölkerung zunächst wenig Neigung zeigen, die Problemwahrnehmung in der vorgegebenen Form zu akzeptieren. Aufgrund der Gesetzgebungsmacht und der Weisungsbefugnis des politisch-administrativen Systems wird das Problem auch bei nur geringer öffentlicher Zustimmung faktisch einfach dadurch reproduziert, daß alle nachgeordneten Behörden die Vorgaben des Problemmusters exekutieren. Dies bleibt im Alltag nicht ohne Folgen für die Problemwahrnehmung der mit den Maßnahmen (in welcher Form auch immer) konfrontierten Subjekte. In begrenztem Umfang kann deshalb der Wohlfahrtsstaat die gesellschaftliche Anerkennung der von ihm konstatierten Problemlagen erzwingen - eine Fähigkeit, die ihn von allen anderen kollektiven Akteuren unterscheidet.

26 Die von Donsbach (1993: 243) für die USA getroffene Feststellung, daß ein Großteil der politischen Meldungen in den Massenmedien auf offizielle Quellen zurückgeht, dürfte für die Bundesrepublik in ähnlicher Weise gelten. Zumindest aber 'produziert' der Regierungsapparat auch hier erheblich mehr Nachrichten als die Opposition (Werner 1993: 190).

8 Soziale Sachverhalte: Wissenschaftliche Erforschbarkeit und Problemeignung

8.1 Erforschbarkeit: Komperatistik und Konsens

Die Frage, ob es zu den Aufgaben der Problemsoziologie gehört, die 'objektiven Bedingungen' sozialer Probleme zu untersuchen, markiert einen wichtigen (wenn nicht den entscheidenden) Unterschied zwischen der objektivistischen und der konstruktivistischen Schule.

Für **Merton** ist die Diskrepanz zwischen gesellschaftlich akzeptierten Standards (der Wertordnung) und den "tatsächlich vorherrschenden sozialen Bedingungen" der "**grundlegendste Bestandteil** eines sozialen Problems" (1975: 114 - Hervorh. von M.Sch.). Die Untersuchung dieser Bedingungen gehört nicht nur zu den wichtigsten Aufgaben der Soziologie, sondern macht es auch möglich, "latente Probleme" zu entdecken, derer sich die Gesellschaft (noch) gar nicht bewußt ist. Die wissenschaftliche Erfassung der objektiven Bedingungen ist lediglich durch gesellschaftliche Klischees, Mythen usw. beeinträchtigt. "Alle maßgeblichen Soziologen sind sich darüber einig, daß die Statistiken über Geisteskrankheiten und Selbstmord, über Kriminalität und jugendliche Delinquenz, über Prostitution und Ehescheidung durch alle möglichen Vorurteile beeinflußt werden ..." (ebd.). Bedenklicher als die daraus resultierenden empirischen Meßprobleme ist allerdings die Gefahr, daß "der Soziologe" der Gesellschaft seine Werte aufdrängt und latente 'Probleme' postuliert, die der herrschenden Wertordnung gar nicht widersprechen (122).

Hans Haferkamp, einer der vehementesten Verfechter der objektivistischen Position in der Bundesrepublik, gibt demgegenüber zu bedenken, daß die betroffenen Subjekte sich ihrer Lebens- und Notlagen meist auch ohne die Hinweise der Soziologie bewußt sind. "Die Differenzen von tot oder lebendig, krank oder gesund, hungrig oder satt, gefangen oder frei beziehen sich auf Mißlingen oder Gelingen der Lösung von grundlegenden Lebensproblemen der Akteure, die auch in modernen Gesellschaften bestehen. Die meisten Unterschiede dieser Art können schon von den Mitgliedern der Alltagswelt eindeutig getroffen werden, andere sind durch Beobachtungen von Wissenschaftlern zu bestimmen." (Haferkamp 1987: 126) Wenn die wissenschaftliche 'Entdeckung' von Notlagen (im Sinne des Aufdeckens bereits vorher existierender sozialer Tatbestände) durch die Wissenschaft aufgrund des umfangreichen Selbstwissens der Gesellschaft auch eher die Ausnahme ist, so bleibt sie doch - wie Haferkamp in expliziter Kritik an der konstruktivistischen Schule ausführt - prinzipiell möglich: "Es ist zwar richtig, daß kein Verhalten und keine Struktur per se eine Bedeutung in der Alltagswelt haben, aber das heißt nicht, daß Verhalten oder Strukturen vor ihrer

Be-Deutung durch die Akteure in der Alltagswelt nicht existieren und deshalb auch nicht analysiert werden können." (125)

Im Gegensatz dazu meinen **Kitsuse** und **Spector**[1], daß die Soziologie sozialer Probleme die Existenz 'objektiver Bedingungen' weder voraussetzen noch untersuchen **sollte** ("one need not assume nor explain" - 1973: 414). Analysiert werden könnte bestenfalls die "vermeintlichen Bedingung", deren Existenz von den Anspruchserhebenden behauptet wird. Dabei kann der Wahrheitsgehalt dieser Behauptungen jedoch niemals 'objektiv' überprüft werden, weil alle empirischen Ergebnisse ihrerseits von Instrumenten und Techniken abhängen, über deren Einsatz und Gültigkeit gemeinsam von Wissenschaftlern und anderen Mitgliedern der Gesellschaft **beschlossen** wird (ebd.). Mit anderen Worten: auch die Kriterien zur Messung der 'objektiven Bedingungen' sind Ergebnis gesellschaftlicher Definitions- und Entscheidungssprozesse (vgl. Schmidt 1991: 87). Dies betont auch Albrecht (1990: 10), wenn er darauf hinweist, daß die wissenschaftliche Entdeckung einer Notlage lediglich eine besondere Form der Konstruktion von Wirklichkeit darstellt: "Die von vielen Autoren reklamierte 'objektive' Bestimmung sozialer Probleme ist im Grunde keineswegs 'objektiv' in einem absoluten Sinne, sondern eine Konstruktion, allerdings von besonderer Qualität."

...von der gleichen (wissenschaftlichen) Qualität allerdings, so ist hinzuzufügen, wie die Re-Konstruktion der anderen Bestandteile eines sozialen Problems - etwa der Interessen der Akteure oder der Struktur des verwendeten Problemmusters - auch. Was die konstruktivistische Kritik an der traditionellen Problemsoziologie regelmäßig verschweigt, ist die Tatsache, daß nach ihrem eigenen Paradigma die soziologische Analyse der Problemkarriere ebenso eine wissenschaftliche Konstruktion darstellt, wie die Untersuchung der 'objektiven Bedingungen'. Aus diesem Grund ist der bereits im ersten Kapitel erwähnte Vorwurf des "ontological garrymandering" (von Woolgar und Pawluch 1985) an diejenigen, die eine wissenschaftliche Re-Konstrukion der Problemkarriere betreiben, eine Erforschung der die Problematisierung anregenden sozialen Sachverhalte aber ausschließen, durchaus gerechtfertigt.

Die theoretische Behauptung, daß zwischen der Entwicklung sozialer Sachverhalte und der Problemkarriere kein kausaler Zusammenhang bestehe, wird in unzulässiger Weise gegen Falsifizierungen immunisiert, wenn die 'objektiven Bedingungen' von vornherein aus dem Untersuchungsbereich der Problemsoziologie ausgeklammert werden. Wenn wir davon ausgehen, daß **alle** wissenschaftlichen Untersuchungen (ob 'nur' oder 'auch' sei hier einmal dahingestellt) Konstruktionsleistungen darstellen, gibt es keinen wissenschaftsimmanenten Grund,

---

1 Anders als z.B. Blumer (1975: 112), der sich ausdrücklich auch für die Untersuchung der "objektiven Beschaffenheit sozialer Probleme" ausspricht.

bei einer Analyse der Karriere sozialer Probleme auf eine Untersuchung des Bestandteils 'sozialer Sachverhalt' lege artis zu verzichten. Es kann deshalb m.E. nicht um die Frage gehen, ob diese Bedingungen untersucht werden **sollen**, sondern nur darum, ob sich von der Problemkonstituierung und dem Problemmuster **unabhängige** Informationen überhaupt gewinnen **lassen**. Nur falls dies möglich ist, kann (empirisch) geklärt werden, welchen Einfluß die 'objektiven Bedingungen' auf die Problemkarriere haben.

Bereits im ersten Kapitel hatte ich vorgeschlagen, bei der Analyse der **Karriere sozialer Probleme** diese Bedingungen ausschließlich in Form **sozialer Sachverhalte** zu untersuchen. Sie sind, im Gegensatz zu den "vermeintlichen Bedingungen" bei Kitsuse und Spector, dadurch bestimmt, daß sie **als real auch von den Akteuren angesehen werden, die die untersuchte Deutung-als-Problem nicht teilen**. Anders als die "objektiven Bedingungen" Mertons verstoßen sie jedoch 'von sich aus' nicht gegen die von der Gesellschaft postulierten Werte - dieser Widerspruch wird von kollektiven Akteuren erst diskursiv herzustellen versucht.[2]

Wenn wir an der grundsätzlichen Unterscheidung von alltäglichem und wissenschaftlichem Wissen festhalten (und wie könnten wir sonst Soziologie betreiben?), können wir sozialen Sachverhalten theoretisch in zwei Zusammenhängen begegnen: im Alltag als Summe der Aussagen, die allen (oder zumindest: den meisten[3]) lebensweltlichen Deutungen gemeinsam sind, im Wissenschaftssystem als Erkenntnisse, die von VertreterInnen unterschiedlicher forschungsleitender Paradigmen geteilt werden. Empirisch gewinnen lassen sich Informationen über die sozialen Sachverhalte durch den Vergleich der in einer Gesellschaft flottierenden Deutungen.

Einigkeit besteht - bei allen Differenzen - zwischen dem primären Akteur, praktisch allen wissenschaftlichen Disziplinen und auch den Vertretern von Alternativdeutungen darüber, daß es heute in der Bundesrepublik regelmäßig zu sexuellen Interaktionen zwischen Erwachsenen und Kindern kommt, die (stets, fast immer oder meistens) von den Erwachsenen initiiert werden und die die unterschiedlichste Arten sexueller Handlungen umfassen. Diese Sexualkontakte existieren 'konsensual-objektiv'; sie stellen den sozialen Sachverhalt dar, auf dem die problematisierende Deutung 'sexueller Mißbrauch' lebensweltlich beruht.

---

2 Soziale Sachverhalte begründen deshalb auch kein "latentes Problem", weil in dieser Betrachtungsweise "die Soziologen" verglichen mit anderen kollektiven Akteuren kein Erkenntnisprivileg besitzen. Durch die Problematisierung eines Sachverhalts werden die SoziologInnen zu Akteuren wie andere auch - und damit selbst zum Untersuchungsobjekt der Problemsoziologie.

3 Was dies in der empirischen Praxis heißt, ist nicht zuletzt von den zur Verfügung stehenden Ressourcen abhängig. Selbstverständlich ist es vollkommen ausgeschlossen, auch nur alle in schriftlicher Form kursierenden Deutungen zu untersuchen - geschweige denn die nichtschriftlichen Wissensbestände.

Daß diese **komperatistische Methode** in der Praxis (leider) nicht so einfach funktioniert, wie sie sich zunächst anhört, liegt daran, daß zu jeder Deutung die Abgrenzung des gedeuteten Sachverhalts von anderen sozialen Phänomenen gehört. So zeigt die Analyse des Mißbrauchsmusters, daß die Feststellung über das Vorliegen 'sexueller Interaktionen' keine (unabhängige) Voraussetzung weiterer Zuschreibungen, sondern integraler Bestandteil der Problemdefinition ist. Die Einigkeit über die Existenz zahlreicher intergenerativer Sexualkontakte könnte also auch lediglich eine, auf der unterschiedlichen Definition dieser Ereignisse beruhende, 'Täuschung' sein. Forscher und Forscherinnen müssen also zunächst einmal festlegen, was überhaupt verglichen werden soll. Je nach dem, wie der Sachverhalt, auf den die verschiedenen Aussagen bezogen werden, von den Untersuchenden definiert worden sind, könnte - so würde die konstruktivistische Position hier einwenden - ein Vergleich dabei gar keine oder beliebig viele übereinstimmende Merkmale erbringen. Hier gelten jedoch dieselben Bedingungen wissenschaftlicher 'Konstruktion' - etwa die Regeln der intersubjektiven Nachvollziehbarkeit oder der Offenlegung erkentnnisleitender Interessen - wie für alle anderen Analyseschritte auch. Im Beispielfall müßte z.B. vorab anhand des untersuchten Materials inhaltsanalytisch bestimmt werden, welche Handlungen als 'sexuelle Interaktion' bezeichnet werden und welche nicht.

Informationen über soziale Sachverhalte können wir also durch den Vergleich der Aussagen des Problemmusters mit anderen in der Gesellschaft (einschließlich der Wissenschaft) flottierenden Deutungen gewinnen. Eine besondere Rolle spielen in der (durch begrenzte Forschungsressourcen gekennzeichneten) Praxis dabei Auffassungen, die den untersuchten Sachverhalt **überhaupt nicht als Problem interpretieren**. Weil mit hoher Plausibilität davon ausgegangen werden kann, daß Gegendiskurse maximale inhaltliche Abweichungen gegenüber der Problemwahrnehmung zeigen, werden die (meist: wenigen) Gemeinsamkeiten zwischen ihnen den sozialen Sachverhalt recht gut beschreiben.

Die zur Identifizierung des Sachverhalts verwendeten Gegendiskurse und Alternativdeutungen sind wie das Problemmuster anhand ihrer Definitionen, Axiome, begründeten Feststellungen und Kausalattributierungen detailliert zu re-konstruieren. Daten für diese Re-Konstruktion können beim **Alltagswissen** mit Hilfe verschiedenster sozialwissenschaftlichen Verfahren gewonnen werden. Diese sind jedoch in unterschiedlichem Maße geeignet, die hier allein interessierenden **Realitätswahrnehmungen** der Subjekte zu erfassen. Bei interaktiven Verfahren ist nicht-standardisierten **Intensivinterviews** und **Gruppendiskussionen** der Vorzug zu geben. Erstens können nur sie Auffassungen 'zu Tage fördern', deren Existenz den Untersuchenden selbst vorab nicht bekannt waren, zweitens kommt es lediglich auf die Existenz alternativer Deutungen in der Untersuchungspopulation, nicht aber auf deren statistische Verbreitung an. Der Vorteil von nichtinteraktiven Verfahren (bes. **Dokumentenanalysen**) liegt darin, daß nur die Interpretation, nicht aber die Daten selbst von den Auffassungen der ForscherInnen beeinflußt werden. Nachteilig ist dagegen, daß sie nur schriftlich (bzw. beim Rundfunk: audio-visuell) kommunizierte Deutungen erfassen und auf die bereits in bestehendem Datenmaterial vorhandenen Aussagen beschränkt sind. Eine Analyse vorliegender **statistischer Daten** (z.B. aus amtlichen Verlautbarungen) macht überhaupt nur dann Sinn, wenn zusätzlich die verwendeten Definitionen und Abgrenzungskriterien erfaßt und inhaltsanalytisch untersucht werden können. **Beobachtungsstudien** sind problematisch, wenn aus den erfaßten Verhaltensweisen nachträglich theoriegeleitet rekonstruiert werden muß, aus welchen Deutungen des Sachverhalts sich die beobachteten Handlungen ergeben haben könnten (was zu einem besonders großen Interpretationsspielraum führt). Gut geeignet ist demgegenüber die Beobachtung von Diskussionsprozessen (z.B. Stammtischgespräche) oder die Verbindung der Beobachtung von Alltagshandeln mit anschließender Befragung der Beobachtungsobjekte.

Wissenschaftliche Aussagen werden re-konstruiert einerseits durch das Studium theoretischer Annahmen, andererseits durch die (methodenkritische) Sekundäranalyse vorliegender empirischer Ergebnisse. Im ersten Fall liegt die Mindestanforderung im Vergleich mindestens einer anerkannten Auffassung der Disziplinen, die sich - jeweils in ihrer Weise - für den interessierenden Sachverhalt zuständig erklärt haben. Im zweiten Fall sollten jeweils mehrere empirische Studien dieser Disziplinen untersucht werden. Weil alle Forschungsmethoden auf ihre Weise selektiv sind, empfiehlt sich zunächst eine Klassifizierung nach den verwendeten Methoden und/oder den forschungsleitenden Paradigmen (die teilweise mit den jeweiligen Disziplinen identisch sind). Durch einen Vergleich innerhalb der einzelnen Klassen von Studien sollte der gerade aktuelle methodische oder fachlicher 'common sense' ermittelt werden. Dabei empfehle ich die Verwendung von Überblicksaufsätzen u.ä., in denen der Forschungsstand bereits zusammengefaßt, methodenkritisch diskutiert und theoretisch aufbereitet ist. Spätestens bei der Einbeziehung der englischsprachigen Literatur dürfte eine Totalerhebung aller empirischen Untersuchungen verschiedener Disziplinen ohnehin nur in Ausnahmefällen (z.B. bei einem sehr eng eingegrenzten oder kaum erforschten Sachverhalt) möglich sein.[4] Die anschließende Gegenüberstellung und Zusammenschau der Ergebnisse der verschiedenen Klassen von Studien und der Theorien sollte ein recht detailliertes und vielseitiges Bild des interessierenden sozialen Sachverhalts ergeben. Auch hier wäre es eine methodisch geschickte (und forschungsökonomisch sinnvolle) Vorgehensweise, sich auf wis

4 Wenn die Genauigkeit der Bestimmung des sozialen Sachverhalts auch mit der Zahl der verglichenen alltagsweltlichen Quellen, theoretischen Ansätze und empirischen Untersuchungen steigt, sinkt nach Überschreitung eines Schwellenwertes der Informationsgehalt jedes weiteren Dokumentes doch erheblich ab. Wo dieser Schwellenwert 'gefunden' wird, dürfte in der Praxis in erster Linie von den zur Verfügung stehenden Forschungsressourcen abhängen.

senschaftliche Ansätze und Studien zu konzentrieren, die den Problemcharakter des Sachverhalts zu widerlegen suchen.

Aktuell liefern sechs Arten von Studien unterschiedlicher Disziplinen wissenschaftliche Erkenntnisse über sexuelle Kontakte zwischen Erwachsenen und Kindern[5]:

*Bei **kriminologischen Aktenstudien** werden die angezeigten sexuellen Kontakte zwischen Erwachsenen und Kindern anhand vorliegender Akten oder von der Polizei auszufüllender Erhebungsbögen untersucht. Entsprechend der strafrechtlichen Bewertung der Kontakte werden überwiegend quantifizierbare, äußerliche Merkmale der Opfer, der Beschuldigten und der Opfer-Täter-Beziehung analysiert: Alter, Geschlecht, soziale Beziehung zwischen den Beteiligten.*

*In **Dunkelfeldstudien** werden Jugendliche oder Erwachsene danach befragt, ob und welche sexuellen Kontakte sie als Kind zu Erwachsenen hatten. Ausgegangen wird dabei von repräsentativen Stichproben der Gesamtbevölkerung oder (was häufiger ist) von ausgelesenen Gruppen (z.B. StudentInnen). Diese Studien sind nur schwer vergleichbar, weil sie sich stark in der Definition der Interaktionen unterscheiden: Gefragt wird nach allen sexuellen Kontakten zu Erwachsenen bis zu einem bestimmten Alter, nach nicht gewollten Sexualkontakten oder nach konkreten Straftatbeständen des jeweiligen Untersuchungslandes.*

*Die **psychologische Untersuchung der Betroffenen** befragt, exploriert und testet selbst- oder fremddeklarierte Opfer sexueller Übergriffe. Im Mittelpunkt steht die Ermittlung der Häufigkeit und der Arten der psychischen Schäden, bei Langzeitstudien auch deren Dauerhaftigkeit. Detailliertere Ergebnisse über psychische Symptome und Schäden erbringt allerdings oft erst die Therapie der Opfer. Diese ist jedoch in erster Linie auf die psychotherapeutische Behandlung der Betroffenen und erst nachrangig auf die Gewinnung wissenschaftlicher Erkenntnisse abgestellt.*

*In der **Kriminalpsychologie der Täter** werden psychologische Explorationen, psychometrische Tests und Experimente fast ausschließlich an Personen durchgeführt, die wegen sexuellen Mißbrauchs in Gefängnisse oder psychiatrischen Anstalten einsitzen. Als Instrumente dienen neben allgemein üblichen Tests auch speziell für diesen Zweck entwickelte Verfahren. Die Tests sind fast immer standardisiert und werden statistisch aufbereitet. Erhoben werden sozialstrukturelle Variablen, die allgemeine und die sexuelle Entwicklung sowie psychische Auffälligkeiten.*

*Die **Behandlung der Täter** erfolgt aufgrund gerichtlicher Verurteilung oder auf*

---

5 Wahrscheinlich zum Leidwesen einiger LeserInnen können die einzelnen Forschungsstrategien (und die mit ihnen i.d.R. verbundenen theoretischen Ansätze) hier nur benannt und stichwortartig beschrieben werden. Eine Auflistung auch nur der wichtigsten Ergebnisse würde den für ein illustrierendes Beispiel vorgesehenen Rahmen vollständig sprengen. Einen kompakten Überblick über die verschiedenen Forschungen mit der Angabe der wichtigsten Studien aus den letzten Jahren liefert Hoffmann 1995.

eigenen (z. T. durch den Straftatbestand geförderten) Wunsch. Früher kamen dabei meist Elektroschocks, operative (Kastration, Stereotaxie) oder chemische Verfahren zum Einsatz, die kaum erkenntnisträchtig waren. Demgegenüber erbringt die heute favorisierte psychotherapeutische Behandlung zahlreiche Informationen über die psychischen und sozialen Ursachen der Handlungen.

***Außerinstanzliche soziologische Studien** untersuchen sexuelle Beziehungen zwischen Erwachsenen und Kindern nicht unter strafrechtlichen oder psychiatrischen Gesichtspunkten, sondern unmittelbar im "Feld". Viele von ihnen finden jedoch im direkten Umfeld von Pädophilen-Organsiationen statt, sind also stark interessengeleitet. Gerade deshalb liefern sie jedoch wichtige Erkenntnisse über Alternativdeutungen und Gegendiskurse.*

Alltagstheoretische und wissenschaftliche Aussagen sollten zunächst getrennt untersucht werden, weil sie sich typischerweise unterschiedlicher Begrifflichkeiten und Denkfiguren bedienen (vgl. Haferkamp 1987: 129). Erst in einem zweiten Schritt können sie auf Ähnlichkeiten hin untersucht werden. Stutzig machen sollte es in jedem Fall, wenn in der Alltagstheorie wie in den Wissenschaften jeweils nur **eine** Beschreibung der problematisierten Bedingung aufzufinden ist - und beide sich auch noch ähneln. Die Ursache für diese Kongruenz könnte sein, daß bei der Konstituierung der Problemwahrnehmung eine wissenschaftliche Profession so dominierte, daß das Problemmuster in ihrem Denkmuster formuliert und erst zu einem späteren Zeitpunkt in die Alltagssprache übersetzt wurde. Da sich jede Forschung alltagstheoretischer Vorannahmen bedienen muß, ist allerdings auch möglich, daß die wissenschaftlichen Disziplinen lediglich die Deutungen des zum Zeitpunkt der Untersuchung herrschenden Problemmusters übernommen und damit die Problemwahrnehmung lediglich wissenschaftlich 'verdoppelt' haben. Patzelt (1986: 29-30) beschreibt diese "allgegenwärtige" Gefahr sozialwissenschaftlicher Forschung: "... die Inhalte des 'Selbstwissens' der untersuchten sozialen Wirklichkeit ... unterschieben sich allmählich und ohne daß man es bemerkt den bei der sozialwissenschaftlichen Forschung als selbstverständlich benutzten Denkweisen. Letztlich formuliert man in fachwissenschaftlichem Jargon dann nur noch jene alltagspraktischen Selbstverständlichkeiten, über die in der Tat bereits auf der Grundlage des gesunden Menschenversandes befriedigende Aussagen verfügbar sind." In meinen Worten: empirisch ermittelt und theoretisch begründet wird lediglich das, was aufgrund des alltagstheoretischen Problemmusters ohnehin schon bekannt ist und be-kannt wird.[6]

Für die Analyse der Karriere sozialer Probleme hat die gesellschaftliche Existenz lediglich **einer** Deutung nicht die Konsequenz, daß der soziale Sachverhalt be-

---

6 Auf der anderen Seite sind die glaubwürdigste Stütze für die Sachverhaltsannahme von Problemmustern Untersuchungen, die seine Annahmen bestätigen, ohne sich dessen Terminologie und Denkfiguren zu bedienen.

sonders einfach zu ermitteln ist, sondern - im Gegenteil - daß Informationen über ihn mittels der komperatistischen Methode überhaupt nicht gewonnen werden können. Dies liegt daran, daß die vom Problemmuster konstituierte Kokonrealität vom unterliegenden Sachverhalt empirisch schlicht ununterscheidbar (geworden) ist[7]. Ähnlich sind die forschungspraktischen Auswirkungen, wenn aus bestimmten Gründen Daten nur innerhalb des Rahmens einer Problemwahrnehmung erhoben werden können (wie z.B. in der amtlichen Arbeitslosen- oder der Kriminalstatistik). Eine wissenschaftliche Überprüfung kann hier bestenfalls zu dem Ergebnis kommen, daß - z.B. aufgrund der gemachten Vorannahmen oder der verwendeten Methoden - Zweifel an der Gültigkeit der Daten angebracht sind. Solange keine Alternativdaten erhoben werden können, sind Aussagen über den sozialen Sachverhalt jedoch unmöglich.

Der einzige mir bekannte Ausweg aus dieser Situation ist die historische Untersuchung der wissenschaftlichen Auffassungen, die herrschten, bevor das Problemmuster Hegemonie erlangte. Aus den - heute als 'veraltet' oder 'widerlegt' geltenden - Lehrmeinungen lassen sich Erkenntnisse über den Sachverhalt gewinnen, bevor er (zumindest aus Sicht der Empirie) vollends von der Kokonrealität des sozialen Problems absorbiert wurde. Dieses Verfahren ist allerdings nur dann erfolgversprechend, wenn die wissenschaftliche Forschung nicht mit der Problematisierung begann oder diese überhaupt erst hervorgebracht hat.

8.2 Problemeignung: Kongruenz zwischen Sachverhalt und Problemmuster

Das Festhalten an der prinzipiellen Erforschbarkeit[8] sozialer Sachverhalte hat zwei Konsequenzen für die empirische Praxis: Erstens können auch Sachverhalte analysiert werden, die aktuell noch nicht problematisiert sind, es aber in Zukunft werden könnten, zweitens - und das scheint mir das Wichtigere - kann erforscht werden, ob und ggf. welche Auswirkungen der soziale Sachverhalt auf die Karriere eines ihn deutenden sozialen Problems hat. Beidem ist nachzugehen anhand der Frage: Gibt es Merkmale sozialer Sachverhalte, die ihre Chance vergrößern, problematisiert zu werden?[9]

Nach meiner Auffassung unterscheiden sich gesellschaftlich anerkannte Problemlagen von z.B. 'abgetriebenen Problemen' tatsächlich oftmals auch in der Art des sozialen Sachverhalts, auf den rekurriert wird. Dies liegt daran, daß die Aussagen

7 Was die Frage, ob der soziale Sachverhalt als solcher überhaupt existiert, zu einer epistemologischen Spekulation macht.

8 ...solange Deutungen außerhalb der Problemwahrnehmung vorfindbar sind.

9 Albrecht (1990) spricht von "problematisierbaren Sachverhalten".

eines Problemmusters erstens nicht unabhängig von den Eigenschaften sozialer Sachverhalte postuliert werden können und es zweitens Merkmale sozialer Sachverhalte gibt, die ihre Chance, Gegenstand einer gesellschaftliche Anerkennung erlangenden Problemdeutung zu werden, stark erhöhen (und entsprechend andere Merkmale, die es den Akteuren schwer machen, eine Deutung-als-Problem durchzusetzen).

Strukturell verknüpft sind Sachverhalt und Problem, weil die das Problem ausmachenden Eigenschaften dem Sachverhalt zwar erst durch das Problemmuster zugewiesen werden, diese Deutungen jedoch - nach dem herrschenden Stand der Rationalität des öffentlichen Diskurses - für die Mitglieder der Gesellschaft wie für andere soziale Instanzen **nachvollziehbar** sein müssen. Und nachvollziehbar sind sie i.d.R. nur dann, wenn sie sich mit den schon vor der Problemkonstituierung verbreiteten Auffassungen über den thematisierten Sachverhalt zumindest partiell decken, diesen also - wenn auch in verwandelter Form - abbilden. Jede Problemwahrnehmung enthält und benötigt Bezüge auf bereits vorhandene, basale Deutungsmuster, die auf unmittelbare praktische Lebenserfahrungen der Subjekte bezogen sind - und von den kollektiven Akteuren nicht willkürlich uminterpretiert werden können.

Diese notwendige **strukturelle Merkmalskongruenz** zwischen Sachverhalt und Problemmuster werde ich im Folgenden für die vier Eigenschaften untersuchen, die (wie wir im ersten Kapitel gesehen hatten) ein soziales Problem konstituieren: (a) Verstoß gegen die Wertordnung, (b) schuldlose Hilfebedürftigkeit der Betroffenen, (c) Bekämpfbarkeit, (d) Hilfepflicht der Gesellschaft.

Verstoß gegen die Wertordnung

Die Identifizierung eines möglichst unumstrittenen Wertes, unter den ein Sachverhalt nach seiner Definition als Problem mit negativem Ergebnis subsumiert werden kann, ist 'unproblematisch', weil solch ein Wert im diskursiven Prozeß der Problemdefinition stets gefunden werden kann - wenn nur das Abstraktionsniveau der benannten Werte ausreichend groß gewählt wird. So konstituiert die Verfassungsgarantie der grundlegenden Menschenrechte (die sowohl von der Mehrheit der Subjekte anerkannt wird, als auch - und das ist das Wichtigere - zumindest theoretisch die staatlichen Instanzen bindet) einen Wertordnungsraum, dessen Größe und Unübersichtlichkeit eine Verletzung der dort kumulierten Werte durch fast jeden Sachverhalt zumindest mit gewisser Anfangsplausibilität behaupten läßt. Mit ähnlicher 'Leichtigkeit' läßt sich der Wertverstoß allerdings auch durch andere Akteure (und besonders das politisch-administrative System) bestreiten, wenn der bezogene Wert sehr allgemein ist. Die diskriminierende Wirkung dieses Merkmals für die Eignung eines Sachverhalts als Problem ist deshalb eher gering.

Schuldlose Hilfebedürftigkeit der Betroffenen

Durch das Problemmuster werden Kriterien definiert, nach denen eine genügend große Gruppe von Menschen relativ eindeutig als Betroffene von den Nichtbetroffenen abgegrenzt werden kann. Je kleiner dabei die Zahl der Betroffenen ist, desto schwerer wird es, öffentliche Aufmerksamkeit zu erringen und den Wohlfahrtsstaat zum Handeln zu bewegen. Nach oben begrenzt ist die Zahl dadurch, daß die Bereitschaft des Staates sinken kann, das Problem anzuerkennen oder es finanziell zu bekämpfen, wenn die Mehrheit der Bevölkerung betroffen ist. Umfassende Betroffenheit suggeriert erstens, daß es sich gar nicht um eine Abweichung von der gesellschaftlichen Wertordnung, sondern um 'Normalität' handelt, und verringert zweitens die Zahl derjenigen, zu deren Lasten Ressourcen bei einer Bekämpfung umverteilt werden können.

Die identifizierte große, aber nicht zu große Gruppe muß in irgendeiner Weise Schaden nehmen bzw. benachteiligt sein. Ihre Mitglieder dürfen, weil in unserer Gesellschaft Opfer nur unter der Bedingung ihrer Schuldlosigkeit moralischen Anspruch auf Hilfe haben, für ihre Lage selbst **nicht** verantwortlich sein. Die Wahrscheinlichkeit des Gelingens einer Problematisierung wird dabei um so größer sein, je hilfebedürftiger und schuldloser die sozialstrukturelle Gruppe, zu der die Betroffenen gehören, schon vor der Postulierung des neuen Problems - also aufgrund anderer Problemlagen oder allgemeiner gesellschaftliche Deutungsmuster und Weltanschauungen - erschien. Mit anderen Worten: Die Durchsetzungschance der Problemwahrnehmungen ist höher, wenn deren Betroffene zu einer bereits **vorher** von der Gesellschaft anerkannten 'Problemgruppe' gehören. Dies sind heute z.B. Kinder und Alte, Kranke und Behinderte, aber auch Frauen und besonders Mütter.[10]

Weil die Wahrnehmung und Identifizierung von Betroffenen so an schon vorher existierende Zuweisungen anschließt, bilden sich langfristig positive Rückkopplungskreisläufe aus: Gruppen, die bereits in Bezug auf eine Problemlage als Betroffene erscheinen, haben höhere Chancen auch bei einem anderen Problem als 'Opfer' genannt zu werden. Es entsteht eine besondere Eignung dieser Gruppen für den Betroffenenstatus im Rahmen von Problemwahrnehmungen, andersherum wird der potentielle Opferstatus zum sozialstrukturellen Merkmal dieser Gruppen.

10 Ofer Zur (1994) weißt darauf hin, daß in den reichen westlichen Gesellschaften der Status des Opfers durchaus lukrativ sein kann. Gerade die Mitglieder 'typischer Opfergruppen' würden aus ihrem sozialen Statuts als Opfer einen Gewinn ziehen, der so groß sei, daß sie selbst ein Interesse an der Aufrechterhaltung ihrer Opferrolle entwickelten.

Bekämpfbarkeit

Die Bekämpfbarkeit hängt primär von den durch die Problemdeutung postulierten Ursachen des Problems ab. Aus ihnen muß folgern, daß das Problem, wenn schon nicht gelöst, so doch wenigstens in seinen Auswirkungen für die Betroffenen gemindert oder in seiner Verbreitung reduziert werden kann. Die Ursachen müssen einerseits sozial-strukturell sein, sollten andererseits aber auch erlauben, die Verursachung im Einzelfall zu personalisieren. Zu abstrakte Ursachen erschweren die Emotionalisierung des Problems, eine zu starke Personalisierung dagegen verringert die Chance der staatlichen Anerkennung einer Zuständigkeit für die Problemlösung.

Die Ursachenbehauptungen lassen sich von den Akteuren nicht willkürlich setzen. In jeder Gesellschaft gibt es nur eine begrenzte Anzahl weltanschaulich anerkannter **Typen von Problemursachen**. In der Bundesrepublik sind dies z.B. die ökonomische Verfaßtheit bzw. Entwicklung oder die patriarchalische Ordnung der Gesellschaft, die staatliche Bürokratie oder mangelhafte kollektive Charaktereigenschaften (wie Egoismus), neuerdings auch die strukturellen Folgen der 'Wiedervereinigung'. Nicht anerkannte Arten von Ursachen - z.B. esoterische - werden die Durchsetzung der Problemwahrnehmung dagegen eher behindern. Die hier kritischen Instanzen sind allerdings weniger die Medien oder die Bevölkerung als das politisch-administrative System und wissenschaftliche Experten.

Die postulierten Ursachen müssen darüber hinaus nach den allgemein verbreiteten Deutungsmustern zur Problemdefinition 'passen'. So muß nach dem jeweiligen Grad der gesellschaftlich herrschenden Rationalität (mit bestimmten Kausalitätsmodellen und Gesetzen der Logik) nachvollziehbar sein, daß (besser noch: wie) die genannten Ursachen das Problem mit seinen Folgen für die Betroffenen usw. hervorbringen können. So 'eignet' sich die kapitalistische Ökonomie zwar als Ursache der Arbeitslosigkeit, aber kaum als Grund für den massenhaften sexuellen Kindesmißbrauch. Wegen der heutigen Dominanz wissenschaftlicher Erkenntnismethoden und Denkmodelle kann man die Regel aufstellen, daß Kausalitätsbehauptungen und Ursachentypen dem wissenschaftlichen Weltbild zumindest nicht offensichtlich widersprechen dürfen.

Hilfepflicht der Gesellschaft

Das Merkmal der Hilfepflicht erscheint im Rahmen einer eher konstruktivistischen Betrachtung als irrelevant, weil der Wohlfahrtsstaat bei allen sozial verursachten Sachverhalten, die von einem Akteur problematisiert werden, fast automatisch die Erstzuständigkeit besitzt. Selbst wenn das politisch-administrative System diese zunächst zurückweist, muß dies nicht zum Scheitern der Problemkarriere führen, sondern kann auch die Motivation der Akteure erhöhen: Sie werden versuchen - z.B. durch öffentlichkeitswirksame Kampagnen - politischen Druck auf Parlament und Regierung auszuüben. Die politischen Auseinandersetzungen helfen, die öffentliche Aufmerksamkeit für das Thema aufrechtzuerhalten oder gar zu steigern.

Diese Interpretation übersieht jedoch, daß die Anerkennung der moralischen Hilfepflicht der Gesellschaft aus Sicht der Nichtbetroffenen von Art und Umfang der Hilfebedürftigkeit der Betroffenen abhängig ist. Eine Hilfepflicht 'besteht' nämlich nur dann, wenn die Betroffenen gegenüber allen anderen Gesellschaftsmitgliedern - qualitativ oder quantitativ - in einem solchen Ausmaß als benachteiligt erscheinen, daß die Bevölkerung zumindest grundsätzlich bereit ist, zur Abhilfe selbst Opfer (i.d.R. finanzieller Art; seltener in den eigenen Verhaltensweisen) zu bringen. Und dieses Ausmaß der Benachteiligung ist nur innerhalb der Grenzen der Nachvollziehbarkeit und des Alltagswissens der sozialen Subjekte frei postulierbar: Wer selbst mehrere Betroffene kennt, besitzt lebenspraktische Erfahrungen zumindest über den Grad ihres offensichtlichen[11] Leidens. Um dies an einem konkreten Fall deutlich zu machen: Problematisierbar ist zwar die soziale Lage von Blinden, nicht aber die aller BrillenträgerInnen. Dieses Merkmal korrespondiert stark mit der vom Problemmuster postulierten (oben bereits behandelten) Anzahl der Betroffenen - je größer sie ist, desto kleiner wird Gruppe der Nichtbetroffenen, die für die Abhilfe Opfer bringen können.

Die strukturelle Merkmalskongruenz zwischen Sachverhalt und Problem ist eine wichtige Grundlage für die Aktivitäten der kollektiven Akteure. Auch wenn die Eignung eines Sachverhalts sich letztlich erst in der gelungenen Problematisierung erweist (vgl. Dreyer/Schade 1992: 39), kann von einem Akteur doch abgeschätzt werden, wie die Chancen für eine erfolgreiche Problemkarriere stehen. Und zumindest die überwiegend rational handelnden Akteure werden ihre Ressourcen nicht mit der Problematisierung sozialer Sachverhalte verschwenden, deren Karrierechancen sie als eher gering ansehen.[12] Die Phase, die ein Problem erreichen muß, damit seine Karriere als 'erfolgreich' angesehen wird, differiert allerdings zwischen den verschiedenen Akteurstypen. Dies liegt daran, daß der erwartete Problematisierungsgewinn, den eine (mit-)konstituierte Problemwahrnehmung mit sich bringt, in unterschiedlichen Karrierephasen realisiert wird. Darüber hinaus ist der wahrscheinliche Erfolg einer Thematisierung nur bei einem Teil der Akteure das einzige Kriterium für die Entscheidung, ob ein oder ggf. welcher soziale Sachverhalt problematisiert wird.

Aufbauend auf den ausführlichen Überlegungen über die Interessenlage der

---

11 Dies ist einer der Gründe, warum auf den ersten Blick 'unsichtbares' Leiden (dies sind z.B. viele Arten psychischer Erkrankungen) weniger leicht problematisierbar ist.

12 Dabei ist allerdings kein Akteur gegen Fehleinschätzungen gefeit.

idealtypischen Akteure (im dritten Kapitel) habe ich einige **Hypothesen** dazu formuliert, wie die Merkmale sozialer Sachverhalte die Bereitschaft der Akteure zu einer Problematisierung beeinflussen.

Betroffene werden nur dann aktiv werden, wenn sie an einer Situation leiden, an der sie sich schuldlos 'fühlen' und/oder wenn sie sich anderen Individuen gegenüber benachteiligt (ungerecht behandelt) wähnen. Die beanstandete Lebenslage muß dabei als Anomie einer grundsätzlich intakten Gesellschaft empfunden werden, weil das Leiden sonst - wenn es denn stark genug ist - eher zur Negierung der ganzen sozialen Ordnung nicht aber zur Formulierung eines sozialen Problems führen wird. Die kollektive Apperzeption von Leiden wie die Wahrnehmung einer Benachteiligung sind stark von der Kontinuität bzw. Diskontinuität einer Situation abhängig: Sie führen besonders häufig dann zu Veränderungsversuchen, wenn sich die Lebenslage innerhalb eines überschaubaren Zeitraums zum negativen hin entwickelt hat. Oftmals ist es aber gerade der problematisierbare Sachverhalt selbst, der ein Aktivwerden der Betroffenen verhindert, weil er die für den Akteurstatus notwendigen personalen wie ökonomischen Ressourcen vorenthält.

In diesem Fall treten regelmäßig **Advokaten** auf den Plan, die für die Betroffenen handeln. Wenn Barmherzigkeit, Mitleid und Aufopferungsbereitschaft deren primäre Motive sind, hängt die Wahrscheinlichkeit des Engagements in erster Linie vom Grad der Benachteiligung und der Hilflosigkeit der als schuldlos betroffen definierten Personengruppe ab. Mit anderen Worten: Bei diesen Advokaten steht das subjektive Empfinden der Hilfepflicht der Gesellschaft gegenüber den an ihrer Lebenslage Leidenden im Mittelpunkt. Falls jedoch eher das Eigeninteresse an Aufmerksamkeit im Vordergrund steht, erhält die Frage stärkere Bedeutung, ob eine merkmalskongruente Problemwahrnehmung formuliert werden kann, die mindestens die dritte Karrierephase erreicht: öffentliche Anerkennung.

Bei **Experten** (wissenschaftlichen wie nichtwissenschaftlichen) muß ein Sachverhalt nach den oben genannten Kriterien der Kausalität und Rationalität die Möglichkeit eröffnen, Ursachen zu benennen und Maßnahmen vorzuschlagen, die in die Zuständigkeit der jeweiligen Profession fallen. Prinzipiell ist es zwar möglich - und historisch sind gerade soziale Probleme oftmals ein Vehikel dazu -, das gesellschaftlich anerkannte Zuständigkeitsfeld einer Profession auszudehnen, dies ist jedoch eher das Ergebnis der langfristigen Mitwirkung an einer Problemkarriere als 'weiterer Akteur'. Selbst die erste Thematisierung vorzunehmen und damit eine Problemkarriere zu 'starten', ist dagegen für Experten erfolgversprechend nur bei einem Sachverhalt, bei dem für die Öffentlichkeit, besonders aber die ressourcenreichen staatlichen Instanzen der inhaltliche Zusammenhang zur bisherigen Arbeit 'augenfällig' ist. Die traditionelle Zuständigkeit kann sich sowohl auf die Betroffenengruppe (z.B. der Pädagogik bei Kindern) als auch auf die formulierbaren Ursachen und Maßnahmen (wie der Medizin für alle biologisch-körperlich definierten Quellen des Leidens) beziehen. Bei den nichtwissenschaftlichen Experten ist dieser letzte Punkt der entscheidende, weil Ressourcen i.d.R. am nachhaltigsten für die Bekämpfung (ob Linderung der Not oder Problemlösung spielt dabei keine Rolle) aufgebracht werden. Für die wissenschaftlichen Experten ist dagegen die Suche nach den genauen Ursachen und Wirkungsmechanismen ertragreicher, was die Zuständigkeitsbehauptung eher an Ursachenvermutungen binden wird. Bei beiden Arten von Experten werden, weil sie unter einem besonders großen Rationalitätsvorbehalt stehen, hohe Anforderungen an die 'Binnenlogik' der Zuständigkeitsbegründung gestellt.

Für die **Problemnutzer** stellt sich die Frage, ob ein Sachverhalt als Problem politisch-ideologisch funktionalisiert werden kann. Entscheidend für das Engagement sind die Nähe des Sachverhalts zu den bisherigen 'eigenen' Themen und der Einbau von Ursachenbehauptungen in die vertretene Ideologie. Auch den Problemnutzern sind bei der Formulierung eines Problemmusters für einen Sachverhalt Grenzen gesetzt (auch wenn diese nicht so starr sind wie bei den Experten): Nach der Alltagslogik oder gesellschaftlich dominierenden basalen Deutungen als unpassend empfundene Erklärungs- und Lösungsvorschläge können das öffentliche Ansehen des Akteurs diskreditieren. Ebenso kann im politischen Raum das Engagement für Themen, die nicht zum traditionellen Aktivitätskanon gehören, zu öffentlichen Irritationen führen, die z.B. den Vorwurf der 'Funktionalisierung' des Themas für eigene Interessen durch den politischen Gegner erleichtern.[13] Auch aus diesem Grund nehmen sich z.B. die politischen Parteien (unabhängig von der jeweiligen Regierungs- oder Oppositionsrolle) eher der Sachverhalte an, die so problematisiert werden können, daß sie zu ihrem bisherigen politischen Profil passen. (So gelten in der Wahrnehmung der Öffentlichkeit wie ihrer potentiellen Wählerinnen als 'zuständig' die GRÜNEN für Sachverhalte aus den Bereichen Umwelt und Verkehr, die SPD eher für Arbeitslosigkeit oder den Arbeitsschutz, die CDU für die Innere Sicherheit, die F.D.P. dagegen etwa für den Schutz von Minderheiten.) Ein ebenso wichtiger Aspekt ist die Zugehörigkeit der Betroffenen entweder zum traditionellen politischen Klientel dieser Partei oder zu einer Bevölkerungsgruppe, die neu als Anhängerschaft geworben werden soll.

Entsprechend des "elementaren Bestandsinteresses" (Schimank 1992) **sozialer**

---

13 Im Gegensatz zur soziologischen Analyse ist 'Funktionalisieren' im politischen Raum ein negativer Wertbegriff, der stets einen moralischen Vorwurf an die handelnde Gruppe enthält. Jede Partei tut gut daran, in der Öffentlichkeit den Eindruck zu vermeiden, sie würde sich eines Problems nur aus z.B. 'Wahlkampfgründen' annehmen. Der wechselseitige Vorwurf der Funktionalisierung einer Notlage gehört zur politischen Standardrhetorik zwischen Regierung und Opposition - und kann dies auch, weil er (wenn man von der moralischen Zuordnung einmal absieht) in hohem Maße zutrifft. (Zum Verhältnis von unterstellten zu unterstellbaren Eigeninteressen von Akteuren vgl. Schimank 1992: 175-176.)

Bewegungen liegt das Augenmerk von Multiproblembewegungen in erster Linie darauf, daß die von ihnen geförderten Problemwahrnehmungen auch tatsächlich die Karrierephase 'öffentliche Anerkennung' erreichen. Der Sachverhalt selbst muß außerdem aus dem Arbeitsfeld der sozialen Bewegung stammen, wobei jedoch - ähnlich wie bei den Professionen - langfristig Umorientierungen möglich sind. Diese sind hier jedoch dadurch begrenzt, daß ein Sachverhalt für die Mehrheit der die soziale Bewegung tragenden Subakteure (Betroffene, Advokaten, Experten) gemäß ihrer oben formulierten Interessen akzeptabel sein muß. Die Problematisierung neuer Sachverhalte dürfte am schwierigsten sein, wenn der Anteil der Betroffenen an den Aktiven sehr hoch ist. Aus diesem Grund kommt es bei Multiproblembewegungen regelmäßig zu einer Häufung von Themen mit einer großen Schnittmenge von Betroffenen.[14]

Da der Typus des **Moralunternehmers** primär dadurch gekennzeichnet ist, daß er die eigenen moralischen Überzeugungen durch staatliche Maßnahmen für alle verbindlich machen will, ist das Aufgreifen eines Sachverhalts hier - im Gegensatz zu allen anderen Akteurstypen - primär durch die Form der möglichen Bekämpfungsmaßnahmen determiniert: Moralunternehmer werden ausschließlich Sachverhalte problematisieren, die nicht nur relativ sicher die vierte Phase der Problemkarriere (staatliche Anerkennung) erreichen, sondern für die auch eine Lösung mittels strafrechtlicher Eingriffe 'denkbar' ist. Diese Eignung ist jedoch nur in vergleichsweise geringem Maße von der Rationalität der Kausalitätsbehauptungen und Verursacheridentifizierungen abhängig, weil die 'Argumentation' von Moralunternehmern stärker als bei den meisten anderen Akteuren auf der Emotionalisierung des Gegenstandes beruht.

Noch geringeren Beschränkungen bezüglich der Merkmalskongruenz sind die **Massenmedien** unterworfen. Sie können (zumindest grundsätzlich: weitgehend folgenlos) auch Ursachenbehauptungen und Kausalitätsvermutungen aufstellen, die bei anderen Akteuren nicht akzeptiert würden (einschließlich der Verursachung von Notlagen durch Erdstrahlen, Geisterwesen, außerirdische Besucher usw.). Rücksichten auf den gesellschaftlich vorherrschenden Grad der Rationalität müssen lediglich die Medien (oder einzelne Sendungen) nehmen, die sich in der Öffentlichkeit und bei anderen Akteuren den Ruf besonderer 'Seriosität' erworben haben, von dem ihre ZuschauerInnen-/LeserInnenquote abhängig ist. Diese Medien(teile) werden sich dann eher an den sonst bei Experten üblichen Kriterien orientieren. Darüber hinaus gibt es bei Zeitschriften wie bei einzelnen Rundfunksendungen ein inhaltliches Profil, das die Thematisierung passender Sachverhalte fördert, die unpassender jedoch stark behindert (wenn nicht ganz unmöglich macht). In stärkerem Maße als bei anderen Akteuren hängt dieses

14 Hieraus resultiert z.B. der hohe Grad der Substituierbarkeit von Friedensthemen durch ökologische Probleme und umgekehrt.

Themenfeld bei den Medien auch von den persönlichen Vorlieben der für (potentielle) Probleme zuständigen Redakteure usw. ab.[15]

Der **Wohlfahrtsstaat** tritt - wie wir im vorigen Kapitel gesehen hatten - selbst als Akteur wahrscheinlich nur in Erscheinung, wenn ein sozialer Sachverhalt dazu benutzt werden soll, durch seine Problematisierung Kontrollinteressen gegenüber Betroffenen oder (häufiger) Verursachern durchzusetzen. Im Gegensatz zu anderen Akteuren, die eher an den Lebensumständen der Betroffenen ansetzen, wird hier der Ausgangspunkt meist eine Gruppe sein, die als **Verursacher** eines sozialen Problems erscheinen soll (wie am Ende der sechziger Jahre 'die Studenten' beim Drogenproblem). Es wird dann nach einem Sachverhalt Ausschau gehalten, der problematisierbar ist und mit der vorher festgelegten Verursachergruppe in einen kausalen Zusammenhang gebracht werden kann. Dabei sind allerdings - wie immer bei staatlichem Handeln - die Rationalitätsanforderungen an das verwendete Problemmuster (und entsprechend: an die Merkmalskongruenz) besonders hoch. Dies könnte einer der Gründe dafür sein, daß staatliche Problematisierungen eher die Ausnahme darstellen.

Entsprechend dieser verschiedenen Interessenlagen ist die Zahl der von einem Akteur potentiell problematisierbaren Sachverhalte sehr unterschiedlich - so 'finden' eine soziale Bewegung oder Advokaten viel mehr für sie 'verwertbare' Sachverhalte vor als z.B. die staatlichen Instanzen. Darüber hinaus wird aber auch deutlich, warum sich für bestimmte Sachverhalte auch langfristig kein primärer Akteur finden wird, der sie problematisiert. Der Vergleich der Eigenschaften eines Sachverhalts mit den Interessenlagen der idealtypischen Akteure kann damit nicht nur ex-post erklären, warum sich für ein Problem ein bestimmter primärer Akteur gefunden hat, sondern auch die Prognose ermöglichen, welche Akteure sich vielleicht eines bisher noch unbeachteten Sachverhalts annehmen werden (und: ob dies überhaupt geschehen wird). Eine solche Prognosemöglichkeit besteht allerdings nur für Sachverhalte, die bereits längere Zeit vor der Problematisierung bestanden haben (wie z.B. Atomkraftwerke vor der Anti-AKW-Bewegung). Sachverhalte, die (wie neuartige synthetische Drogen oder die gentechnische Veränderung von Lebensmitteln) bereits unmittelbar nach ihrer Entstehung problematisiert werden, können eher von Techniksoziologie und Futurologie vorausgesagt werden. Die Problemsoziologie kann allerdings Kriterien dafür bereitstellen, welche Aspekte und Folgen z.B. neuer Technologien zu

15 Zu beachten ist außerdem noch, daß Medien, wenn sie überhaupt als primärer Akteur auftreten, unmittelbar auf die dritte Phase der Problemkarriere (öffentliche Aufmerksamkeit) einwirken, weil sie selbst es sind, die die dafür nötigen Ressourcen bereitstellen.

deren Problematisierung führen könnten. Die Wahrscheinlichkeit dafür wäre um so größer, je mehr der folgenden Fragen mit 'ja' beantwortet werden können[16]:

1. Sprechen Alltagswissen und/oder wissenschaftliche Ergebnisse dafür, daß viele tausend Personen aus den von der Gesellschaft ohnehin als besonders hilfebedürftig angesehenen Gruppen (Kinder, Mütter usw.) vom Sachverhalt betroffen sind?
2. Läßt sich irgendein nachvollziehbarer Zusammenhang des Sachverhalts mit einer der regelmäßig zu Problemen führenden Strukturen der Gesellschaft (etwa kapitalistische Ökonomie oder 'Wiedervereinigung') konstruieren, der die persönliche Verantwortlichkeit konkreter Verursacher im Einzelfall jedoch nicht ausschließt?
3. Gibt ein sichtbares oder zumindest vorstellbares Leiden am Sachverhalt bzw. eine systematische Benachteiligung, die nach Auffassung vieler Nichtbetroffener so über das Maß des längerfristig Erträglichen hinausgeht, daß diese selbst (zumindest theoretisch) Opfer für die Veränderung der Situation bringen würden?
4. Gibt es neben den Betroffenen noch andere Gruppen, die aus der Problematisierung einen Gewinn ziehen und entsprechend als Akteure aktiv werden könnten?

Dabei kann die relative Bedeutung dieser einzelnen Kriterien sich im Laufe der Zeit durchaus ändern. Eine systematische Untersuchung der Problematisierungspraxis der bundesdeutschen Gesellschaft könnte z.B. zu dem Ergebnis kommen, daß das Ausmaß der Hilfebedürftigkeit immer unwichtiger geworden ist im Vergleich zur Zugehörigkeit zu einer typischen Opfergruppe oder der Anzahl der handlungsmächtigen Akteure. Auch könnte innerhalb der einzelnen Merkmale ein Wandel stattfinden - beispielsweise in der gesellschaftlichen Wahrnehmung und Bewertung von Hilfebedürftigkeit hin von materiellen zu immateriellen Notlagen (vgl. Leisering 1993). Wenn tatsächlich immer mehr soziale Probleme von und für Gruppen formuliert werden, denen es nach traditionellen Maßstäben 'gut' geht, wäre dies zwar kein Indikator dafür, daß alle Schichten der Gesellschaft 'materiell gesättigt' sind, würde aber darauf hinweisen, daß materielle Not so stark aus dem Alltagsbewußtsein der meisten Menschen verschwunden ist, daß Problemwahrnehmungen kaum noch öffentliches Interesse finden, wenn sie an

16 Nach meiner Überzeugung ließen sich diese Kriterien ausreichend operationalisieren, um eine experimentelle Überprüfung - z.B. durch die öffentliche Problematisierung verschiedener geeigneter Sachverhalte durch mehrere zusammenarbeitende Forschungsgruppen - zu ermöglichen. Da Feldexperimente dieser Art jedoch wissenschaftsethisch völlig inakzeptabel sind, wäre zu überlegen, ob Computersimulationen die Möglichkeit eröffnen, diese Hypothesen zur Eignung von Sachverhalten für Problemkarrieren zu überprüfen.

dieser Art von Hilfebedürftigkeit ansetzen. Dem hätte die Problematisierungspraxis der kollektiven Akteure Rechnung zu tragen.

9 Die Soziologie: Zwischen Wahrhaftigkeit und Delegitimierung

Wie kaum eine andere Frage bildet die Diskussion über die Bedeutung der 'objektiven Bedingungen' eines sozialen Problems das Dilemma ab, in dem die Soziologie sich befindet. Auf der einen Seite begründet das kompromißlose Beharren auf dem nach dem jeweiligen empirischen und theoretischen Stand als 'wahr' Erkannten das wissenschaftliche Selbstverständnis, das Voraussetzung wie Legitimation für den Anspruch auf (zumindest einen Rest von) Unabhängigkeit gegenüber den gesellschaftlichen Instanzen ist, die Wissenschaft finanzieren. Auf der anderen Seite wäre es erkenntnistheoretisch wie politisch naiv anzunehmen, daß über wissenschaftliche 'Wahrheiten' ausschließlich nach wissenschaftlichen Kriterien (seien sie empirisch oder theoretisch) entschieden würde. Dies gilt - wie ich an anderer Stelle ausgeführt habe - um so mehr, wenn sich aus theoretischen Alternativen unterschiedliche (sozial)politische Folgerungen ergeben: "Die Feststellung der Konstruiertheit sozialer Probleme in interessenbedingten Definitions- und Zuschreibungsprozessen delegitimiert - ob beabsichtigt oder nicht - gleichzeitig ein Stück weit auch die Forderungen Betroffener nach Verbesserung ihrer Lebensbedingungen und stellt damit eine Abwehrstrategie gegen ihre Ansprüche dar." (Schetsche 1993: 206)

Mit vollem Recht verlangen soziale Akteure von einer sich historisch wie paradigmatisch eher (zumindest in der Negation des Affirmativen) kritisch verstehenden Wissenschaft solidarische Unterstützung im Kampf gegen gesellschaftliche Ungerechtigkeiten und die Not von Problemopfern. Mit dem gleichen Recht jedoch kann die Soziologie genau dieses Verlangen auch zurückweisen - und, zwar nicht auf Unabhängigkeit, aber doch auf Eigenständigkeit pochen: "Das theoretische Projekt der Soziologie unterscheidet sich vom praktischen Projekt, in dem Proteste organisiert, Beweise angetreten, Experten gewonnen und Ressourcen organisiert werden." (Lautmann 1995: 176) Nach meiner Auffassung **muß** die Soziologie sich sogar weigern, sich für die Ziele der Problemakteure einspannen zu lassen oder gar selbst eine solche Rolle zu übernehmen, und dies aus vier Gründen:

1. 'Die Wissenschaft' kann keine generelle Entscheidungskompetenz über 'wahr' und 'falsch' von Problemwahrnehmungen beanspruchen, weil sich erstens die Aussagen verschiedener Disziplinen und Schulen über soziale Sachverhalte i.d.R. widersprechen und zweitens über deren Bewertung ethisch und politisch, nicht aber wissenschaftlich zu entscheiden ist (vgl. Patzelt 1986: 32). Wie jede andere Profession kann die Soziologie allerdings die ontologischen Aussagen von Problemmustern, die in ihr Arbeitsgebiet fallen, einer wissenschaftlichen Überprüfung lege artis unterziehen. Glaubwürdigkeit und Legitimität als Prüfinstanz büßt eine Wissenschaft jedoch ein, wenn sie a) in der Konkurrenz von Problem- und Alternativdeutungen aus anderen als wissen-

schaftlichen Gründen Partei ergreift, b) sich unreflektiert der Definitionen und Prämissen einer Problemwahrnehmung bedient, die sie untersuchen soll, c) der thematisierte Sachverhalt von den beteiligten WissenschaftlerInnen bereits vor der Prüfung als schwerwiegendes Problem angesehen wird (vgl. Schmidt 1991: 92). Besonders wenn Aussagen einer gesellschaftlich **dominierenden** Deutung lediglich 'verifiziert' werden, liegt der Verdacht nahe, daß lebensweltliche Problemwahrnehmungen hier nur wissenschaftlich verdoppelt worden sind. (Eine Gefahr, die bei Alternativdeutungen und Gegendiskursen zwar ebenfalls vorhanden, aber erheblich geringer ist.)

2. Konstitutiv für jede Problemdeutung ist die vorgängige moralische Beurteilung eines Sachverhalts. Sie ist, besonders bei Problemmustern mit der Betonung individueller 'Täterschaft', untrennbar mit der Verurteilung der Verantwortlichen verbunden. Einer der klassischen Ansprüche zumindest der interpretativen Soziologie ist es demgegenüber, die Handlungen aller Akteure deutend verstehen zu wollen - dies gilt für konkrete Einzelfälle in gleicher Weise wie bei der Analyse ganzer Problemlagen, entsprechend für individuelle Akteure ebenso wie für kollektive. Die moralische Beurteilung von Handlungen wird deshalb konsequent an das Ende der Analyse gestellt. Fragen nach dem Beitrag der 'Opfer' zu ihrer Lage oder nach den Gründen eines 'Täters' für sein Handeln werden von Problemakteuren jedoch - und aus **ihrer** Sicht ganz zu recht - als Versuch der moralischen Entschuldigung der Handlungen oder der geschaffenen Situation interpretiert. Die vorrangige Wahrnehmung sozialer Sachverhalte als Probleme muß deshalb langfristig die Fähigkeit der Soziologie reduzieren, die soziale Welt als Ergebnis des Handelns von Individuen und Gruppen zu verstehen.

3. Für die Frage, ob und wie schnell eine Problemwahrnehmung sich durchsetzen wird, ist die Konsistenz ihrer Argumentation nur von nachgeordneter Bedeutung. Problemmuster sind daher nicht vorrangig an akademischen Wahrheitskriterien oder den Regeln der formalen wissenschaftlichen Logik orientiert. Je häufiger die Soziologie aber selbst als Akteur der Problemkonstituierung auftritt, desto mehr wird sie 'lernen', sich der Denkweise der Problematisierung und ihrer Diskursstrategien zu bedienen. Dies verwischt die Unterscheidung zwischen Alltagswissen und wissenschaftlichem Wissen, auf die die Soziologie um den Preis ihrer Existenz als Wissenschaft angewiesen ist: "Liefern die Sozialwissenschaften ihre Ergebnisse auf den Markt öffentlicher Diskurse, so sind sie gezwungen, sich den kognitiven Restriktionen alltäglicher Zweckrationalität zu unterwerfen. Dies hat nicht nur ein Legitimationsproblem für die Sozialwissenschaften zur Folge, die ihren Rationalitätsvorsprung nicht mehr nachweisen können, sondern auch das Verschwinden ihrer Ergebnisse im Alltagsbewußtsein, in das sie so eingepaßt werden, daß ihr Ursprung nicht mehr deutlich wird ..." (Lau 1984: 427)

4. "Vorstellungen über gesellschaftlich wünschenswerte Zustände, über bevorzugtes Verhalten, aber auch über gesolltes und angesonnenes Verhalten werden in bezug auf und durch soziale Probleme zum Ausdruck gebracht." (Nedelmann 1986a: 27) Soziale Probleme sind deshalb einer der wichtigsten Indikatoren, die die Soziologie für die Lage und die Veränderung einer Gesellschaft besitzt. Die Entwicklung von Problemen kann jedoch unvoreingenommen nur re-konstruiert, die sozialen Sachverhalte können ergebnisoffen nur überprüft werden, wenn die beteiligten WissenschaftlerInnen keine Sanktionen wegen der Verletzung möglicher Interessen der eigenen Profession befürchten müssen. Wenn die Soziologie regelmäßig Partei für Problemwahrnehmungen ergreift oder gar selbst als Akteur auftritt, wird sie deshalb langfristig ihre Fähigkeit zur Analyse sozialer Probleme einbüßen - und zwar (wegen der Antizipation möglicher innerdisziplinärer Sanktionen) auch in den Fällen, in denen sie an der Problemkonstitutierung nicht interessiert und unbeteiligt war. Auf dem Spiel steht damit aber der wissenschaftliche Zugang zur sozialen Wirklichkeit überhaupt.

Daß die Soziologie sich aus diesen Gründen im doppelten Sinne (im 'Sein' wie im 'Sollen') mit der Beteiligung an Problemkampagnen schwer tun **muß**, soll und darf jedoch nicht bedeuten, auf öffentliche Kritik an Problemmustern (wie auch an Gegendiskursen) zu verzichten, deren Binnenlogik z.B. wissenschaftlichen Ansprüchen nicht genügt oder deren Behauptungen empirischen Befunden widersprechen.[1] Bewußt sein müssen sich der Soziologe und die Soziologin allerdings darüber, daß solche Einmischungen regelmäßig mehr als nur unerwünscht sind. Am wenigsten unbeliebt macht sich der soziologische 'Widerspruch' noch, wenn er sich auf bereits gelöste (oder vergessene) Probleme bezieht, deren Karrieren schon lange beendet sind.[2] In Situationen, in denen der Kampf zwischen alternativen Problemmustern oder sich widersprechenden Deutungen öffentlich tobt, wird soziologische Kritik an Behauptungen über den sozialen Sachverhalt nur von den Akteuren begrüßt (und vereinnahmt) werden, die sie strategisch für ihre Zwecke einsetzen können. Die soziologische Re-Konstruktion einer unabgeschlossenen Problemkarriere wird demgegenüber von **allen** Beteiligten als eine Gefährdung ihrer Interessen angesehen werden, weil sie eben diese Eigeninteressen genauso aufzeigt, wie sie die relative Bedeutungslosigkeit der thematisierten sozialen Sachverhalte demonstriert. Wenn eine Deutung schließlich gesellschaftliche Hegemonie erlangt hat, wirkt die soziologische Analyse der Problemkarriere stets

---

1 Im primären Zuständigkeitsbereich von Nachbardisziplinen sollte die Soziologie dies - aus wohlverstandener Zurückhaltung - allerdings nur tun, wenn die eigentlich zuständige Profession dazu (z.B. aufgrund der Eigeninteressen ihrer in die Problematisierung involvierten eigenen Experten) nicht Willens oder in der Lage ist.

2 Hier gibt es auch keine kollektiven Akteure mehr, deren Subjekte sich unwohl fühlen könnten, weil ihr Handeln zum Gegenstand wissenschaftlicher Nachforschungen gemacht wird.

gefährlich auf alle, "die eine bestehende soziale Wirklichkeit aufrechterhalten wollen" (Patzelt 1986: 24), weil sie die im langen Kampf mühsam hergestellte Selbstverständlichkeit der Problemwahrnehmung in Frage stellt.

Was aber - so frage ich zum Schluß - könnte die Lebendigkeit des traditionellen kritischen Impetus der Soziologie besser und immer wieder aufs Neue bezeugen, als ihre 'Gefährlichkeit' für die gesellschaftlich vorherrschenden Deutungsmuster und Handlungsweisen? Gerade aber bei den anerkannten sozialen Problemen mußte nach meiner Auffassung die von Rüdiger Lautmann unlängst (1995: 176) gestellte Frage, "Verschließt die Sorge, ins moralische Aus zu geraten, der Soziologie den Mund?" in den letzten Jahren schon viel zu oft mit 'ja' beantwortet werden.

Literatur

Adorno, Theodor W. (1963): Sexualtabus und Recht heute. In: Sexualität und Verbrechen, hg. Fritz Bauer u.a., Frankfurt am Main: Fischer, S. 299-231

Ahlemeyer, Heinrich W (1989): Was ist eine soziale Bewegung? In: Zeitschrift für Soziologie 18 (3), S. 175-191

Albrecht, Günter (1990): Theorie sozialer Probleme im Widerstreit zwischen 'objektivistischen' und 'rekonstruktionistischen' Ansätzen. In: Soziale Probleme 1, S. 5-20

Allert, Tilman (1976): Legitimation und gesellschaftliche Deutungsmuster. Zur Kritik der politischen Krisentheorie, in: Bürgerlicher Staat und politische Legitimation, Frankfurt: Suhrkamp, S. 217-244

Arnold, Rolf (1983): Deutungsmuster. Zu den Bedeutungselementen sowie den theoretischen und methodologischen Bezügen eines Begriffs. In: Zeitschrift für Pädagogik 29, S. 893-912

Aust, Andreas (1993): Wohlfahrtsverbände - Hindernisse eines sozialpolitischen Strukturwandels? In: Zeitschrift für Sozialreform 39, S. 570-590

Backhaus-Maul, Holger / Olk, Thomas (1994): Von Subsidiarität zu "outcontracting": Zum Wandel der Beziehungen von Staat und Wohlfahrtsverbänden in der Sozialpolitik. In: Politische Vierteljahresschrift, Sonderheft 25/1994 (Staat und Verbände, hg. Wolfgang Streeck), S. 100-135

Bartel, Rainer (1993): Öffentliche Finanzkontrolle als politische Machtkontrolle: Eine ökonomische Fundierung. In: Politische Vierteljahresschrift 34, S. 613-639

Barthes, Roland (1964): Mythen des Alltags. Frankfurt am Main: Suhrkamp (franz. 1957)

Baurmann, Michael C. (1991): Die offene, heimliche und verheimlichte Gewalt von Männern gegen Frauen sowie ein Aufruf an Männer, sich gegen Männergewalt zu wenden. In: Sexuelle Gewalt, hg. Doris Janshen, Frankfurt am Main: Zweitausendeins, S. 223-251

Beck-Gernsheim, Elisabeth (1982): Geburtenrückgang: Die wissenschaftliche Karriere eines politischen Themas. In: Soziale Welt, Sonderband 1, S. 243-274

Becker, Howard S. (1973): Außenseiter. Zur Soziologie abweichenden Verhaltens. Frankfurt am Main: Fischer (engl. 1963)

Beoers, Klaus (1991): Kriminalitätsfurcht. Über den Entstehungszusammenhang und die Folgen eines sozialen Problems. Pfaffenweiler: Centaurus

Bernecker-Wolff, Angela / Wolff, Reinhart (1991): Sexuelle Mißhandlung und Sexualpolitik. In: päd. extra, Heft 4, S. 30-32

Beyme, Klaus von (1992): Political Mobilization and Participation. In: European Social Science in Transition. Assessment and Outlook, hg. Meinolf Dierkes und Bernd Bievert, Frankfurt am Main: Campus, S. 371-390

Beyme, Klaus von (1994): Die Massenmedien und die politische Agenda des parlamentarischen Systems. In: Öffentlichkeit, öffentliche Meinung, soziale Bewegung, (hg. Friedhelm Neidhardt), Opladen: Westdeutscher Verlag, S. 320-336

Blumer, Herbert (1971): Social Problems as Collective Behavior. In: Social Problems 18, S. 298-306

Blumer, Herbert (1975): Soziale Probleme als kollektives Verhalten. In: Karl Otto Hondrich: Menschliche Bedürfnisse und soziale Steuerung, Reinbek: Rowohlt, S. 102-113

Böllinger, Lorenz (1986): Sexualstrafrecht und Herrschaft. In: Kritische Justiz 19, S.90-101,

Bosselmann, Gabriele (1984): Jugendmedienschutz - Diskussionen und Erklärungsansätze zum Gesetz über die Verbreitung jugendgefährdender Schriften. In: Jugendwohl 65, S. 43-46

Brand, Karl-Werner (1987): Kontinuität und Diskontinuität in den neuen sozialen Bewegungen. In: Neue soziale Bewegungen in der Bundesrepublik, hg. Roland Roth und Dieter Rucht, Frankfurt/Main: Campus, S. 30-44

Braun, Gisela (1989): Sexueller Mißbrauch von Kindern. Die 'stummen Schreie' hören. In: Unsere Jugend 41, S. 20-24

Brokmeier, Peter (Hg.) (1969): Kapitalismus und Pressefreiheit - Am Beispiel Springer. Frankfurt am Main.: Europäische Verlags-Anstalt

Brosius, Hans-Bernd (1994): "Agenda-Setting nach einem Vierteljahrhundert Forschung: Methodischer und theoretischer Stillstand? In: Publizistik 39, S. 269-288

Broszat, Tilmann (1984): Mythos Gewalt. Veröffentlichte Entrüstung als Legitimation von Kinderschutz. In: Kinderschutz als sozialpolitische Praxis, hg. Wilhelm Brinkmann und Michael-Sebastian Honig. München: Kösel, S. 44-66

Buskotte, Andrea / Reiter, Karoline (1989): Sexueller Mißbrauch in der Familie. In: Jugendschutz 34 (4), S. 18-29

Cohen, Jean L. (1985): Strategy or Identity: New Theoretical Paradigms and Contemporary Social Movements. In: Social Research 52, S. 663-716

Coleman, Cynthia-Lou (1993): The Influence of Mass Media and Interpersonal Communication on Societal and Personel Risk Judgments. In: Communication Research 20, S. 611-628

Cremer-Schäfer, Helga (1992): Skandalisierungsfallen. In: Kriminologisches Journal 24, S. 23-36

Cremer-Schäfer, Helga (1993): Normklärung ohne Strafe. In: Muß Strafe sein?. Zur Analyse und Kritik strafrechtlicher Praxis, hg. Helge Peters, Opladen: Westdeutscher Verlag, S. 91-113

Cremer-Schäfer, Helga / Stehr, Johannes (1990 a): Das Moralisieren und das Skandalisieren von Problemen. In: Kriminalsoziologische Bibliographie 17 (68), S. 21-42

Cremer-Schäfer, Helga / Stehr, Johannes (1990 b): Der Normen- & Werteverbund. Strafrecht, Medien und herrschende Moral. In: Kriminologisches Journal 22, S. 82-104

Czada, Roland; Lehmbruch, Gerhard (1990): Parteienwettbewerb, Sozialstaatspostulat und gesellschaftlicher Wertewandel. In: Spaltungen der Gesellschaft und die Zukunft des Sozialstaates, hg. Udo Bermbach u.a., Opladen: Leske + Budrich, S. 55-84

Czada, Roland (1994): Konjunkturen des Korporatismus: Zur Geschichte eines Paradigmenwechsels in der Verbändeforschung. In: Politische Vierteljahresschrift, Sonderheft 25/1994 (Staat und Verbände, hg. Wolfgang Streeck), S. 37-64

Davies, James C. (1973): Eine Theorie der Revolution. In: Empirische Revolutionsforschung, hg. Klaus von Beyme, Opladen: Westdeutscher Verlag, S. 185-204

Debus, Mechthild (1994): Der Werbemarkt 1993 - Segmentierung der Zielgruppen. In: Media Perspektiven, Heft 6, S. 286-296

Deimer, Klaus u.a. (1987): Komparative Evaluation sozialpolitischer Trägersysteme und Leistungsformen - Ein Zwischenfazit. In: Staat, intermediäre Instanzen und Selbsthilfe, hg. Franz-Xaver Kaufmann, München: Oldenbourg, S. 255-272

Dewe, Bernd (1982): Zur Wissenssoziologie institutionalisierter Bildungsprozesse. In: Beiträge zur sozialwissenschaftlichen Begründung von Bildungstheorie, hg. Dirk Axmacher u.a., Osnabrück: Fachbereich Sozialwiss. der Universität, S. 85-135

Donsbach, Wolfgang (1993): Täter oder Opfer - Die Rolle der Massenmedien in der amerikanischen Politik. In: Wolfgang Donsbach u.a.: Beziehungsspiele - Medien und Politik in der öffentlichen Diskussion. Gütersloh: Verlag Bertelsmann Stiftung, S. 221-281

Dorenburg, Hermann u.a. (1987): Grenzen der Verrechtlichung sozialer Beziehungen - Sozialpolitik, Sozialarbeit und gesellschaftliche Alternativen. In: Soziale Dienste im Wandel, Teil 1: Helfen im Sozialstaat, hg. Thomas Ilk und Hans-Uwe Otto, Neuwied: Luchterhand, S. 199-229

Dreyer, Anne / Schade, Angelika (1992): Die konstruktivistische Ansatz in der nordamerikanischen Problemsoziologie. In: Soziale Probleme 3, S. 28-44

Dunand, Annelie (1987): Sexueller Mißbrauch in der Familie - neue Handlungskonzepte für die Sozialarbeit. In: Soziale Arbeit 36, S. 438-445

Edelmann, Murray (1976): Politik als Ritual. Die symbolische Funktion staatlicher Institutionen und politischen Handelns. Frankfurt am Main: Campus

Eder, Klaus (1985): The 'New Social Movements': Moral Crusades, Political Pressuere Groups, or Social Movements? In: Social Research 52, S. 869-890

Entschließungsantrag der Fraktion DIE GRÜNEN (1985): Bundestags-Drucksache 10/3929. In: Verhandlungen des Deutschen Bundestages, 10. Wahlperiode, Anlagen zu den stenographischen Berichten, Band 324, Bonn

Erbring, Lutz (1989): Nachrichten zwischen Professionalität und Manipulation. In: Massenkommunikation. Theorien, Methoden, Befunde, Hg. Max Kaase, Winfried Schulz, Opladen: Westdeutscher Verlag, S. 301-313

Esser, Hartmut (1993): Soziologie. Allgemeine Grundlagen. Frankfurt am Main: Campus

Fegert, Jörg Michael (1987): Sexueller Mißbrauch von Kindern. In: Praxis der Kinderpsychologie und Kinderpsychiatrie 36, S. 164-170

Finkelhor, David (1979): What's Wrong with Sex Between Adults and Children? In: American Journal of Orthopsychiatry 49, S. 692-697

Finkelhor, David (1984): Child Sexual Abuse. New Theory and Research. New York: Free Press

Flöhl, Rainer (1990): Wissenschaft und Massenmedien. In: Medien und Gesellschaft, hg. Wilfried von Bredow. Stuttgart: Hirzel, S. 127-139

Fluhrer, Margret (1994): Ansätze einer ökonomischen Theorie der Wahlen. Köln: Botermann & Botermann

Frank, Goetz (1989): Mediatisierte Politik und das Gebot der Staatsferne. In: Medienmacht und Politik, hg. Frank E. Böckelmann, Berlin. Spiess, S. 179-184

Franz, Hans-Jürgen (1987): Selbsthilfe zwischen sozialer Bewegung und spezifischer Organisationsform sozialpolitischer Leistungserbringung. In: Staat, intermediäre Instanzen und Selbsthilfe, hg. Franz-Xaver Kaufmann, München: Oldenbourg, S. 307-342

Fuller, Richard C. / Myers, Richard R. (1941 a): Some aspects of a theory of social problems. in: American Sociological Review 6, 24-32

Fuller, Richard C. / Myers, Richard R. (1941 b): The natural history of a social problem. in: American Sociological Review 6, 320-329

Funk, Peter / Weiß, Hans-Jürgen (1995): Ausländer als Medienproblem? In: Media Perspektiven, Heft 1, S. 21-29

Galtung, Johan (1975): Strukturelle Gewalt. Beiträge zur Friedens- und Konfliktforschung. Reinbek: Rowohlt

Gamson, William A. (1988): The 1987 Distinguished Lecture: A Constructionist Approach to Mass Media and Public Opinion. In: Symbolic Interaction 11 (2), S. 161-174

Gerhards, Jürgen (1992): Dimensionen und Strategien öffentlicher Diskurse. In: Journal für Sozialforschung 32, S. 307-318

Gerhards, Jürgen / Neidhardt, Friedhelm (1991): Strukturen und Funktionen moderner Öffentlichkeit: Fragestellung und Ansätze. In: Öffentlichkeit, Kultur, Massenkommunikation, hg. Stefan Müller-Doohm und Klaus Neumann-Braun, Oldenburg: bis, S. 31-89

Giesen, Bernd (1983): Moralische Unternehmer und öffentliche Diskussion. Überlegungen zur gesellschaftlichen Thematisierung sozialer Probleme. In: Kölner Zeitschrift für Soziologie und Sozialpsychologie 35, S. 230-254

Goll, Eberhard (1991): Die freie Wohlfahrtspflege als eigener Wirtschaftssektor: Theorie und Empirie ihrer Verbände und Einrichtungen. Baden-Baden: Nomos

Gröning, Katharina (1989): Sexualität mit Kindern. Vom Wandel einer Diskussion. In: Neue Praxis, Heft 3, S. 195-204

Große Anfrage der Fraktion DIE GRÜNEN (1984): Bundestags-Drucksache 10/2389. In: Verhandlungen des Deutschen Bundestages, 10. Wahlperiode, Anlagen zu den stenographischen Berichten, Band 311, Bonn

Gusfield, Joseph R. (1963) : Symbolic Crusade. Status Politics and the American Temperance Movement. Urbana: University of Illinois Press

Gusfield, Joseph R. (1989): Constructing the Ownership of Social Problems: Fun and Profit in the Welfare State. In: Social Problems 35, S. 431-441

Habermas, Jürgen (1980): Strukturwandel der Öffentlichkeit. Neuwied: Luchterhand, 11. Aufl.

Haferkamp, Hans (1987): Theorie sozialer Probleme. Kritik der neueren nordamerikanischen Problemsoziologie. In: KZfSS 39, S. 121-131

Haferkamp, Hans (1987a): Technischer Staat und neue soziale Kontrolle - nur Mythen der Soziologie? In: Technik und sozialer Wandel. Verhandlungen des 23. deutschen Soziologentages in Hamburg 1986, hg. Burkhart Lutz, Frankfurt am Main: Campus, S. 522-531

Halfmann, Jost (1984): Soziale Bewegungen und Staat. Nicht intendierte Folgen neokorporalistischer Politik. In: Soziale Welt 35, S. 294-312

Hansen, Anders (1991): The Media and the Social Construction of the Environment. In: Media, Culture and Society 13, S. 443-458

Hegener, Wolfgang (1992): Das Mannequin. Vom sexuellen Subjekt zum geschlechtslosen Selbst. Tübingen: Konkursbuch Verlag

Hennig, Eike (1971): Die Abhängigkeit der Massenmedien von den Werbeeinnahmen und dem Anzeigenteil. In: Manipulation der Meinungsbildung - Zum Problem hergestellter Öffentlichkeit, hg. Ralf Zoll, Opladen: Westdeutscher Verlag, S. 27-67

Hermanns, Fritz (1989): Deontische Tautologien. In: Politische Semantik. Bedeutungsanalyse und Sprachverwendung, hg. Josef Klein, Opladen: Westdeutscher Verlag, S. 69-149

Hess, Henner (1986): Kriminalität als Alltagsmythos. In: Kriminologisches Journal, 1. Beiheft, S. 24-44

Heyder, Ulrich (1993): Soziale Reform als gesellschaftsbildender Prozeß. In: Zeitschrift für Sozialreform 39, S. 529-546 und 641-663

Heyl, Cornelius A. von (1991): Mißbrauch: Kinder nicht allein lassen. In: Kinderzeit. Sozialpädagogische Blätter, Heft 3, S. 26-28

Hilgartner, Stephen / Bosk, Charles L. (1988): The Rise and Fall of Social Problems: A Public Arenas Model. In: American Journal of Sociology 94, S. 53-78

Hinz, Lieselotte (1969): Meinungsmarkt und Publikationsorgane. In: Der CDU-Staat. Band 2: Analysen zur Verfassungswirklichkeit der Bundesrepublik, hg. Gert Schäfer und Carl Nedelmann, Frankfurt am Main: Suhrkamp, 2. Aufl., S. 259-288

Hochheimer, Wolfgang (1963): Das Sexualstrafrecht in psychologisch-anthropologischer Sicht. In: Sexualität und Verbrechen, hg. Fritz Bauer u.a., Frankfurt am Main: Fischer, S. 84-117

Hoffmann, Rainer (1995): Die Lebenswelt der Pädophilen. Rahmen, Rituale und Dramaturgie der pädophilen Begegnung. Opladen: Westdeutscher Verlag

Hondrich, Karl Otto (1975): Menschliche Bedürfnisse und soziale Steuerung, Reinbek: Rowohlt

Hondrich, Karl-Otto (1974): Soziale Probleme, soziologische Theorie und Gesellschaftsplanung. In: Archiv für Rechts- und Sozialphilosophie 60 (2), S. 161-185

Honegger, Claudia (1978): Die Hexen der Neuzeit. Studien zur Sozialgeschichte eines kulturellen Deutungsmusters. Frankfurt/M.: Suhrkamp

Honig, Michael-Sebastian (1987): Täter und Opfer. Soziale Codierung der Gewalt an Kindern. In: Sozialwissenschaftliche Literaturrundschau 10 (14), S. 7-24

Honig, Michael-Sebastian (1992): Verhäuslichte Gewalt. Frankfurt am Main: Suhrkamp

Jarren, Otfried / Altmeppen, Klaus-Dieter / Schulz, Wolfgang (1993): Parteiintern - Medien und innerparteiliche Entscheidungsprozesse. In: Wolfgang Donsbach u.a.: Beziehungsspiele - Medien und Politik in der öffentlichen Diskussion. Gütersloh: Verlag Bertelsmann Stiftung, S.111-157

Jarren, Otfried / Grothe, Thorsten / Rybarczyk, Christoph (1993): Medien und Politik - eine Problemskizze. In: Wolfgang Donsbach u.a.: Beziehungsspiele - Medien und Politik in der öffentlichen Diskussion. Gütersloh: Verlag Bertelsmann Stiftung, S. 9-46

Kaiser, Günther (1982): Jugendkriminalität. Rechtsbrüche, Rechtsbrecher und Opfersituation im Jugendalter. Weinheim: Beltz, 3. Aufl.

Karstedt, Susanne (1995): Emanzipation und Moral: die Frauenbewegung als 'Moralunternehmer'? In: Kriminologisches Journal, 5. Beiheft: Geschlechterverhältnis und Kriminologie, hg. Martina Althoff und Sybille Kappel, S. 143-160

Kaufmann, Franz-Xaver (1987): Zur Einführung: Ein sozialpolitisches Schwerpunktprogramm der DFG - und was daraus wurde. In: Staat, intermediäre Instanzen und Selbsthilfe, hg. Franz-Xaver Kaufmann, München: Oldenbourg, S. 9-40

Kavemann, Barbara / Lohstöter, Ingrid (1991): Väter als Täter. Sexuelle Gewalt gegen Mädchen. Reinbek bei Hamburg: Rowohlt (46.-50. Tausend)

Keller, Rudi (1982): Zur Theorie sprachlichen Wandels. In: Zeitschrift für germanistische Linguistik 19, S. 1-27

Kellermann-Klein (1988): Kobra - ein Modellprojekt für sexuell mißbrauchte Mädchen. In: Sozialpädagogik 30, S. 75-80

Kellermann-Klein (1990): KOBRA - Hilfen für sexuell mißbrauchte Mädchen. In: Sozialpädagogik 32, S. 255-260

Kellermann-Klein, Ingrid / Kern, Rose (1987). Schützen und entlasten. Hilfe für sexuell mißbrauchte Mädchen. In: Sozialpädagogik 29, S. 86-90

Kepplinger, Hans Matthias (1989): Voluntaristische Grundlagen der Politikberichterstattung. In: Medienmacht und Politik, hg. Frank E. Böckelmann, Berlin. Spiess, S. 59-83

Kepplinger, Hans Matthias u.a. (1993): Am Pranger: Der Fall Späth und der Fall Stolpe. In: Wolfgang Donsbach u.a.: Beziehungsspiele - Medien und Politik in der öffentlichen Diskussion. Gütersloh: Verlag Bertelsmann Stiftung, S. 159-220

Kepplinger, Hans Matthias (1994): Publizistische Konflikte. In: Öffentlichkeit, öffentliche Meinung, soziale Bewegung, hg. Friedhelm Neidhardt, Opladen: Westdeutscher Verlag, S. 214-233

Kitsuse, John I. / Spector, Malcom (1973): Toward a Sociology of Social Problems: Social Conditions, Value-judgements, and Social Problems. In: Social Problems 20, S. 407-419

Kleidman, Robert (1994): Volunteer Activism and Professionalism in Social Movement Organizations. In. Social Problems 41, S. 257-276

Knafla, Leonore / Kulke, Christine (1987): 15 Jahre neue Frauenbewegung. In: Neue soziale Bewegungen in der Bundesrepublik, hg. Roland Roth und Dieter Rucht, Frankfurt/Main: Campus, S. 89-108

Krüger, Udo Michael (1995): Trends im Informationsangebot des Fernsehens. In: Media Perspektiven, Heft 2, S. 69-87

Kruse, Jörn (1989): Ordnungspolitik im Rundfunk. In: Medienökonomie, hg. Michael Schenk und Joachim Donnerstag, München: Fischer, S. 77-111

Kuppfer, Heinrich (1977): Das Kind in der öffentlichen Erziehung. In: Ekkehard von Braunmühl u.a.: Die Gleichberechtigung des Kindes, Frankfurt am Main.: Fischer, 2. Aufl., S. 111-169

Lamnek, Siegfried (1987): Kriminalität als Gegenstand wissenschaftlicher Medien. Zwei Fachzeitschriften im Vergleich. In: Monatsschrift für Kriminologie und Strafrechtsreform, 70, S. 224-245

Lampert, Heinz / Bossert, Albrecht (1992): Sozialstaat Deutschland. Entwicklung - Gestalt - Problem. München: Vahlen

Lau, Christoph (1984): Soziologie im öffentlichen Diskurs. In: Soziale Welt 35, S. 407-428

Lau, Christoph (1985): Zum Doppelcharakter der neuen sozialen Bewegungen. In: Merkur 39, S. 1115-1120

Laudan, Birgit (1991): 'Wildwasser' etcetera. In: Sexuelle Gewalt. Die allgegenwärtige Menschenrechtsverletzung, hg. Doris Janshen, Frankfurt am Main: Zweitausendeins, S. 135-138

Lautmann, Rüdiger (1995): Erotisierung von Gewalt - Problematisierung der Sexualität. In: Kriminologisches Journal, 5. Beiheft: Geschlechterverhältnis und Kriminologie, hg. Martina Althoff, Sybille Kappel, S.176-191

Lehne, Werner (1994): Symbolische Politik mit dem Strafrecht. In: Kriminologisches Journal 26, S. 210-224

Leisering, Lutz (1993): Zwischen Verdrängung und Dramatisierung. Zur Wissenssoziologie der Armut in der bundesrepublikanischen Gesellschaft. In: Soziale Welt 44, S. 486-511

Levold, Tom / Wedekind, Erhardt / Gerogi, Hans (1990): Familienorientierte Behandlungsstrategien bei Inzest. In: System Familie 3, S. 74-87

Luhmann, Niklas (1970): Öffentliche Meinung. In: Politische Vierteljahresschrift 11 (1), 2-28

Mast, Claudia (1989): Tagesschau oder Tagesshow. In: Medienmacht und Politik, hg. Frank E. Böckelmann, Berlin. Spiess, S. 105-115

McAdam, Doug (1994:) Taktiken von Protestbewegungen. In: Öffentlichkeit, öffentliche Meinung, soziale Bewegung, hg. Friedhelm Neidhardt, Opladen: Westdeutscher Verlag, S. 393-412

McCombs, Maxwell E. / Shaw, Donald L. (1972): The Agenda-Setting Function of Mass Media. In: Public Opinion Quarterly 36, S. 176-187

Merchel, Joachim (1989): Der Deutsche Paritätische Wohlfahrtsverband. Seine Funktion im korporatistisch gefügten System sozialer Arbeit. Weinheim: Deutscher Studien Verlag

Merton, Robert K. (1961): Social Problems and Sociological Theory. In: Contemporary Social Problems, hg. Robert K. Merton und Robert A. Nisbet, New York: Harcourt, S. 697-737

Merton, Robert K.(1975): Soziologische Diagnose sozialer Probleme. In: Hondrich, Karl Otto: Menschliche Bedürfnisse und soziale Steuerung, Reinbek: Rowohlt, S. 113-129

Meuser, Michael / Sackmann, Reinhold (1992): Zur Einführung: Deutungsmusteransatz und empirische Wissenssoziologie. In: Analysen sozialer Deutungsmuster. Beiträge zur empirischen Wissenssoziologie, hg. dies. Pfaffenweiler: Centaurus, S. 9-37

Meyn, Hermann (1994): Massenmedien in der Bundesrepublik Deutschland. Berlin: Spiess

Müller, Hans Dieter (1968): Der Springer-Konzern - Eine kritische Studie. München: Piper

Müller, Siegfried (1977): Soziale Probleme. Theoretische Vorarbeiten zur Analyse sozialpädagogisch relevanter Problembereiche. Diss. Päd. Hochschule Westfalen-Lippe

Nedelmann, Birgitta (1986): Das kulturelle Milieu politischer Konflikte. In: Kultur und Gesellschaft (= KZfSS, Sonderheft 27), hg. Friedhelm Neidhardt u.a., Opladen: Westdeutscher Verlag, S. 397-414

Nedelmann, Birgitta (1986a): Soziale Probleme und Handlungsflexibilität. Zur Bedeutsamkeit des kulturellen Aspekts sozialer Probleme. In: Soziale Arbeit 2000, Band I: Soziale Probleme und Handlungsflexibilität, hg. Hubert Opple und Arnold Tomaschek, Freiburg i.B.: Lambertus, S. 13-42

Neidhardt, Friedhelm; Rucht, Dieter (1993): Auf dem Weg in die 'Bewegungsgesellschaft'. In: Soziale Welt 44, S. 305-326

Neidthard, Friedhelm (1994): Öffentlichkeit, öffentliche Meinung, soziale Bewegung. In: Öffentlichkeit, öffentliche Meinung, soziale Bewegung, hg. Friedhelm Neidhardt, Opladen: Westdeutscher Verlag, S. 7-41

Nelson, Barbara J. (1984): Making an Issue of Child Abuse. Political Agenda Setting for Social Problems. Chicage: University of Chicago Press

Nitzschke, Bernd (1989): Sexuelle Machtphantasien bei Männern. In: Sexus, Heft 1/2, S. 21-34

Nowak, Jürgen (1988): Soziale Probleme und soziale Bewegungen. Weinheim: Beltz

Nuissl, Ekkehard (1975): Massenmedien im System bürgerlicher Herrschaft. Berlin: Spiess

o.A. (1986): Sexuell mißbrauchte Kinder. In: Unsere Jugend 38, S. 405

Oberreuter, Heinrich (1989): Mediatisierte Politik und politischer Wandel. In: Medienmacht und Politik, hg. Frank E. Böckelmann, Berlin. Spiess, S. 31-41

Oevermann, Ulrich (1973): Zur Analyse der Struktur von sozialen Deutungsmustern. Unveröff. Manuskript, Berlin (MPI)

Oevermann, Ulrich u.a. (1979): Die Methodologie einer 'objektiven Hermeneutik' und ihre allgemeine forschungslogische Bedeutung in den Sozialwissenschaften. In: Interpretative Verfahren in den Sozial- und Textwissenschaften, hg. Hans-Georg Soeffner, Stuttgart: Metzler, S. 352-434

Offe, Claus (1985): New Social Movements: Challenging the Boundaries of Institutional Politics. In: Social Research 52, S. 817-868

Patzelt, Werner J. (1986): Sozialwissenschaftliche Forschungslogik. München: Oldenbourg

Peters, Bernhard (1994): Der Sinn von Öffentlichkeit. In: Öffentlichkeit, öffentliche Meinung, soziale Bewegung, hg. Friedhelm Neidhardt, Opladen: Westdeutscher Verlag, S. 42-76

Peters, Hans Peter (1994): Wissenschaftliche Experten in der öffentlichen Kommunikation über Technik, Umwelt und Risiken. In: Öffentlichkeit, öffentliche Meinung, soziale Bewegung, hg. Friedhelm Neidhardt, Opladen: Westdeutscher Verlag, S. 162-190

Pischner, Evelyn (1991): Sexueller Mißbrauch von Kindern: Hinweise für Helfer. In: Unsere Jugend 43, S. 51-55

Plasser, Fritz (1989): Medienlogik und Parteienwettbewerb. In: Medienmacht und Politik, hg. Frank E. Böckelmann, Berlin. Spiess, S. 207-218

Quensel, Stephan (1986): Let's abolish theories of crime: Zur latenten Tiefenstruktur unserer Kriminalitätstheorien. In: Kriminologisches Journal, 1. Beiheft, S. 11-23

Rafter, Nicole H. (1992): Some Consequences of Strict Constructivism. In: Social Problems 39, S. 38-39

Rammstedt, Otthein (1978): Soziale Bewegung. Frankfurt am Main: Suhrkamp

Raschke, Joachim (1987): Zum Begriff der sozialen Bewegung. In: Neue soziale Bewegungen in der Bundesrepublik, hg. Roland Roth und Dieter Rucht, Frankfurt/Main: Campus, S. 19-29

Raschke, Joachim (1988): Soziale Bewegungen. Ein historisch-systematischer Grundriß. Frankfurt am Main. Campus, 2. Auflage (1. Auflage: 1978)

Rave, Marion (1991): Befreiungsstategien. Der Mann als Feindbild in der feministischen Literatur. Bielefeld: Kleine

Rieger, Elmar (1992): Strategien der Institutionenbildung. In: Journal für Sozialforschung 32, S. 157-175

Roegele, Otto B. (1989): Anmerkungen zum Thema der Tagung. In: Medienmacht und Politik, hg. Frank E. Böckelmann, Berlin. Spiess, S. 145-148

Ronneberger, Franz (1987): Funktionen des Systems Massenkommunikation. In: Mediensysteme, hg. Hannes Haas, Wien: Braumüller, S. 154-160

Rucht, Dieter (1991): Das Kräftefeld soziale Bewegungen, Gegenbewegungen und Staat: Einführende Bemerkungen. In: Forschungsjournal Neue Soziale Bewegungen 4 (2), S. 9-16

Rucht, Dieter (1994): Öffentlichkeit als Mobilisierungsfaktor für soziale Bewegungen. In: Öffentlichkeit, öffentliche Meinung, soziale Bewegung, hg. Friedhelm Neidhardt, Opladen: Westdeutscher Verlag, S. 337-358

Ruhrmann, Georg (1991): Risikokommunikation und die Unsicherheit der Gentechnologie. Entwicklung, Struktur und Folgenprobleme. In: Öffentlichkeit, Kultur, Massenkommunikation, hg. Stefan Müller-Doohm und Klaus Neumann-Braun, Oldenburg: bis, S. 131-164

Rush, Florence (1982): Das bestgehütete Geheimnis. Sexueller Kindesmißbrauch. Berlin: Orlanda (engl. 1982)

Sachße, Christoph / Tennstedt, Florian (1986): Sicherheit und Disziplin: Eine Skizze zur Einführung. In: Soziale Sicherheit und soziale Disziplinierung, hg. dies., Frankfurt am Main: Suhrkamp, S. 11-44

Saller, Helga (1985): Sexuelle Gewalt gegen Kinder. In: Kinderschutz aktuell, Heft 3, S. 14-16

Saxer, Ulrich (1989): Medienkommunikation und geplanter Gesellschaftswandel. In: Massenkommunikation. Theorien, Methoden, Befunde, Hg. Max Kaase, Winfried Schulz, Opladen: Westdeutscher Verlag, S. 85-96

Scheerer, Sebastian (1986): Atypische Moralunternehmer. In: Kriminologisches Journal, Beiheft 1, S. 133-155

Scheerer, Sebastian (1993 a): Die soziale Aufgabe des Strafrechts. In: Muß Strafe sein? Zur Analyse und Kritik strafrechtlicher Praxis, hg. Helge Peters, Opladen: Westdeutscher Verlag, S. 79-90

Scheerer, Sebastian (1993): Einige Anmerkungen zur Geschichte des Drogenproblems. In: Soziale Probleme 4, S. 78-98

Schenk, Michael (1989): Einführung in die Medienökonomie. In: Medienökonomie, hg. Michael Schenk und Joachim Donnerstag, München: Fischer, S. 3-11

Schenk, Michael / Rössler, Patrick (1994): Das unterschätzte Publikum. In: Öffentlichkeit, öffentliche Meinung, soziale Bewegung, hg. Friedhelm Neidhardt, Opladen: Westdeutscher Verlag, S. 261-295

Schetsche, Michael (1992): Sexuelle Selbstgefährdung des Kindes durch Onanie. Ein Modell zur Binnenstruktur von Deutungsmustern. In: Analyse sozialer Deutungsmuster, hg. Michael Meuser und Reinhold Sackmann, Pfaffenweiler: Centaurus, S. 49-69

Schetsche, Michael (1993): Das 'sexuell gefährdete Kind'. Kontinuität und Wandel eines sozialen Problem. Pfaffenweiler: Centaurus

Schetsche, Michael (1994): Der 'einvernehmliche Mißbrauch'. Zur Problematik der Begründung des sexualstrafrechtlichen Schutzes von Kindern und Jugendlichen. In: Monatsschrift für Kriminologie und Strafrechtsreform 77, S. 201-214

Schimank, Uwe (1992): Determinanten sozialer Steuerung - akteurstheoretisch betrachtet. Ein Themenkatalog. In: Politische Steuerung, hg. Heinrich Bußhoff, Baden-Baden: Nomos, S. 165-192

Schmidt, Lucia (1991): Zur sozialen Konstruktion konstruktionistischer Fallstudien. In: Soziale Problem 2, S. 86-96

Schmitt-Beck, Rüdiger (1990): Über die Bedeutung der Massenmedien für soziale Bewegungen. In: Kölner Zeitschrift für Soziologie und Sozialpsychologie 42, S. 642-662

Schneider, Joseph W (1985): Defining the Definitional Perspective on Social Problems. In. Social Problems 32, S. 232-234

Schorsch, Eberhard / Becker, Nikolaus (1977): Angst, Lust, Zerstörung. Sadismus als soziales und kriminelles Handeln. Reinbek bei Hamburg: Rowohlt

Schultz, LeRoy G. (1982): Child Sexual Abuse in Historical Perspective. In: Journal of Social Work & Human Sexuality 1 (1), S. 21-35

Schulz, Winfried (1989): Massenmedien und Realität. In: Massenkommunikation. Theorien, Methoden, Befunde, hg. Max Kaase, Winfried Schulz, Opladen: Westdeutscher Verlag, S. 135-149

Schumpeter, Joseph A. (1980): Kapitalismus, Sozialismus und Demokratie. München: Francke, 5. Aufl. (engl. Orig. 1942)

Selling, Peter (1989): Die Karriere des Drogenproblems in den USA. Paffenweiler: Centaurus.

Spector, Malcom / Kitsuse, John I. (1977): Construction Social Problems. Menlo Park: Cummings

Steinert, Heinz (1981): 'Alternativ'-Bewegung und Sozialarbeit oder Wie 'der Staat' die Probleme enteignet und warum man ihn trotzdem nicht einfach rechts liegen lassen kann. In: Informationsdienst Sozialarbeit Heft 28/29, S. 45-65

Stöss, Richard (1987): Parteien und soziale Bewegungen. In: Neue soziale Bewegungen in der Bundesrepublik, hg. Roland Roth und Dieter Rucht, Bonn: Bundeszentrale für politische Bildung, Frankfurt/Main: Campus S. 277-302

Strasser, Peter (1984): Verbrechermenschen. Zur kriminalwissenschaftlichen Erzeugung des Bösen. Frankfurt am Main: Campus

Strodthoff, Glenn G. / Hawkins, Robert P. / Schoenfeld, A. Clay (1985): Media Roles in a Social Movement: A Model of Ideology Diffusion. In: The journal of communication 35, S. 134-153

Thomas, William I. / Thomas, Dorothy S. (1928): The Child in America. New York: Knopf

Tiefer, Leonore (1994): Three Crises Facing Sexology. In: Archives of Sexual Behavior 23, S. 361-374

Tönnies, Sybille (1992): Symbolische Gesetzgebung: Zum Beispiel § 175 StGB. In: Zeitschrift für Rechtspolitik 25, S. 411-413

Touraine, Alain (1985): An Introduction to the Study of Social Movements. In: Social Research 52, S. 749-787

Trube-Becker, Elisabeth (1984): Das mißbrauchte Kind. Die Rechtsmedizin zwischen familiären und öffentlichen Interessen. In: Sexualmedizin. 13, S. 190-194 und 257-259

Wakefield, Hollida / Underwager, Ralph (1988): Accusations of Child Sexual Abuse. Springfield (USA): Charles C. Thomas

Watney, Simon (1987): Policing Desire. Pornography, Aids and the Media. London: Methuen & Co.

Wehner-Davin, Wiltrud (1976): Aufklärung - ein Problem der Aufklärer? In: Unsere Jugend 28, S. 446-450

Weisberg, D. Kelly (1984): The 'Discovery' of Sexual Abuse: Experts' Role in Legal Policy Formulation. In: U.C. Davis Law Review 18 (1), S. 1-57

Weiß, Hans-Jürgen (1989): Öffentliche Streitfragen und massenmediale Argumentationstrukturen. In: Massenkommunikation. Theorien, Methoden, Befunde, Hg. Max Kaase, Winfried Schulz, Opladen: Westdeutscher Verlag, S. 473-498

Werner, Camilla (1993): Das Dilemma parlamentarischer Opposition. In: Parlament und Gesellschaft - Eine Funktionsanalyse der repräsentativen Demokratie, hg. Dietrich Herzog u.a., Opladen: Westdeutscher Verlag, S. 184-217

Wieschenberg, Siegfried (1990): Der Untergang des Abendlandes? In: Medien und Gesellschaft, hg. Wilfried von Bredow. Stuttgart: Hirzel, S. 41-56

Windhoff-Héritier, Adrienne (1989): Institutionelle Interessenvermittlung im Sozialsektor. In: Leviathan 17, S. 108-126

Winter, Thomas von (1992): Die Sozialpolitik als Interessensphäre. In: Politische Vierteljahresschrift 33, S. 399-426

Woolgar, Steve / Pawluch, Dorothy (1985): Ontological Gerrymandering: The Anatomy fo Social Problems Explanations. In: Social Problems 32, S. 214-227

Zhu, Jian-Hua u.a. (1993): Public Issue Priority Formation: Media Agenda-Setting and Social Interaction. In: Journal of Communication 43, S. 8-29

Zohlnhöfer, Werner (1989): Zur Ökonomie des Pressewesens. In: Medienökonomie, hg. Michael Schenk und Joachim Donnerstag, München: Fischer, S. 35-75

Zoll, Ralf (1971): Einleitung. In: Manipulation der Meinungsbildung - Zum Problem hergestellter Öffentlichkeit, hg. Ralf Zoll, Opladen: Westdeutscher Verlag, S. 9-26

Zur, Ofer (1994): Was es bringt, ein Opfer zu sein. In: Psychologie heute 21 (9), S. 58-64

Sachregister

www.ingramcontent.com/pod-product-compliance
Lightning Source LLC
LaVergne TN
LVHW010648300926
849161LV00005B/1066